JN006554

はじめに

1 本書のコンセプト

　アクターネットワーク理論（ANT）は，M. カロン，J. ロー，そして B. ラトゥールらが中心となって提唱・展開してきた立場である。ANT は，もともと，1980 年代にサイエンス・スタディーズと呼ばれる分野において成立したものであったが，今日では，その影響力や活動範囲は実に広範に及んでおり，社会学や人類学はもとより，経営学，経済学，政治学から科学技術社会論などに至る実に広範な分野で参照されている。また，新唯物論（new materialism）やオブジェクト指向的存在論（object oriented ontology, OOO）といった，哲学・思想上の新たな潮流に対しても大きな影響を与えてきたことで知られている。主唱者の一人であるラトゥールは，現在，世界でもっとも影響力のある思想家の一人と目されており，彼が 2005 年に書いた ANT 入門書である『社会的なものを組み直す』（ラトゥール 2019）は，当時提唱されてからすでに 20 年近く経ていた ANT を，2000 年代以降さらに活気づかせることにも貢献した。日本においても，すでに 1990 年代には，科学技術社会学・環境社会学・技術哲学・人類学などの領域を中心に，ゆっくりとその受容がはじまっていたが，近年ますます注目されるようになっているといえる。これほどまでに影響力をもつに至った ANT とは，いったい何なのか。これはまさに本書が全体を通して示そうとする点であるわけだが，ここであらかじめ，最低限のことを述べておきたい。

　ANT は，まず何より，人間だけではなく，人間以外の諸存在もまた一人前のアクターとして認めるという主張で知られている。ここでいう「人間以外」には，人工物から動植物，さらには抽象的な概念などに至るあらゆるものが含まれる。重要なのは，そうしたさまざまな存在を，人間によってただ解釈されたり，利用されたりするだけの受動的な位置に置くのではなく，ともに「社会」を構成する「メンバー」として捉えるという点である。こうした人間中心的な発想からの脱却を目指す態度から，ANT は，脱・人間中心的アプローチ（non-anthropocentric approach）とも形容される。

　今日，人間以外の諸存在に注目する議論は，科学技術と日常生活との関係のますますの緊密化や，気候変動などのテーマの下における「自然」への関心の高まりな

どのなかで，かつてないほどに重要なものとなっている。わたしたちの日常が，徹頭徹尾，人間たちだけの力では成立しないという事実に，正面から向き合う必要があるという認識が広く共有されはじめている。あらためてわたしたちの日常を眺めてみれば，なんと多種多様な「モノ」に囲まれていることだろうか。わたしたちは，そうしたさまざまなモノとのつながりのなかにあってはじめて行為しうる。また逆に，わたしたちは，モノとの関係のなかで行為を制限されてもいる。脱・人間中心的なアプローチは，こうした人間と人間以外の諸存在が織りなす状況を正確に捉えることを目指して隆盛してきた。そして，ANT は，まさにその流れを牽引してきたのである。

だが，ここで注意が必要なことがある。それは，ANT が，その名に「理論（theory）」を使用しているにもかかわらず，厳密には，完成された一つの体系としての理論ないし方法論のようなものではないということである。このことをふまえて，日本語では，「理論」という表記を避けて，「アクターネットワーク論」や単に「アクターネットワーク」という表記を使用する場合もある。では，いったい，ANT とは何なのか。

ANT とは，いわば人間以外のさまざまな要素が果たす役割を十全に把握しようとする一連の実験的な記述の集積である。もっといえば，ANT とは，そうした一連の実験的記述の集積を生み出す「運動体」なのである。もちろん ANT には，それを特徴づけるようなさまざまな独特の語彙が存在するし，また，それを使用した具体的な研究成果の蓄積もある。それが ANT のアイデンティティを形成している面は確かにある。だからこそ，本書も随所で「ANT 的な研究事例を紹介する」「ANT のエッセンスを解説する」などといった表現を使用することができるわけである。ただ，重要なのは，そうした ANT のアイデンティティは，一種の「副産物」から成っている，ということである。それは，あくまでも，人間と人間以外のさまざまな存在とが織りなす異種混成的な世界を記述するための不断の努力の前提ではなく，結果なのである。よって，ANT を彩る数々の語彙や発想は，絶対の基準や必須のツールキットといった類のものではなく，改良されるか，あるいは場合によっては破棄・更新されるべき一時的な性格を有している。

しかし，こうした ANT 観自体，実のところ，ANT を掲げる論者全員に共有されているわけではない。以上の見方は，ANT の主唱者のなかでも，とくにラトゥールに顕著な見方であり，本書は基本的にこの見解に従っている[1]。彼は，ANT 的な研究例として，自らの人類学的な手法を用いた研究のみならず，歴史学から認知

アクターネットワーク理論入門

「モノ」であふれる世界の記述法

栗原 亘 編著　伊藤嘉高・森下 翔・金 信行・小川湧司 著
Wataru Kurihara　Hirotaka Ito, Sho Morishita, Nobuyuki Kimu, & Yuji Ogawa

Actor-
Network-
Theory

ナカニシヤ出版

科学に至る実に多種多様な議論を挙げている（ラトゥール 2019: 24-26）。このことからもうかがえるように，ラトゥールは，ANT 的な研究を，研究者自身が ANT を掲げているかどうかや，特定の用語を共有しているかどうかという基準では判断していない。彼が ANT 的か否かを判断する「当座の基準」は，あくまでも「非人間にはっきりとした役割が与えられているかどうか」であり，それに照らしてみれば，かなり多様な研究が ANT 的なものとして捉えられうることになるのである（ラトゥール 2019: 24）。

　こうした観点については異論もある。そこまで広く捉えてしまうのはやりすぎだという意見もある。しかし，このことをふまえたうえで本書は，あえて以上の「運動体としての ANT」という視点を意識的に主軸に据えるスタンスをとることにした。厳密に ANT を定義するような，ANT のための ANT 論を提示するのではなく，ANT と呼ばれる運動が成し遂げてきたさまざまな成果を紹介することを通して，読者を，わたしたちの生きる世界を脱・人間中心的に捉え直し，組み直していく運動へといざなうことを第一の目的としたいからである。

　というわけで，本書は，ANT なる理論ないし方法論に関する体系的な説明の書，という形式のものではない。「ANT はかくあるべし」という絶対の基準のようなものを提示するものでもない。もちろん，非生産的な批判に対しては，適宜応答しなければならない。そのためには，これまで ANT が形成してきた議論の最低限のエッセンスは明示しておく必要がある。完全になんでもあり（anything goes）ということではない。しかし，そのうえで本書は，あくまでも ANT という動的な運動体を，それがこれまで成してきた仕事——そこには経験的な事例研究から理論的な思索までもが含まれる——を，多岐にわたって紹介していくことによって描写するというスタンスをとる。

　とはいえ，冒頭でも触れたように，ANT という運動体は今や非常に大きなうねりとなっている。そのすべての動きを網羅的に扱うなどということは不可能である。そのため，上述した中心的な論者たち——なかでもとくにラトゥール——が行なってきた仕事を，テーマごとに，必要最低限に絞って紹介する形をとった。そのように絞ったにもかかわらず，本書は，一冊の書物としてみると，まとまりのないもの

---

1) あるいは，Law (2009), Law & Singleton (2013), Gad & Jensen (2010) なども近い立場である。ただ，どこまでを ANT 的な研究とみなすのかという点については，以下でみるように，ラトゥールがもっとも「緩い」基準を採用しているといえる。

にみえるかもしれない。ただ，まさにこの雑多性，異種混成性こそが ANT の性質を物語っているといわねばならない。

　本書を足掛かりにして，方々へ延びるネットワークのいずれへと連なっていくかは，読者自身の判断に委ねる。

2　本書の構成・読み方

　本書は 3 部構成になっている。それぞれの大まかな内容は以下の通りである（各部の冒頭において各章の概要をもう少し詳細に紹介しているので，そちらも参考にしてほしい）。

　まず，第 1 部では，基本事項を扱う。ANT が成立してきた時代背景，ANT の成立・展開に関する簡単な歴史，そして ANT を特徴づける基本的な発想のエッセンスに関して紹介・説明している。

　続く第 2 部では，これまで ANT 論者たちによって展開されてきた代表的なケーススタディをテーマごとに紹介している。具体的な研究から抽象度の高い「政治（と近代）」をめぐる議論まで，ANT の発想に基づいた研究例を扱っている。

　最後の第 3 部では，ANT 的な視点をふまえたうえで，それにどのような展開可能性があるかについて，各論者が自由に論じている。

　本書は，はじめから通読することも可能だが，それぞれの章は基本的には独立して読めるようになっている。また，各章では，適宜読むべき他の章を指示してもいる。なので，興味のある所から読みはじめ，必要に応じて他の章ものぞいてみる，という形で読んでもらうのがよいだろう。

　また，本論の間に「コラム」や「動向」の項目も設けた。「コラム」では本論中ではあまり論じることができなかった論点や情報について紹介している。また，「動向」では，国内における ANT の受容に関して触れている。

　なお，本書の中で紹介する文献は，日本語と英語のものに限定している。上述した ANT の主要な提唱者のうち二人（カロンとラトゥール）がフランス人であることからもわかる通り，本来，フランス語で書かれた重要な文献が存在する。ただ本書は，ANT を，いわゆるフランス現代思想の一つの展開としてではなく，あくまでサイエンス・スタディーズの流れのなかに位置づけている（☞とくに第 2 章，第 4 章）。そして，サイエンス・スタディーズの主要な議論は，基本的に英語でなされている。このことをふまえ，本書ではあえて，英語圏の議論の文脈を重視した。

　とはいえ，もちろん，フランス現代思想（あるいはより広く現代思想）のなかで

ANT をどのように位置づけるのかという論点もまた重要であることはまちがいない。これについては，より適切な論者たちによる整理を期待する。また，その他の国々での研究動向についても，本書では扱えていない。ANT は国際的に広く注目されている。このことをふまえ，各国での研究状況に関する体系的な整理を行うことも必要だろう。読者には，これらの点にも留意しつつ，自らの関心に従って読み進めてもらえればと思っている。

【謝　　辞】
本書の制作は，2017 年に関西学院大学の立石裕二先生が立ち上げた「アクターネットワーク理論と社会学研究会」での出会いがきっかけではじまった。立石先生はもちろん，研究会の中心メンバーである佐藤典子先生（千葉経済大学），池田祥英先生（早稲田大学），村井重樹先生（島根県立大学）をはじめ，研究会でお世話になった多くの先生方には，この場を借りて御礼申し上げる。また，本書の制作をご提案くださり，さらにコロナ禍の大変な状況下で本書をまとめてくださった，ナカニシヤ出版の米谷龍幸様にも感謝申し上げる。「新型コロナ」という文字通り新たな非人間の登場によって，本書の刊行は当初の予定よりもかなり遅れることとなったが，それでも完成に漕ぎ着けられたのは，ひとえに，本書に連なる無数のアクターのおかげである。

【文　　献】
ラトゥール，B., 2019,『社会的なものを組み直す──アクターネットワーク理論入門』（伊藤嘉高訳）法政大学出版局.（＝Latour, B., 2005, *Reassembling the social: An introduction to actor-network-theory*. Oxford: Oxford University Press.）

Gad, C., & Jensen, C. B., 2010, On the consequences of post-ANT, *Science, Technology, & Human Values*, *35*(1): 55–80.

Law, J., 2009, Actor network theory and material semiotics, in B. S. Turner, *The new Blackwell companion to social theory*. Chichester: Blackwell Publishing, pp. 141–158.

Law, J., & Singleton, V., 2013, ANT and politics: Working in and on the world, *Qualitative Sociology*, *36*(4): 485–502.

目　　次

第 1 部　基礎編

01　ANT 成立の時代背景と人文学・社会科学における「人間以外」への関心の高まり（栗原　亘）

02　ANT 略史

03　ANT の基本概念をたどる

第 3 部　展望編

重要語句の道案内

「はじめに」でも書いたように，ANT はこれまで独特なイディオムを大量に生み出してきた。それぞれのイディオムの意味合いは，論者ごとに（あるいは同じ論者のなかでさえ）異なる。そのため，実際のところは，それぞれの議論の内容を確認してもらうほかない。とはいえ，ここで，重要なイディオムのうち，とくに文脈によって意味内容が異なるものについては最低限の道案内をしておこうと思う。

アクター／アクタン
☞アクタンは，A. グレマスの記号論からもたらされた概念である。ANT では，人間だけではなく，非人間をもエージェンシーを有する存在，つまり行為する存在とみなす。こうした事情もあり，ANT では，人間も非人間も含む言葉としてアクタンという語を使用する（ただし，時期や文脈でその意味内容は変化する）。詳しくは第 3 章を参照のこと。

アクターネットワーク
☞アクターのネットワークではなく，アクターとネットワークは等価の関係にある。

エージェンシー
☞行為や作用を生み出す力などを指す。本書では，議論によって，行為者性，力などといった形で柔軟に訳している。

厳然たる事実（matter of fact）／議論を呼ぶ事実（matter of concern）
☞ matter of fact は，英語のニュアンスでいうと「当たり前のこと」という意味合い，matter of concern は，「関心ゴト」という意味合いである。ANT では，事実や本質がどのようにして「構築」されるのかを探究する。ここでいう構築は，「でっちあげる」という意味ではない（☞第 8 章，第 10 章）。ANT は，「構築」のプロセスに目を向けることで，「事実」や「本質」と呼ばれるものがわれわれの世界の中にどのようにして根づいていくのかを問おうとしているのである。ANT は，そうしたプロセスを人間たちだけではなく，人間と非人間から成るプロセスとして捉える（☞第 3 章，第 4 章，第 8 章）。

構築
☞でっちあげるという意味ではない（☞厳然たる事実／議論を呼ぶ事実の項目）。ANT は，脱・人間中心的な観点から，科学知や技術から法や医療に至る，あらゆるものの構築過程を記述の対象とする。この語の代替的な用語としての「実行（enactment）」については第 9 章で紹介する。

存在様態（mode of existence）

☞ラトゥールが ANT 的な視点を基礎にし，さらにその限界を乗り越えることを企図した「存在様態探求（AIME）」プロジェクトで提示される語である。本書ではとくに第7章，第10章にて扱う。

対称性の原理

☞対称性の原理は，まず，科学的知識の社会学（SSK）の先駆けであるストロング・プログラムが，正しいとされている信念にも，まちがっているとされる信念にもシンメトリカルにアプローチするべきであると主張するなかで採用した。これをふまえたうえで，カロンをはじめとする ANT 論者たちは，正しい／まちがった信念に対してだけではなく，人間と人間以外の諸存在の関係に対しても対称的にアプローチするべきだと論じた。これを一般化された対称性の原理と呼ぶ。ただしこの原理は正しく理解されたとは言い難く，批判の的にもなった（☞第2章）。なお，本書の第11章では，人間と動物を対称的に扱うことの可能性と困難について論じている。

代表／表象（representation）

☞人間だけではなく，あらゆる実在が「発話する」という，いっけん奇異にみえる主張を理解するうえで重要な概念。カロンがホタテガイを取り上げた論文で提起してから，ANT の基本的なボキャブラリーの一つとなった（☞第4章）。ラトゥールが提起した「モノたちの議会」なるアイディアを支えている概念の一つでもある（☞第8章）。

つながり／連関（association）

☞人間や非人間の特性は，外在的に規定されるものではなく，他の存在と関わることによって構築されるものである。連関は，この他の存在との関わりを指し，連関の束が「ネットワーク」である。ANT は連関の社会学とも言い換えられる。

人間／非人間

☞今日，「非人間」という言葉は人間以外の存在を幅広く指示する語としてさまざまな分野で流通している。重要なのはこの語を人間と非人間という二つのカテゴリーを固定化するのに使用してはならないという点である。この語は，自然と社会の二分法から生まれる予断をもちこまないために導入されているが，あくまでも，人間中心主義を克服するために用いられたものであることは常に意識しておく必要がある。人間と非人間という分断線を引くことは，たとえば「動物」との関係を考えていくうえで弊害をもたらしうる（☞第11章）。

ネットワーク

☞ANT におけるネットワークは，電力網やインターネットなどの物的なネットワークを指すのではない。行為をもたらす力（エージェンシー）が生まれる連関の束を指し，ラトゥールは，「ワークネット」と名づけた方が誤解がないとしている。

非還元（irreduction）

☞ ANT の記述を特徴づける原理の一つ。本書では第 4 章，第 11 章などで言及する。

翻訳

☞翻訳は ANT においてもっとも初期から用いられてきた概念である（☞第 2 章，第 4 章，コラム 1：ANT の「同盟者」たち）。たとえばラトゥールは，『科学論の実在』のなかで，「たとえばフランス語の単語から英語の単語へというような，あたかも両言語が独立したものであるかのようなある語彙から別の語彙への推移」を意味するのではなく，「転置，偏移，考案，媒介など，元からある二つをある程度修正する，それまで存在しなかった結びつきの創造という意味」であると説明している。この説明からも明らかであるように，文脈によって他の語に言い換えられることも多い。基本的な意味については，とくに第 3 章と第 4 章を参照。その他の翻訳の多様な用いられ方については，本書の各章を実際に読むなかで確認してほしい。

モノ（object, thing）

☞本書では object の訳語としてモノを採用した箇所と，thing の訳語としてモノを採用した箇所がある。とくに ANT（とくにラトゥール）の議論では，object と thing は文脈によって異なる意味をもたされる。とくに「政治」に関して論じる際には，thing は通常とは異なる意味を担わされる。訳し分けるのではなく，なぜあえて同じ「モノ」という訳語を採用したのかは，第 8 章の注 5（☞ p. 141）を確認してほしい。

第1部

基礎編

第1部では，アクターネットワーク理論（ANT）に関する基礎的な事項を紹介・解説する。

　まず第1章では，ANT が成立した時代背景について概観する。人間以外の諸存在をも一人前のアクターとみなすべきとする ANT の立場は，いっけん極端なものにみえる。しかし，他方で，20世紀後半以降にはそうした立場を受け入れるような土壌が生まれていたことを，「科学・科学技術」と「エコロジー」という二つのトピックに着目して確認する。

　続く第2章は，ANT の成立・展開についての略史である。ANT がサイエンス・スタディーズという分野における立場の一つとして出発した後，どのように展開していったのかを概観する。また，成立後間もない初期 ANT に対して，どのような批判が投げかけられたのかについても紹介する。この章は，本書の第2部の各章が，各テーマを横に並べて紹介するのに対し，いわば縦の流れを補完するものといえる。

　第3章では，ANT 的な記述を支える発想のエッセンスについて解説する。とくに「ANT を，半ばガーフィンケルであり半ばグレマスであると評しても，的外れではないだろう」というラトゥールの言明を出発点にして，H. ガーフィンケルによるエスノメソドロジーの探究と A. グレマスの記号論とが交差する地点にあるとされる ANT のパースペクティブを明示する。

01 ANT 成立の時代背景と人文学・社会科学における「人間以外」への関心の高まり

栗原　亘

1 問題設定

　アクターネットワーク理論（ANT）は，わたしたちが生きる世界を，「社会」と「自然」という二分法[1]を取り払い，あくまでもフラットな観点（☞第3章）から記述することで，人間だけではなく，人間以外の多種多様な存在（そこには，人工物から動植物，さらには抽象的な概念などに至るあらゆるものが含まれる）が果たしている役割を正当に評価することを目指す立場である。ANT は，M. カロン，B. ラトゥール，そして J. ローらによって，サイエンス・スタディーズ[2]と呼ばれる分野において 1980 年代に提起された。本章では，この ANT のパースペクティブの中身についての説明をはじめるのに先立ち，そもそも ANT なる立場が提起され，注目されるようになった時代背景について確認することにしたい。重要なのは，人間以外の要素に着目するという傾向は，そもそも 20 世紀後半以降，それまで主として「人間」に焦点を合わせてきた人文学・社会科学（以下，人文社会科学）の領域において広くみられるようになっていたということである。だからこそ，ANT の，人間以外の非人間（nonhuman）をも一人前のアクターとみなすといういっけん奇抜な主張が，多くの論者の関心をひくことになったのである。ANT が注目されたのは，それが時宜を得ていたからといえるだろう。

　では，20 世紀後半という時期に何があったのだろうか。なぜ，人文社会科学にお

---

1) ANT では，取り扱う対象として，「社会」と「自然」という二分法を取り除いたうえで可視化される「集合体（collective）」という語を使用することも多い。「社会」と「自然」という二分法および「集合体」に関しては第8章を参照。

2) 国内では科学論と訳されることも多い。ただ本書では，とくに 1970 年代以降の科学・科学技術研究の流れ（後述）を指すために，あえてカタカナ表記を使用する。

いて，人間以外の要素に関心が向けられるようになったのだろうか。本章では，相互に深く関連しあう二つのトピックに対する，アカデミックな世界の内外を問わない関心の高まりが背景にあったことを確認する。

　一つ目は，（自然）科学および科学技術への関心の高まりである。科学や科学技術が，人間以外の存在の探究・生産に関係することはいうまでもない。そこにおいては，人間自身すらもまた，身体や生命体というモノとして，生命科学やその応用技術の対象とされる。今日，人間と非人間との連関（association）（☞第3章）がとりわけ積極的に生み出されているのも，科学や科学技術との関係においてである。ANT がサイエンス・スタディーズから出発したことからも明らかなように，この科学・科学技術というトピックへの関心の高まりは，ANT を知るうえで欠かすことのできないポイントである。

　もう一つは，エコロジーに対する関心の高まりである。20世紀後半の時代状況について語るうえで欠かすことができないのは，いわゆる環境問題に注目が集まるようになったということである。言い換えれば，人間と非人間とのあいだで生じるさまざまな形の軋轢が，環境問題という形で論じられるようになったのである。そこにおいては，自分たちの日常的な行為が，（多くの場合知らず知らずのうちに）他の動植物，ひいては人間の生存基盤を脅かしているという事例が，次々と明らかにされてきた。そしてそれに対する対処の必要性が盛んに論じられるようになってきた。これもまた20世紀後半以降の世界を特徴づける事態である。

　科学・科学技術とエコロジーという主題が，いずれも，人間と非人間の関係のあり方に重大な変化をもたらしてきたことは明白である。そして，主として「人間」に対して焦点を合わせてきた人文社会科学系の諸議論は，そうした変化への対応を迫られてきたのである。

　以下では，科学・科学技術とエコロジーというトピックのそれぞれに関する基本的な事項を確認しつつ，それらが人文社会科学領域にどのような議論の成立を促してきたのかについて確認することにしたい。以下を読んでいただければわかることと思うが，その過程は，まさしく，人間と人間以外のさまざまな要素とのハイブリッドが大量に生み出されることにより，アカデミックな世界を含む「社会」と「自然」のあり方が変容させられていく過程そのものである。そこからは，「社会」と「自然」という二分法を前提としない，フラットな記述の必要性が増してきていることが如実に見て取れるはずである。

　もちろん，紙幅の関係上，網羅的にすべての議論を取り上げるなどということは

できない。しかし，部分的にではあれ，あらためてわたしたちが生きる世界がもつ歴史的背景を眺め直すことで，ANT がもつ意義を確認していくことにしたい。

2　自然科学および科学技術への関心の高まり

　20世紀は，人類が二つの世界大戦を経験した時代であった。未曾有の規模で行われ，多大な被害を生んだこれらの大戦は，それぞれ「化学者の戦争」と「物理学者の戦争」とも呼ばれている（古川［1989］2018: 265，以降，必要に応じて初版出版年を［ ］で表す）。これは，第一次世界大戦では化学の知識を応用した毒ガス兵器が，そして第二次世界大戦では物理学の知識を応用した原子爆弾が開発され，一定の「成果」をあげたことに由来する。二つの世界大戦は，科学と国家との密接な結びつきによって特徴づけられるものだったのである。

　正確にいえば，科学と国家との結びつきは，そもそもは19世紀後半頃からはじまった（古川［1989］2018: 235-264）[3]。近代国家体制がその形を整えていく過程において，国家間の軍事・経済面における競争が激化していった。科学はそうした国家間の競争における優位性を確保するための手段の一つとして認識されるようになっていったのである。20世紀に起きた二つの大戦は，そうした19世紀以降の傾向をより一層促進し，確固たるものとする出来事でもあった[4]。そして，科学と国家との結びつきの強化は，国家予算を背景とした，いわゆるビッグサイエンスのプロジェクトを可能にした。ビッグサイエンスは，大戦後の冷戦構造のなかで展開した。それは，米ソを軸にした国家間の対立構造のもと，軍事技術や宇宙開発などの分野において潤沢な国家予算に支えられて展開したのである。

　国家と科学・科学技術との結びつきが進展する一方で，戦後は，日常生活の場面において，技術的な人工物の存在感がますます増していく時代でもあった。まず，戦争にルーツをもつ数多くの技術が「平和利用」されることとなった。典型的な例の一つは，「物理学者の戦争」の産物である核技術であろう。多くの人びとから日常を理不尽に奪う兵器であったものが，多くの人びとの日常を支えるためのインフラとして，戦後のエネルギー体制のなかに積極的に組み込まれていくこととなった。

---

3)「近代」における科学および科学技術の「社会」秩序形成における役割の増大とその帰結に関する議論については，第8章で論じる。

4) たとえば，日本における科学技術と国家との結節点の一つともいえる科学技術庁もまた，戦時中にルーツをもつ（cf. 城山 2018）。

他にも，たとえば計算機^{コンピュータ}などもまた，軍事の領域で基盤技術が開発され，後にわたしたちの生活のなかへと浸透していった技術である[5]。

　さらに，前述した国家予算を背景にしたビッグサイエンスのプロジェクトが，いわゆるメディア・イベントの目玉として人びとの脳裏に刻まれることとなった点も重要である。たとえば，宇宙への進出をめぐる米ソの技術競争の結果としての月面着陸は，まさにその典型例である。科学・科学技術は，単に専門家たちや一部の為政者たちの間の関心事であるだけではなく，一種のエンターテインメント性すら帯びて，「大衆社会」に定着していったのである。そしてさらに，現実の出来事に加え，SF 的な主題を扱う漫画・アニメ作品から特撮映画などの各種大衆娯楽もまた，科学・科学技術のイメージを大衆のなかへと根づかせていくうえで重要な役割を担っただろう。

　また，戦後急速に進行した大量生産・大量消費的状況は，多種多様な人工物が，日用品としてわれわれの日常生活へと組み込まれていくことを意味した。たとえばテレビは，人びとの生活様式や情報へのアクセシビリティを変化させた。上述の科学・科学技術関連のメディア・イベントをそもそも可能にしたのもテレビであった。日本においては，とくに 50 年代後半から 60 年代にかけての高度成長期に，今でこそ当然のものとなっている各種家電製品が日常生活へとなだれ込んだ[6]。（白黒）テレビ・洗濯機・冷蔵庫といった家電が「三種の神器」と呼ばれたのもそのころである。これらが家事労働を変容させ，「主婦」のあり方や家族関係の変化などをもたらしたことはよく知られている（cf. 天野・桜井［1992］2003）。こうして，映像・通信技術から家電までを含むさまざまな技術が，われわれの「社会」の不可欠な構成子^{メンバー}として組み込まれていったのである。こうした技術の数と種類は，現在も増え続けていることはいうまでもない。日用品は，生活を「便利にする」とか「豊かにする」などといった言葉で語りきることなど到底できない形で，わたしたちの生きる世界の在り方に影響を与え続けてきた。20 世紀後半は，まさにそうした日用品

---

5) 軍事的な技術が民間のなかに拡散していく過程については，たとえば佐藤（2019）などを参照。

6) 補足すれば，戦前にはすでに主要家電の多くは開発されていた。ただ，それらが実際に一般家庭に広がっていったのは戦後であった。たとえば，日本における家事関連の技術の普及に関しては鈴木（2013: 252–294）などに詳しい。なお，鈴木（2013）では戦前の技術導入に関しても紹介がある。本書で ANT 的な観点をふまえたうえで，日本における新技術の導入の歴史を捉え直すことも可能だろう。

が大挙して押し寄せた時代であった。

3　人文学・社会科学内における動向

　以上のような状況が生じるなかで，人文社会科学の領域においても顕著な動きが
みられた。伝統的にその対象としてきた人間たちの「価値観」「社会」「文化」など
について論じようとすれば，必然的に人間以外の要素が絡みついてくるような状況
がますます顕著に生じていたわけであるから当然であろう[7]。

　たとえば，テレビという人工物の流通は，今日まで続くメディア研究というジャ
ンルの成立をもたらした。M. マクルーハン（e.g. 1986〔1962〕，以降，必要に応じて
原書出版年を〔　〕で表す）やその周辺の論者たち（e.g. オング 1991〔1982〕）によ
る一連の議論は，人間たちが形成する多様な関係が，人間たちだけではなく，人工
物の存在によって可能になってきたということを論じた先駆的な研究例である。

　コンピュータも，日常生活を形成する必須の要素となると同時に，あらゆる面に
おいて人文社会科学系の議論に影響を与えてきた。たとえばそれは，認知科学とい
う人間の知性を解き明かそうとする研究分野の成立と展開に深く関係してきた。

　まず，そもそも認知科学の隆盛自体がコンピュータの発明と発達に依るところが
大きい。当時，心理学では，直接外から観察できない「心の内部」ではなく，観察
可能な外的行動にのみ焦点を合わせることを主張する行動主義心理学が主流であっ
た。ところが，コンピュータの発明・発達は，人工的に知能を作り出すという可能
性を生み出した。つまり，いわゆる人工知能（AI）研究の成立・展開をもたらした
のである。そうして，見ることができないとされてきた心的メカニズムを可視化す
る可能性をひらき，「認知革命」とも称される研究動向の変化をもたらしたのである。

　AI 研究の隆盛は，知能そのものを作り出すという研究の特性上，人間の知能を
相対化しあらためて問い直す契機ともなった。たとえば，AI 研究者たちが人間的
な知能をコンピュータ上で実現することを喧伝する一方，人文社会科学の論者たち
からは疑問の声があげられた。代表的なのは，哲学者である H. ドレイファスによ

7）すこし先取りして述べておけば，ANT はそもそもあらゆる事象が人間と非人間の連関
　から成立すると主張する立場である。そのため，ANT からすれば，人間たちの「価値
　観」「社会」「文化」などについて論じる際には，そもそも常に非人間の役割を考慮に入
　れなければならない。20 世紀後半の状況は，まさにこの点をますます強調するもので
　あった。

8

る AI 批判であろう（e.g. ドレイファス 1992〔1972〕；ドレイファス＆ドレイファス 1987〔1986〕）。ドレイファスは主として現象学的な立場から，当時の AI 研究に対する批判を行なった。ドレイファスはとくに人間の知性における「身体」の役割を強調することでその特性を捉え直したのである。こうしたドレイファスらの議論は，いわば人間と人間以外の存在との差異をあらためて主題化することを促したといえる[8]。

　他方で，（「集合体」としての）「社会」を形成する「新しいメンバー」としてのコンピュータと人間との相互作用を積極的に扱うような議論も現れた（「集合体」については注 1 を参照）。たとえば人間とコンピュータとのやり取りそのものに焦点を合わせた S. タークルの研究などがその先駆的な例として挙げられるだろう（e.g. タークル 1984）。また，人類学的な方法を用いた L. A. サッチマン（1999〔1987〕）による機械と人間とのインタラクションに関する研究なども代表的な例である。

　人文社会科学において「人間以外」を積極的に取り上げる例は，他にもまだまだ挙げることができる。ただ，ANT との関係でもっとも重要なのは，科学そのものに焦点を合わせるような経験的研究領域の隆盛，すなわち，サイエンス・スタディーズの成立である。ここでいうサイエンス・スタディーズは，とくに 1970 年代以降に活発になった，科学および（科学）技術に関する研究を行う社会学・人類学・歴史学など多様な分野の論者たちによる議論の総称である。ANT もまたその一部として出発した（☞第 2 章，第 4 章，第 5 章）。

　サイエンス・スタディーズの特徴は，科学的知識そのものを主題化し，それに対して経験的な手法を用いて取り組みはじめた点にある。それまでの科学に関する人文社会科学的な研究は，科学者たちの作り出す人間関係や制度などに着目する一方で，科学的知識そのものの性質については，ほとんど触れないか，あるいは触れたとしても経験的な研究を行わず，思弁的な形でのみ論じるにとどまっていた。これに対し，サイエンス・スタディーズは，科学的知識そのものを取り上げ，経験的な研究の対象としたのである（☞第 2 章，第 4 章）。

　（自然）科学はまず何より，さまざまな人間以外の存在を探究する活動である。ANT 的な言い方をすれば，それは，新たな存在体を「分節化（articulate）」し，「集

8）ドレイファスの研究は，その後，科学的知識の社会学（SSK）の代表的論者の一人である H. コリンズの研究にも大きな影響を与えることとなる。なお，コリンズがまさにそうであるように，人間と非人間との差異を強調する方向に向かう議論の潮流は，ANT と緊張関係にある場合が多い（☞第 2 章）。

合体」のなかへと組み込んでいく活動である（☞分節化については，第3章，第8章，第9章）。また，そもそも科学という活動そのものが，科学者たる人間たちだけではなく，さらに実験器具や実験動物をはじめとするさまざまな非人間をもまきこんで織りなされる営みである。ANT を含むサイエンス・スタディーズの諸議論は，科学が行われる具体的な現場に対する経験的な研究を行うことで，この点を明確に主題化したのである[9]。

　20世紀後半には，具体的な（科学）技術や人工物に焦点を合わせる研究もまた盛んとなった。先に挙げたメディア研究のような新しい研究分野の確立はそうした事例の一つである。また，さらに歴史学のような長い伝統をもつ分野においても，たとえば技術史学会（Society for the History of Technology）が設立され，さらにその機関誌『技術と文化（*Technology and Culture*）』が刊行されるなどし，技術史という一つの独立したジャンルが確立されはじめた。技術史的な研究のなかでも，ANT と深く関係するものとしては，T. ヒューズの『電力の歴史』（1996〔1983〕）が挙げられる。ラトゥールは，ヒューズの仕事を自身やカロンをはじめとする ANT 論者の研究と並べ，モノが集合体へと結合していく過程を描いた研究の一例として挙げている（ラトゥール 2008: 14）。

　（科学）技術についていえば，1980年代には，上述した科学の領域におけるサイエンス・スタディーズの枠組みを，技術に関する研究の領域に移入しようとする試みもなされた。『技術的システムの社会的構築』（Bijker et al.［1987］2012）はその最初期の成果の一つである。そこにおいては，技術の社会的構築（Social Construction Of Technology, SCOT）（☞第2章，第5章）という新たなアプローチが提起されている。そしてさらに，ANT もまたこの論集のなかで一つの立場として明示されている（☞第2章）。

　哲学の分野でも進展がみられた。技術は当時，科学とは異なり，（高度な科学技術であれ，単純な道具であれ）哲学の主題としてはマージナルなものであった。も

9）なお，科学哲学の領域においても，サイエンス・スタディーズの展開と連動する形で，経験的な知見を重視する潮流が生じた。たとえば，I. ハッキングが，科学の非理論的な側面，すなわち，実験のような実践的な側面に着目した仕事を行なった（ハッキング 2015〔1983〕）。この実験という具体的な現場における活動を重視する姿勢は，実験室研究（laboratory studies）と呼ばれるサイエンス・スタディーズの立場の一つや，さらに実験室研究の強い影響下に成立した ANT とも共通している。実験室研究については第2章でも言及する。

ちろん，哲学的な技術研究の蓄積がまったくなかったわけではない。とりわけ，大戦を経験した直後には，技術に関する代表的な仕事がなされた。たとえば，M. ハイデッガー（ハイデッガー 2013〔1954〕）や J. エリュール（1975, 1976〔1954〕）の議論などである[10]。ただし，これらはいずれも思弁的な色彩の強い議論であった。また，近代的な科学技術に対する批判的な態度を共有してもいた。そこにおいては，個別の具体的な技術を超えた「技術的なるもの」の本質が想定され，しかもそれは，概ね否定的に捉えられたのである。それは無理からぬことでもあったろう。というのも，彼らは，直接体験した大戦期において，数々の技術が兵器として挙げた「成果」を念頭に置いていたからである。

　しかし，そこからさらに 20 世紀後半へと向かうにつれ，異なる傾向をもつ議論が提起されるようになった。それは，端的にいえば，個々の具体的な技術に目を向ける諸議論であった。たとえば D. アイディは，現象学的なアプローチを基礎にしつつ，そこに日用品から科学技術に至るさまざまな技術的人工物への視点を取り込んだ。奇しくも，彼の技術哲学における最初の代表的な著作である『テクニクスとプラクシス』（Ihde 1979）は，ANT の主唱者の一人であるラトゥールが S. ウールガーとの共著で書いた『ラボラトリー・ライフ』（ラトゥール & ウールガー 2021〔1979〕）の初版と同じ年に出版されている。のちにアイディ自身はこのことに触れ，1979 年を技術哲学にとって特別な年として位置づけた（Ihde 2003: 1）。こうした系統の技術哲学については，その後，P. P. フェルベークがアイディの現象学的な議論と ANT（とくにラトゥールの議論）との接合を試みるなどの展開をみせている（Verbeek 2005）。フェルベークは，高度な医療技術の発展が，いかにして道徳のあり方に影響を及ぼすのかについても論じている（フェルベーク 2015）。

　このように，思弁的・演繹的な議論よりも具体的な経験的研究を重視するようになった技術哲学者たちは，「技術的なるもの」の本質を探究・批判したりするのではなく，まさに具体的な個々の技術が，われわれの在り方に対していかに不可欠な影響を及ぼしているのかについて問い始めたのである。こうした動きは，上述のサイエンス・スタディーズと同じ時期に，ある程度独立した形で展開してきた。

　また，科学と技術に関する経験的な研究を背景にした批判哲学も登場した。それ

10）P. フェルベーク（Verbeek 2005）は，K. ヤスパース（1966/1976〔1958〕）の議論も，大戦後の技術哲学的な議論の系譜に付け加えている。またこの系譜の議論にはマルクス主義やフランクフルト学派の諸議論を付け加えることもできるだろう。たとえば H. マルクーゼの『一次元的人間』（1974〔1964〕）などである。

らは，マルクス主義やフランクフルト学派の議論を下敷きにしつつ，上述の SCOT を含むサイエンス・スタディーズの諸議論とも深く関係しながら展開してきた。L. ウィナーの議論などはその代表例の一つである。彼は，さまざまな技術が帯びる政治性を，具体的事例を取り上げながらつまびらかにし，それを民主的に統治する必要性について論じた。彼は，たとえば，原子力関連技術を本質的に中央集権的な技術として批判したことでも知られる（ウィナー 2000〔1986〕）。こうした潮流に属する議論としては，他に A. フィーンバーグによる技術の民主的合理化論などもある（フィーンバーグ 2004）。これらの論者たちは，伝統的な政治理論や社会理論を基礎にして技術について論じた点で，政治理論や社会理論そのものを更新する必要があると主張する ANT とは対照的ともいえる（☞第 8 章）。

　また，政治と科学・科学技術との関係というテーマを扱う重要な領域の一つとして，他にフェミニズム科学論の潮流も生まれた。フェミニズム科学論には，D. ハラウェイ，S. L. スター，そして M. ストラザーンといった，とくに ANT と関わりの深い論者がいる（☞第 2 章）。

　以上の経験的な研究潮流は，いずれも，前節で確認したような 20 世紀後半の時代状況を反映したものであったといえよう。すなわち，まさに経験のあり方自体がさまざまなモノやそれをめぐる活動で満たされるようになった状況をふまえ，新たな経験的研究が展開してきたのである。

4　エコロジーへの関心の高まり

　20 世紀後半は，科学・科学技術と並んでエコロジーへの関心の高まりによって特徴づけられる。いわゆる「環境問題」が脚光を浴びるようになり，エコロジー運動やそれにルーツをもつ「緑の党」のような政治政党も生まれてきた[11]。

　ここで，まず具体的な出来事について確認する前に，そもそも「環境問題」とは何であるかについて簡単に確認しておきたい。それは，自明のようで，実のところ掴みどころのないものである。この語のもとでは，実に多様な対象が想起され得るからである。たとえば，人文社会科学において「環境問題」を主題として取り上げる代表的な分野の一つである環境社会学の扱うテーマを一瞥してみよう。そこには，河川や土壌，大気の汚染から廃棄物問題，さらには騒音や町の景観の問題のような

11）エコロジー運動と緑の党の展開の歴史については，小野（2014）などを参照。

ものまでもが含まれることが確認できる（cf. 関ほか 2009）。ただ，一つ確かなのは，そこには多種多様な人間と人間以外のさまざまな要素とのもつれが溢れているということである。順を追って確認していこう。

　たとえば，エコロジー運動と呼ばれる活動は，「環境問題」の多様さ・複雑さの原因にして結果であり，それ自体かなり込み入ったものである。そこには，各種公害による健康被害に抗議する住民・市民運動などから，「動物の解放」や「動物の権利」を主張する立場までもが含まれる（☞「動物」をめぐる議論については，第11章）。しかも，それらは，それぞれ多様な思想と実践を内包しており，ひとまとめにすることなど到底できそうにない。ただ，共通しているのは，それらがいずれも人間と非人間とのもつれを積極的に主題化・問題化しているという点である。そもそも社会運動とは，それなしには無視されたり，自明視されたりして気づかれなかったようなさまざまな事柄を，何らかの形で「問題化」することによってはじめて成立するものである。ANT の観点からすれば，あらゆる「問題」は人間と非人間との間の連関にかかわっており，エコロジー運動は，とりわけ「環境」をめぐって自覚的に人間と非人間との関係のあり方を問題化し，働きかけることを企図した運動なのである。

　本章の冒頭でも言及しておいたように，以上のような「環境問題」やエコロジー運動をめぐる動向は，前節まででみてきたような科学・科学技術をめぐる動向と根本的な部分でリンクしている。まず，「環境問題」なるものを特定する際には，自然科学が必然的に大きな役割を果たす。20 世紀後半におけるエコロジー運動の流行に少なからず影響を及ぼした『沈黙の春』（カーソン 1974〔1962〕）を書いた R. カーソンもまた生物学者であった。今日，環境リスクをもたらすとされている要素の多くは，科学者たちと，彼らが使用するさまざまな機器・装置が存在してはじめて可視化されるのである。公害裁判などにおいて，重要な争点となったことの一つが科学的な妥当性であったこともまた，問題の性質を端的に表していたということができる（cf. 飯島ほか 2007; 松本 2009; 立石 2011）。

　また，環境問題の「解決」を図るものとしてたびたび期待されるのも，科学・科学技術である。人口爆発により引き起こされるとされた飢饉を回避するのに一役買ったのは，近代的な科学の成果による農業の近代化であったことはよく知られている。それは「緑の革命」とも呼ばれ，その中心的な推進者の一人である N. ボーローグは，1970 年にノーベル平和賞を受賞すらした。しかし，他方で，そもそも何が「環境問題」をもたらしてきたのか，という点について考える際に，たびたびその「犯人」

として名指しされることが多いのも科学や科学技術である。上述した「緑の革命」は，食料の増産には成功しつつも，土壌の劣化をはじめとする環境へのダメージの観点から問題視する論者も多い。

　環境に対する科学・科学技術による介入に関しては，現在もさまざまなレベルで論争が存在している。食料問題は，増え続ける人口と，さらに気候変動の影響のもと，引き続き世界的な懸念事項となっている。遺伝子組み換え技術や，さらに最近では遺伝子編集技術を用いて，新たな緑の革命が必要であると主張するものたちと，それに対して激しく反発するものたちとの間で攻防がくり広げられているのが現状である。

5　「環境問題」とエコロジー運動および人文学・社会科学における動向

　エコロジー運動は，歴史上，さまざまな形で存在してきた。環境社会学の創始者でもあるR. E. ダンラップらによれば，北米における環境・エコロジー運動の起源は19世紀末まで遡れる（ダンラップ＆マーティグ 1993: 2）。おそらく環境やエコロジーという言葉の定義をどのようにとるかによって，もっと以前にまでさかのぼることも可能だろう。

　ただ，その数や規模や盛り上がりの点からいえば，1960年代後半以降のエコロジー運動の流行は，それまでとは一線を画するものであった。その要因やきっかけをどれか一つに決めることは難しい。1960年代から，農薬依存の近代化された農業に対する批判を展開したカーソンの『沈黙の春』や，近代的畜産様式における動物への残虐性・薬品投与による汚染などを批判したR. ハリソンの『アニマル・マシーン』（1979〔1964〕），さらに人口爆発による飢饉の発生や環境負荷の増大を訴えたP. エーリックの『人口爆弾』（1974〔1968〕）などが出版され，「環境意識」を高めていったことも大きい。その後，70年代の初頭にはローマ・クラブの『成長の限界』（メドウズほか 1972）が脚光を浴び，80年代には，「環境と開発に関する世界委員会」が国連総会に提出したレポート「われらの共通の未来」において，「持続可能な発展」という標語が採用され，国際的に流通するようになる。こうしてエコロジー運動は，国際機関のレベルから個人のレベルまでをも包含するような，世界規模のうねりとなっていった。

　エコロジー運動について考えるうえでは，さらに，そもそも社会運動そのもののあり方が20世紀後半に変容しはじめていたという点も重要である。すなわち，そ

の当時のエコロジー運動は，68 年以降の各種反体制運動と深く連関しながら展開し
てきたのである。エコロジー運動のなかには，いわゆる「自然保護思想」に基づい
たものだけではなく，国家や企業と結びついた高度で巨大なテクノロジーに対する
批判に基づくものも多かった [12]。たとえば，反原発運動は，その安全性への不安な
どだけではなく，原子力発電という技術が，専門家への依存度が高く，資本の集中
によって成立するという意味で，権威的・中央集権的構造を有していることに対す
る反発とも結びついていた。もちろん，息の長い自然保護思想に基づく運動や，あ
るいは公害の直接の被害者たちによる運動なども数多く生まれていた。いずれもが，
相互に複雑に関係し合いながら発展していったのが 20 世紀後半以降の時代におけ
るエコロジー運動なのである。

　そして，エコロジー運動のなかには，政党を生み出し，国家の議会のなかで公式
の権力をもつに至ったものもある。世界最初の緑の党は 1972 年にオーストラリア
に結成され，その後各地で次々と生まれていった。そして，その多くは，運動にそ
のルーツをもっているのである（cf. 小野 2014）。他方で，より過激に，非合法的な
手段を用いるような急進的な運動も存在してきた。たとえば，日本でも捕鯨関係の
ニュースで馴染みのあるシーシェパードのような団体はその一例である。脅迫めい
た手法で，動物園や水族館へ動物の解放を迫ろうとする個人・団体も存在する。こ
うした多種多様な人間と非人間とを巻き込んだ多様な駆け引きが展開されている。

　ところで，エコロジーのテーマと先にみた科学・科学技術に関するテーマとの間
の相違点の一つは，研究対象と研究主体の間の関係である。科学・科学技術に関す
るサイエンス・スタディーズの諸研究においては，研究する側の研究者たち（サイ
エンス・スタディーズ論者たち）と，研究対象となる研究者たち（自然科学者たち）
は，基本的に異なる立場に属していた。だからこそ，軋轢も生じた [13]。しかし，エ
コロジー運動とその研究者との関係を切り離すことは容易ではない。

　たとえば，20 世紀末には，環境経済学，環境社会学，環境政策学，環境哲学，環

---

12) また，多くのエコロジー運動は，共通して「社会」と「自然」との二分法を前提にし
　　ていた。「社会」とは切り離されて存在する「自然」が存在し，それを保護するという
　　発想を多かれ少なかれ有していたのである。ANT はそうした立場とは相いれない。
　　たとえばラトゥールは，『虚構の「近代」』（ラトゥール 2008）や『自然の政治』（Latour
　　2004）以来，まさにそうした前提，発想を有しているがゆえにエコロジー運動は無力
　　であり続けてきたと論じてきた。この論点については，本書の第 8 章，第 12 章で詳述
　　する。

境史等々,「環境」をその名に冠する分野が確立されたが,これらの多くは,いずれも現実への政治的介入を明確に企図した運動的な側面をもっている。また,「環境問題」に関する言説は,人文社会科学者と自然科学者たち,さらには活動家たちが入り乱れて形成してきた。このこともまた,状況を複雑にしている。自然科学者である J. ラヴロックが『ガイア』(ラヴロック 1984)を書き,それを人文社会科学系の論者たちが引き受けて論じる[14]。また,活動家たちが動物たちに対する暴力を暴露・告発するのと相即する形で,「動物の権利」に関する理論的な基礎を哲学者が書く(e.g. シンガー 2011)。ここにおいては,人間 - 非人間のもつれに加え,専門・活動領域を超えたもつれもまた形成されていることがわかる。

さらに,先に科学・科学技術に関する研究領域として紹介しておいたサイエンス・スタディーズも,エコロジーという主題と深く関係してきた点は強調しておこう。上述したように,また以上で確認してきた諸例を見れば明白であるように,科学・科学技術と「環境問題」は,切り離して考えることができないのである。そうとなれば,当然,サイエンス・スタディーズが「環境問題」と深く結びついていくことは必然的であったといえよう。

たとえば,とくに関連するものとしては,B. ウィンによる牧羊農家に関するケーススタディを挙げることができるだろう。ウィンは,チェルノブイリ原発事故による影響についての判断において,科学者たちと汚染された土地の牧羊農家たちの間のコミュニケーション問題を扱った。これは,よく素人 - 専門家問題といった形で言及される。そこにおいて問われていたのは,だれが環境の統治に関わるべきかという点であったということができる[15]。こうした科学・科学技術とエコロジーの関係というテーマは,今日では ANT を含むサイエンス・スタディーズにおいて中

---

13) サイエンス・スタディーズやその周辺領域の科学に関する研究の多くは,非自然科学者である論者たちが,科学を分析するという形式になっていたこともあり,自然科学者側からの反発に直面することも多かった。その最たる例は,サイエンス・ウォーズと呼ばれる出来事であった。A. ソーカルらが巻き起こした「ニセ論文」騒動に端を発するこの出来事には,多くのサイエンス・スタディーズ論者も巻き込まれ,批判を受けることとなった。この出来事については,金森・中島(2002)などを参照。

14) ガイアの概念は,たとえば ANT の主唱者の一人であるラトゥールが好んで取り上げている(e.g. Latour 2017; ラトゥール 2019)。これについては第 12 章でも触れる。

15) サイエンス・スタディーズとエコロジーの関係について触れるうえでは,他に,D. ハラウェイの仕事も重要である。彼女は,人間とそれ以外の動物との関係をテーマとして扱うマルチスピーシーズと呼ばれるジャンルの礎をつくってきた(☞第 11 章)。

心的なものの一つともなっている（☞第12章）。

6 まとめ

　以上のように，ANT が成立する20世紀後半は，そもそも多種多様な人間以外
の要素に対して目を向けざるを得ない状況とそれに対応するためのさまざまな学術
的な仕事が提出された時代であった。こうした状況が，具体的にどのような形で
ANT と結びついているのか。この点は，本書の著者および読者の課題の一つであ
る。ただ，以上のように駆け足で時代を振り返ってみるだけで，少なくとも，ANT
という立場が突然変異のごとくあらわれたものであるというよりは，時宜を得た形
で成立し，注目を集めるようになっていったことを確認することができる。

　本書の第2章あるいは，第2部以降でも確認していくように，ANT は，科学・
科学技術を主題とした研究から出発したうえで，さらに多くのトピックを取り上げ
るようになっていく。サイエンス・スタディーズの領域と密接に関係する環境・エ
コロジーあるいは政治についてはもちろんのこと，経済から医療，法などといった
テーマまで，ANT はそこにおいて長い間無視されてきた人間以外のさまざまな要
素の役割を，一から問い直そうとしてきたのである。

※本章は JSPS 科研費（課題番号：19K13924）の助成を受けた研究成果の一部である。

【文　　献】

天野正子・桜井厚，[1992]2003,『「モノと女」の戦後史——身体性・家庭性・社会性を軸
　　に』平凡社.

飯島伸子・渡辺伸一・藤川賢，2007,『公害被害放置の社会学——イタイイタイ病・カド
　　ミウム問題の歴史と現在』東信堂.

ウィナー, L., 2000,『鯨と原子炉——技術の限界を求めて』（吉岡斉・若松征男訳）紀伊國
　　屋書店.（Winner, L., 1986, *The whale and the reactor: A search for limits in an age
　　of high technology*. Chicago, IL: University of Chicago Press.）

エーリック, P., 1974,『人口爆弾』（宮川毅訳）河出書房新社.（Ehrlich, P., 1968, *The
　　population bomb*. New York: Ballantine books.）

エリュール, J., 1975,『技術社会・上』（島尾永康・竹岡敬温訳）すぐ書房.（Ellul, J., 1954,
　　La technique; ou, L'enjeu du siècle. Paris: Librairie Armand Colin.）

エリュール, J., 1976,『技術社会・下』（鳥巣美知郎・倉橋重史訳）すぐ書房. (Ellul, J., 1954, *La technique; ou, L'enjeu du siècle.* Paris: Librairie Armand Colin.)

小野一, 2014,『緑の党——運動・思想・政党の歴史』講談社.

オング, W. J., 1991,『声の文化と文字の文化』（桜井直文・林正寛・糟谷啓介訳）藤原書店. (Ong, W. J., 1982, *Orality and literacy: The technologizing of the word.* London and New York: Methuen.)

カーソン, R., 1974,『沈黙の春』（青樹簗一訳）新潮社. (Carson, R., 1962, *Silent spring.* Boston, MA: Houghton Mifflin.)

金森修・中島秀人編, 2002,『科学論の現在』勁草書房.

サッチマン, L. A., 1999,『プランと状況的行為——人間—機械コミュニケーションの可能性』（佐伯胖監訳／上野直樹・水川喜文・鈴木栄幸訳）産業図書. (Suchman, L. A., 1987, *Plans and situated actions: The problem of human-machine communication.* Cambridge: Cambridge University Press.)

佐藤靖, 2019,『科学技術の現代史——システム, リスク, イノベーション』中央公論新社.

城山英明, 2018,『科学技術と政治』ミネルヴァ書房.

シンガー, P., 2011,『動物の解放（改訂版）』（戸田清訳）人文書院. (Singer, P., 1975, *Animal liberation: A new ethics for our treatment of animals.* New York: Review/Random House.)

鈴木淳, 2013,『シリーズ日本の近代　新技術の社会誌』中央公論新社.

関礼子・中澤秀雄・丸山康司・田中求, 2009,『環境の社会学』有斐閣.

タークル, S., 1984,『インティメイト・マシン——コンピュータに心はあるか』（西和彦訳）講談社. (Turkle, S., 1984, *The second self: Computers and the human spirit.* New York: Simon & Schuster.)

立石裕二, 2011,『環境問題の科学社会学』世界思想社.

ダンラップ, R. E., & マーティグ, A. G. 編, 1993,『現代アメリカの環境主義——1970 年から 1990 年の環境運動』（満田久義監訳）ミネルヴァ書房. (Dunlap, R. E., & Mertig, A. G., eds., 1992, *American environmentalism: The U.S. environmental movement, 1970-1990.* Philadelphia, PA: Taylor & Francis.)

ドレイファス, H., 1992,『コンピュータには何ができないか——哲学的人工知能批判』（黒崎政男・村若修訳）産業図書. (Dreyfus, H., [1972]1979, *What computers still can't do: A critique of artificial reason.* New York: Harper and Row.)

ドレイファス, H., & ドレイファス, S., 1987,『純粋人工知能批判——コンピュータは思考を獲得できるか』（椋田直子訳）アスキー. (Dreyfus, H., & Dreyfus, S., 1986, *Mind over machine: The power of human intuition and expertise in the era of the computer.* New York: Free Press.)

ハイデッガー, M., 2013,『技術への問い』（関口浩訳）平凡社. (Heidegger, M., 1954, *Vorträge und Aufsätze.* Pfullingen: G. Neske.)

ハッキング, I., 2015,『表現と介入——科学哲学入門』（渡辺博訳）筑摩書房. (Hacking, I., 1983, *Representing and intervening: Introductory topics in the philosophy of natural science.* Cambridge: Cambridge University Press.)

ハリソン, R., 1979, 『アニマル・マシーン——近代畜産にみる悲劇の主役たち』（橋本明子ほか訳）講談社.（Harrison, R., 1964, *Animal machines: The new factory farming industry.* London: Stuart.）

ヒューズ, T., 1996, 『電力の歴史』（市場泰男訳）平凡社.（Hughes, T., 1983, *Networks of power: Electrification in Western society, 1880–1930.* Baltimore, MD: Johns Hopkins University Press.）

フィーンバーグ, A., 2004, 『技術への問い』（直江清隆訳）岩波書店.（Feenberg, A., 1999, *Questioning technology*, New York and London: Routledge.）

フェルベーク, P.-P., 2015, 『技術の道徳化——事物の道徳性を理解し設計する』（鈴木俊洋訳）法政大学出版局.（Verbeek, P.-P., 2011, *Moralizing technology: Understanding and designing the morality of things.* Chicago, IL: The University of Chicago Press.）

古川安, [1989]2018, 『科学の社会史』筑摩書房.

マクルーハン, M., 1986, 『グーテンベルクの銀河系——活字人間の形成』（森常治訳）みすず書房.（McLuhan, M., 1962, *The Gutenberg galaxy: The making of typographic man.* London: Routledge & Kegan Paul.）

松本三和夫, 2009, 『テクノサイエンス・リスクと社会学——科学社会学の新たな展開』東京大学出版会.

マルクーゼ, H., 1974, 『一次元的人間——先進産業社会におけるイデオロギーの研究』（生松敬三・三沢謙一訳）河出書房新社.（Marcuse, H., 1964, *One-dimensional man: Studies in the ideology of advanced industrial society.* Boston, MA: Beacon Press.）

メドウズ, D. ほか, 1972, 『成長の限界——ローマ・クラブ「人類の危機」レポート』（大来佐武郎監訳）ダイヤモンド社.（Meadows, D. H., Meadows, D. L., Randers, J., & Behrens, W. W., 1972, *The limits to growth: A report for the Club of Rome's project on the predicament of mankind.* New York: Universe Books.）

ヤスパース, K., 1966/1976, 『現代の政治意識——原爆と人間の将来（上／下）』（飯島宗享・細尾登訳）理想社.（Jaspers, K., 1958, *Die Atombombe und die Zukunft des Menschen: Politisches Bewusstsein in unserer Zeit.* München: Piper.）

ラヴロック, J., 1984, 『地球生命圏——ガイアの科学』（星川淳訳）工作舎.（Lovelock, J., 1979, *Gaia: A new look at life on earth.* Oxford: Oxford University Press.）

ラトゥール, B., 2008, 『虚構の「近代」——科学人類学は警告する』（川村久美子訳）新評論.（Latour, B., 1993, *We have never been modern* (trans. C. Porter). Cambridge, MA: Harvard University Press.）

ラトゥール, B., 2019, 『地球に降り立つ——新気候体制を生き抜くための政治』（川村久美子訳）新評論.（Latour, B., 2018, *Down to earth: Politics in the new climatic regime* (trans. C. Porter). Cambridge, MA: Polity Press.）

ラトゥール, B., & ウールガー, S., 2021, 『ラボラトリー・ライフ——科学的事実の構築』（立石裕二・森下翔監訳／金信行・猪口智広・小川湧司・水上拓哉・吉田航太訳）ナカニシヤ出版.（Latour, B., & Woolgar, S., [1979]1986, *Laboratory life: The construction of scientific facts* (2nd ed.). Princeton, NJ: Princeton University Press.）

Bijker, W., Hughes, T., & Pinch, T. eds., [1987]2012, *The social construction of technological systems: New directions in the sociology and history of technology* (Anniversary edition). Cambridge, MA: MIT Press.

Ihde, D., 1979, *Technics and praxis.* Dordrecht: Reidel.

Ihde, D., 2003, Introduction part 1, in D. Ihde & E. Selinger, eds., *Chasing technoscience: Matrix for materiality.* Bloomington, IN: Indiana University Press, pp. 1–7.

Latour, B., 2004, *Politics of nature: How to bring the sciences into democracy* (trans. C. Porter). Cambridge, MA: Harvard University Press.〔原書は 1999 年〕

Latour, B., 2017, *Facing Gaia: Eight lectures on the new climatic regime* (trans. C. Porter). Cambridge: Polity Press.

Miller, D, 1987, *Material culture and mass consumption.* Oxford: Blackwell.

Verbeek, P. P., 2005, *What things do: Philosophical reflections on technology, agency, and design* (trans. Robert P. Creuse). University Park, PA: Penn State Press.〔原書は 2000 年〕

Wynne, B., 1989, Sheep farming after Chernobyl: A case study in communicating scientific information. *Environment: Science and Policy for Sustainable Development, 31*(2): 10–39.

Wynne, B., 1991. Knowledges in context. *Science, Technology, & Human Values, 16*(1): 111–121.

Wynne, B., 1992. Misunderstood misunderstanding: Social identities and public uptake of science. *Public understanding of science, 1*(3): 281–304.

Wynne, B., 1996, May the sheep safely graze? A reflexive view of the expert-lay knowledge divide, in S. Lash, B. Szerszynski, & B. Wynne eds., *Risk, environment and modernity: Towards a new ecology.* London: Sage, pp. 27–83.

第1部

第2部

第3部

02 ANT 略史

その成立と展開および批判に関する見取り図

栗原　亘

1 本章の位置づけ

　第1章ではアクターネットワーク理論（ANT）の成立期における時代背景を確認した。本章では，次に，ANTとその成立・展開に直接かかわってきた周辺の議論の歴史に焦点を合わせることで，ANTの成立・展開に関する見取り図を提示したい。個々の議論の詳細については後の章やコラムなどで扱われるので，ここではあくまでどのような時期に，どのような議論が，どのような仕方で登場したかについて整理する。第2部で扱う各議論が，ANTの全体の流れのなかのどこに位置するのかを確認するのに役立ててもらいたい。

　あらかじめ本章の流れを述べておこう。はじめに，ANTがどのような諸議論と関係し合いながら出発したものであるかについて確認する。今日，ANTは実に多種多様なテーマのもとで言及されている。しかし，その出発点はまちがいなく，サイエンス・スタディーズと呼ばれる科学や科学技術を主たる研究対象とする分野にある。そこで，まずはANTを育む直接の土壌となったサイエンス・スタディーズの歴史について簡単に説明する。そのうえで，ANTの主唱者であるM.カロン，J.ロー，そしてB.ラトゥールらの仕事に焦点を合わせ，ANTの成立までの道程と初期の代表的な仕事について紹介する。

　次に本章では，成立後間もないANTに対して提起された代表的な批判について紹介する。1980年代後半に成立したANTは，その共鳴者を増やしていくと同時に，多くの批判にもさらされることとなった。批判には大まかに2種類あった。一つはANTの主張を拒絶する完全否定型の批判である。そしてもう一つは，ANTを肯定的に捉えながらも，その改良点などを提示する修正・提案型の批判である。ANTは，初期の段階で提起されたこれらの批判を少なからず糧にしながら展開してきた。

ローのポスト ANT 的な議論や，ラトゥールの存在様態探求（an inquiry into modes of existence, AIME）プロジェクト（☞第7章，第10章）などがそうした展開の具体例である。

　本章ではさらに，今日にいたる ANT の多様な展開についても紹介する。ANT の主唱者たちは，その出発点となった科学や科学技術といった主題にとどまらず，それぞれさまざまな領域において ANT 的な研究を展開してきた。カロンの経済に関する議論，ローの医療や技術に関する議論，そしてラトゥールの近代や政治，エコロジーに関する議論などである。これらもまた，ANT の射程の広さを知るうえで欠かすことができない。

2 サイエンス・スタディーズ

　今でこそ ANT は多種多様な領域に拡散しているが，その出発点はサイエンス・スタディーズと呼ばれる研究分野にある（☞第1章，第4章）。まず簡単に，ANT の成立・展開と直接関係するようなサイエンス・スタディーズの諸議論の歴史について触れておくことにする[1]。網羅的に紹介することはできないので，ここでは以下のものに絞ることにする。すなわち，ストロング・プログラムと相対主義の経験的プログラム（empirical programme of relativism, EPOR）に代表される科学知識の社会学（sociology of scientific knowledge, SSK）系の諸議論と，さらにそれと相即するような形で展開した実験室研究（laboratory studies）の諸議論である[2]。サイエンス・スタディーズには上述の立場以外にも多種多様なものが存在する。そのなかからなぜとりわけ以上のものを取り上げるのかといえば，まず SSK については，それが ANT ととくに対立する立場として取り上げられることが多いからであ

1) サイエンス・スタディーズについてはすでにいくつもの優れた紹介が書かれているので，より詳しく知りたい方は参照してほしい。日本語で読めるものとしては，たとえば，国内の論者たちの手による『科学論の現在』（金森・中島 2002）がもっとも包括的なものである。1960 年代以前の状況も含めて科学社会学の成立について詳述しているものとしては『科学社会学の理論』（松本 2016）が挙げられる。また，M. リンチの『エスノメソドロジーと科学実践の社会学』（リンチ 2012）においても詳しい解説がなされている。英語のもので比較的読みやすいものには，たとえば S. シスモンドの『科学技術論入門』（Sismondo 2009）などがある。
2) その他にも，シンボリック相互作用論やエスノメソドロジーの流れも存在する（☞第4章）。またフェミニスト科学論の流れも重要である（e.g. ハーディング 2009）。

る。他方，実験室研究を取り上げるのは，それが ANT の成立・展開に対してもっとも大きな影響を与えた立場の一つだからである。

すでに第1章で確認したように，大戦後，科学や科学技術に対する関心は，アカデミックな世界の内外を問わずに高まっていた。そうした状況下の 1970 年代に，後にサイエンス・スタディーズと一括して呼ばれることになる潮流は生まれた。それにまず先鞭をつけたのは，D. ブルアや B. バーンズといった，エジンバラ大学に拠点を置く研究者たちが提起したストロング・プログラムと，さらにほぼ同時期に現れたバース大学の H. コリンズらの EPOR のアプローチであった。これらの立場は L. ウィトゲンシュタインや T. クーンの哲学の強い影響下にあった。

SSK は，それ以前の知識社会学および科学社会学（そして科学哲学）に対する不満から出発した。SSK 以前の知識社会学や科学社会学は，（自然）科学の知識そのものの性質について問うことはせず，それに外在するような諸要素，すなわち科学者たちの人間関係や，彼らがつくる制度を対象としてきた[3]。これに対し，ストロング・プログラムや EPOR に代表される SSK の諸議論は，まさに科学知識そのものの性質に関する研究を行うことを目指したのである。このことをふまえ，それまでの科学社会学との対比で科学的知識の社会学とも呼ばれるのである。たとえるなら，それまでの科学哲学や科学社会学は，科学という車が進む道路をあらかじめ前提にし，そこをどうしたら速く走り抜けることができるのかや，そこから車がコースアウトしてしまうのはどのような時なのか等を問うていた。これに対して，SSK は，まさに道路自体がどのようにつくられていくのか，という点を問うたのである。

ストロング・プログラムと EPOR それぞれの特徴について簡単に確認しておこう。まず，ストロング・プログラムについてだが，この立場に参加した論者には，社会学だけではなく，歴史学系の論者も多く含まれていた。そのことを反映して，初期のストロング・プログラムを代表するケーススタディは，ブルアやバーンズの綱領的ないし理論的な研究を除くと，歴史研究の色彩が強いものであった。たとえば，S. シェイピン（Shapin 1975）や D. マッケンジー（MacKenzie 1978, 1981）の議論などはその典型である[4]。これらの仕事に特徴的だったのは，科学的知識の生産が行われる際に，社会的グループのもつ利害関心（interest）という社会的要因が知識の編成に影響を与えるという説明様式であった（☞第4章）。

3）知識社会学の祖とされる K. マンハイムや科学社会学というジャンルを成立させた R. K. マートンなどの議論がやり玉にあがることが多い（☞第4章）。

　他方，ストロング・プログラムが成立・展開したのとほぼ同じ時期に，それと密接に関係する形で展開したコリンズらのEPORは，とくに，科学的な論争がどのように終結するかなどについて相対主義的な立場から分析した点に特徴がある（☞論争研究については第4章を参照）。また，彼らのアプローチは，歴史研究よりも，ミクロな現場，すなわち研究室・実験室におけるさまざまな実践や，研究者たちの間の関係性などに着目する仕事が中心であった。そうした意味で，後述の実験室研究により近いものであったともいえる[5]。

　以上のストロング・プログラムとEPORの二つの立場が，SSKのとくに典型的な立場である。後述するように，これらの立場は，技術に関する社会学的研究の発展にも貢献することとなる。これらの立場を社会構築主義的な科学社会学と呼ぶ場合もある（e.g. Pinch & Bijker［1987］2012）[6]。

　さて，以上のような典型的なSSKの研究プログラムが展開していくのと相即するような形で，さらに，科学者たちが知識を生み出すまさに現場であるところの実験室に対し，エスノグラフィー的な手法を用いてアプローチする研究スタイルもあらわれた。自らもその実践者の一人であるK. クノール＝セティナ（Knorr-Cetina 1983）によれば，この研究スタイルの先駆的な事例には，ラトゥールとS. ウールガー（ラトゥール & ウールガー 2021〔1979〕），M. リンチ（Lynch 1985），S. トラウィーク（Traweek 1988），ローとR. ウィリアムス（Law & Williams 1982）等々

---

4) 後でみるように，SSKの理論的な論者たちとANTとは対立する傾向にあるが，シェイピンやマッケンジーは，それぞれ80年代以降にANTのインスピレーションにとって重要な仕事や親和的な仕事をする。シェイピンはS. シャッファーと共に『リヴァイアサンと空気ポンプ』（2016〔1985〕）を書き，ラトゥールの『虚構の「近代」』（2008〔1991〕）以降の仕事に影響を与えた。また，マッケンジーの『正確さの発明』（MacKenzie 1990）などをはじめとする著作は，ANTと親和的なものとして言及される（e.g. ラトゥール 2008: 2）。マッケンジーの経済に関する仕事は，本書の第6章で取り上げる。

5) ただ，ストロング・プログラムにせよEPORにせよ，実際にはその内実はかなり多様であり，一枚岩ではなかった。たとえば，論争研究はEPORのみが行なっていたわけではなく，ストロング・プログラムの例として挙げたマッケンジー（MacKenzie 1978）なども行なっていた（☞第4章）。また両者の混合ともいえる例もあった。後にANTと近い立場をとることになるA. ピッカリングの『クォークを構築する』（Pickering 1984）は，以上のストロング・プログラムとEPORの両方の特徴をあわせもっているともされる（cf. リンチ 2012: 391 n36）。

6) 異論については，ハッキング（2006: 148-149）などを参照のこと。

が含まれる。また，ここにコリンズとピンチの論稿を付け加える場合もある（リンチ 2012: 391-392 n44）。そして，この実験室研究というジャンルは，ここにすでにラトゥールやローといった論者が含まれていることからもわかるように，サイエンス・スタディーズの黎明期における諸潮流のうちでも，ANT にとって直接の母体の一つでもある。とくに『ラボラトリー・ライフ』（ラトゥール & ウールガー 2021）は ANT 的な研究の先駆けとして，ANT 論者からも，非 ANT 論者からも，たびたび言及される。

　以上のように，実験室研究は多種多様に存在する。重要なのは，実験室への着目は，従来の科学哲学および科学社会学的な仕事が見過ごしてきた要素を，具体的な仕方で可視化することを可能にしたということである。すなわち，研究者たちが研究を遂行するうえで獲得・行使する「暗黙知」の存在や，研究者たちを支える膨大な数の非人間（実験器具，サンプル，先行研究の掲載された学術雑誌，実験動物等々）の存在を取り上げることを可能にしたのである[7]。こうした研究は，科学という活動の内実を正確に捉えることだけではなく，科学という活動が異種混成的なネットワークを介して，他の多種多様な領域と深く結びついていることを明らかにすることにもつながった。

　サイエンス・スタディーズは，ときに STS（Science and Technology Studies ないし Science, Technology, and Society）とも言い換えられることからもわかる通り，科学に関する研究のみならず，技術に関する研究をも含む。とくに ANT との関係で重要なのは，上述したような科学に対する経験的研究の潮流が，技術に関する経験的研究の潮流へと合流することで生まれた諸議論である。何をもってそのはじまりとみなすかは難しいが，1984 年にトゥウェンテ大学で開催されたワークショップでの報告原稿をもとにして編まれた論集『技術的システムの社会的構築』（Bijker et al.［1987］2012）が一つのメルクマールといえる（☞第 5 章）。著者には，ヒューズやマッケンジー，コリンズ，そしてカロン，ローなどといった，上述した黎明期のサイエンス・スタディーズの展開を牽引してきたものたちが名を連ねている。

　W. ベイカーらはこの中で，技術の社会的構築（Social Construction Of Technology, SCOT）というアプローチを提唱しており，技術のデザインの決定過

---

7) 前者を強調したのがコリンズら SSK の論者たちであり，後者を強調したのがラトゥールら ANT の論者たちであった。そして，ピッカリングはこのまさに中道を目指したといえる。ピッカリングの議論については，このあと簡単に確認する。

程が，純粋な技術的合理性などのようなものではなく，社会的集団の権力関係や利益関係によって左右されることを論じている[8]。重要なのは，同論集ではすでにANTというラベルがその他のプログラムと並んだ一つの立場として言及されており，かつカロンとローが実際にANT的な論稿を寄稿していることである。ANTは，科学研究と技術研究に関する二つの流れの合流地点にある立場であることがわかる。

3　プロトANTからANT成立まで

　ANTの主唱者であるカロン，ロー，そしてラトゥールは，いずれもANTを立ち上げるに先立って，上述したような科学に関する経験的研究の潮流の一部を成すような仕事に携わっていた。ラトゥールらの『ラボラトリー・ライフ』をはじめ，当初は他の諸研究ととくに区別されていたわけではなかった。ただ，実際には，彼らの仕事にはすでに人工物（非人間）の役割やネットワークへの関心がみてとれる。このことから，ANTという名称自体が明確に使用されるようになるのは80年代中盤から後半にかけてであるが，その原型となるような議論は，すでに1970年代後半から80年代前半には提起されていたといえるだろう。

　まず，上述したラトゥールとウールガーの1979年の『ラボラトリー・ライフ』は，知識生産における人間以外の要素の積極的な役割を強調している点において，はっきりとANT的なものであったといえる[9]。この著作は，当初，科学の社会的構築を扱った典型的な著作の一つとして扱われもしたが，実際には異なる方向性をもったものであった。このことを象徴するのは，この著作の第二版（1986）において，同書の副題「科学的事実の社会的構築」から「社会的」という形容詞がわざわざ外されたことであろう[10]。ここでいう社会的構築とは，何らかの社会的な要素（e.g. 利害関心，人間関係）をあらかじめ固定的に想定し，それを科学のあり方を説明する

8）なお，ラトゥールは，ベイカーの「技術の社会的構築」というアイディアに対しては明確に批判的である。というのもそこにおいては，人間たちから成る社会の領域と，非人間（技術）の領域がはじめから切り分けられているからである（ラトゥール 2019a：25）（☞第5章）。

9）ランカスター大学のウェブサイト "The Actor Network Resource"〈http://wp.lancs.ac.uk/sciencestudies/the-actor-network-resource-thematic-list/（最終確認日：2022年4月7日）〉にある一覧では「先駆け precursor」とされている。同書で提起されている「描出装置（inscription device）」や「不変可動物（immutable mobile）」といった概念については第4章で紹介される。

変数としてしまう立場を指す[11]。のちにラトゥール（2019a〔2005〕）は，そうした
「社会的構築」の立場を，「社会的なものの社会学（sociology of the social）」を批判
するなかで拒否することになるが，この立場はすでに『ラボラトリー・ライフ』か
ら一貫しているのである。

　また，カロンもすでに1980年には翻訳（translation）の概念を中核に置いた論
稿を発表していた（Callon 1980）。この「翻訳」という概念はフランスの哲学者 M.
セールから借用したものであり，後に ANT における中心概念となる[12]。この概念
が重要であることは，ANT のいくつかある別名の一つが「翻訳の社会学（sociology
of translation）」であることからも明らかである[13]。すでにこの時点で，ANT のプ
ロトタイプ的な議論がなされていたと考えてよいといえるだろう。カロン（Callon
1980）はたとえば「社会的文脈」などの伝統的な社会学概念の限界について論じる
ためにこの翻訳概念をもちだしている。なお，ラトゥールもまた，同時期に，既存
の社会（科）学の使用する語句や枠組みの限界に言及する論稿を書いている（e.g.
Latour 1980, 1981）。

　これらの仕事から読み取れるのは，彼らが記述のためのさらに新しい道具立てを
求めていたということである。端的にいえば，彼らは，既存の社会（科）学の概念
の多くが，「社会的なもの」をあらかじめ前提しているがゆえに，「社会的なもの」
それ自体がそもそもどのようにして生み出されるのかをうまく扱えていないと感じ
ていたのである。1981年発表のカロンとラトゥールの共著論文である「巨大なリ
ヴァイアサンを分解する」（Callon & Latour 1981）も，そうしたジレンマから書か
れたものであった[14]。

10）この詳細については，『ラボラトリー・ライフ』（ラトゥール & ウールガー 2021）の
　　「第2版へのあとがき」（とくに pp. 277-278）を参照。
11）たとえば前出のベイカーの「技術の社会的構築」はこの例の一つである（☞第5章）。
　　また，社会的構築主義を掲げているわけではないが，ストロング・プログラムや
　　EPOR もまた，「社会的なもの」を前提にしている点で ANT と対立する。この対立の
　　一端は後述する。
12）セールの思想と ANT との関係に関しては，国内の文献でいえば，たとえば清水
　　（〔2013〕2019）などで論じられている。
13）たとえばラトゥールは，ANT よりもこちらの名称のほうがその内容を的確に示してい
　　るとすら述べている（ラトゥール 2019a: 22）。
14）ラトゥールは後年，この論稿を ANT の理論的な基礎に関する最初の成果としている
　　（ラトゥール 2019a: 10）。

　この論稿では，まだ ANT という名前自体は提示されていなかったものの，すで
に ANT にとっての最重要概念である「翻訳」に加え，さらに言語学者の A. J. グ
レマスから借用したアクタンの概念が用いられている [15]。これらの概念とともに
この論稿で提示されたのは，「社会的なもの」そのものの構築を問うための記述の
戦略であった。その戦略とは，すなわち，「ミクロ」と「マクロ」といった異なる
レベルをあらかじめ想定する三次元的な世界を出発点とするのではなく，あくま
でもフラットな世界における相互作用を出発点とし，「マクロ」とみなされるよう
な状態が生み出されていく過程を描く，というものである。この記述の方針は，後
年，ラトゥールによってフラットな記述ないし分析（☞第 3 章）と表現されること
になる [16]。

　現行の社会学の道具立てに対する不満は，ANT が提起された後の記述の中にも
多々みられる。ただ，そうした態度はその後の他の論者たちからの，（おそらくは必
要以上の）反発・批判を招くことにつながったともいえる。反発・批判の具体例に
ついては，後述しよう。

　以上のようなプロトタイプ的な仕事が行われたのち，ANT は，1980 年代中盤か
ら後半にかけて一つの立場として旗揚げすることになる。先に触れておいた通り，
1984 年に開催されたワークショップをきっかけに編まれた『技術的システムの社
会的構築』では，すでに ANT が一つの立場として提示されている。カロンとロー
は，そこに綱領的な議論を寄せてもいる（Callon 1987; Law 1987）。ここから，1984
年から 1987 年の間に ANT が本格的に形を成したことがわかるが，ANT の最初の
具体的な成果は，ラトゥールによれば次の三つの仕事である。すなわち，彼自身の
『パストゥール化するフランス』（Latour 1988）[17]，カロンの「翻訳の社会学のいく

15）時期によってその意味内容が若干変化するが，アクターという人間をすぐに想起させ
　　てしまうような語に対して，非人間をも包括するものとして採用されている（☞詳細
　　は第 3 章）。
16）ラトゥールは「マクロ」という形容詞について，「マクロという形容詞が表しているの
　　は，等しくローカルで，等しく「ミクロな」別の場である。つまり，「マクロな」場と
　　は，種差的な痕跡をともなう何らかのメディアを介して他の多くの場と結び付けられ
　　ている場のことなのである」（ラトゥール 2019a: 338–339）と書いている。「マクロ」以
　　外にも，「グローバル」「構造」「社会的な力」などをはじめとするさまざまな語が，「社
　　会的なもの」そのものが生み出される過程の記述を妨げる語の例として挙げられてい
　　る。これらの語は，いずれも，説明概念ではなく，被説明概念とみなされるべきだと
　　いうのが，ANT 的な立場なのである。

らかの構成要素」（Callon 1986），そしてローの「長距離統制の方法について」（Law 1986）である（ラトゥール 2019a: 24）[18]。これらの仕事はそれぞれまったく異なる主題（パストゥール，ホタテガイ，ポルトガル）を扱ったものであるが，いずれも，人間と非人間とが，領域の境界などお構いなしに入り乱れて形成する異種混成的（heterogeneous）[19] なネットワークの観点を用いたまさに ANT 的分析であった。そして，上述の三つのうち，とくにカロンの論稿におけるホタテガイを人間と同等の一人前のアクターとみなし，それらに対して対称的（シンメトリカル）にアプローチするという主張，すなわち一般化された対称性の原理は，ANT という立場を象徴するものとなった。それは，ANT を支持するものにとっても，批判するものにとっても常に言及すべきものとなったのである。ただ，この「対称的」という表現のもつニュアンスの捉え方により，あまり生産的ではないような批判がなされることにもなった。批判の具体例は第 4 節で紹介する。

　また，同年には，論集『科学と技術のダイナミクスをマッピングする』（Callon et al. 1986）も出版されている。この論集もまた，タイトルにこそ ANT という語を使用していないものの，冒頭に掲載されている用語集において「アクターネットワーク」をはじめとする基本用語を掲載していることからも明らかであるように，まさに初期 ANT の成果であったといえる。

　彼らはこうして，1980 年代前半にはすでに明確にもっていた既存の科学的知識の社会学を含む社会学に対する不満を糧にしつつ，議論を展開していった。

4 初期 ANT への批判

　ここで一度まとめておけば，ANT は，科学および技術をも記述するうえで，既存

---

17) なお，この仕事のエッセンスとなるような議論は，ラトゥール（Latour 1983）のなかにみられる。

18) これらのうち『パストゥール化するフランス』（Latour 1988）と「翻訳の社会学のいくらかの構成要素」（Callon 1986）は第 4 章で詳細に紹介される。

19) heterogeneous という形容詞は ANT 論者によって広く使用されている。とくにローが多用する（e.g. Law 1987, 1991）。はっきりとした定義はなされていないが，とりわけ，人間と非人間，あるいは各領域（e.g. 科学，政治，宗教，法，経済）の間の分離・分断を否定する際に使用される。ラトゥールは，ローほどにはこの形容詞を使用しないが，本書の第 8 章では，ラトゥールの「近代」の議論の骨子を明確にするために，この異種混成的という形容詞をあえて主軸の一つに据えている。

の社会学の道具立ての限界に直面し，より包括的な視点を獲得しなければならないという問題意識のもと提起された立場であった。とはいえ，この点においては，他のサイエンス・スタディーズの議論と重なり合う部分が多く存在する。

　では，何がとりわけ ANT を特徴づける要素なのかといえば，それはやはり人間のみならず非人間をも一人前のアクター（ないしアクタン）として扱うという主張である。そして，この主張こそが ANT が広く知れわたる要因ともなった。この主張は当時の時代背景からして時宜を得たものだったからである。すなわち，当時，科学・科学技術やエコロジーというテーマのもと，アカデミックな領域を超える形で，人間以外の要素を考慮に入れた議論が必要とされていたのである（☞第 1 章）。そうした状況のもと，ANT は，いち早く関心を集め，サイエンス・スタディーズにとどまらず，広範な領域における脱・人間中心的アプローチを代表する立場として位置づけられることとなった。

　実際，1990 年代以降には，カロンは経済，ローは医療，ラトゥールに至っては近代，法，宗教などの多様な主題へと関心を向け，さらにその他の論者たちも巻き込み，ANT は，科学や技術に限らず，より広いテーマをカバーする形で展開していった。ただ，その展開過程は平坦なものではなかった。その影響力を拡大していくなかで，論敵もまた増えていくこととなったのである。ここでは，成立後間もない初期 ANT に対する代表的な批判にも簡単に触れておくことにしたい。

　初期の ANT に対する批判には，大きく分けて二つのタイプがある。これらはいずれもその後の ANT の展開に少なからず影響を与えた。一つは，その存在価値の否定をも行う完全否定型のもの。もう一つは，改善点などを提起する修正・提案型のものである。完全否定型の批判のなかでもとくに注目すべきものは，ANT に先行してサイエンス・スタディーズをけん引した SSK の論者たちによって提起された。たとえばコリンズは，1992 年に本格的な批判を行なった後，ANT とは対極に位置するような研究を継続している（本章注 20 を参照）。

　修正・提案型の批判には，SSK に軸足を置きつつも ANT に親和的な態度をとる論者や，さらに ANT の実践者たち自身からのものも含まれる。ローやその周辺の論者たちがとくに積極的に提起してきた。

　とくに修正・提案型の批判は，その後の ANT の展開に少なからず影響した。もっといえば，ANT を，人間だけではなく非人間の果たす役割をも正面から取り扱うことを目指す一種の実験的な試みの集合とみなすのであれば，修正・提案型の議論それ自体が，ANT という運動体の一部を成すものと捉えても差し支えない。

以下，順を追って確認していこう。

■4-1　完全否定型

ANT に対する批判としてもっともよく知られており，かつもっとも苛烈なものの一つは，コリンズと S. イアーリーの「認識論的なチキン」（Collins & Yearley 1992）論文である。この論文において，コリンズとイアーリーは，ANT の立場を根底から否定した。批判のポイントはいくつかあるものの，この論文以降も根強く論じられているのは，ANT は人間だけではなく非人間をも一人前のアクターとみなし，それらを対称的に扱うと主張しているものの，実際にはそれに失敗しているという指摘である[20]。

ANT は，「社会」と「自然」という分離・分断された二つの世界があるという二分法を否定している（☞第8章）。その際に，いわば，「自然」とは社会的に構築されたものに他ならないという発想も拒否している。それは，強い意味でも，弱い意味でも，である。つまり，「自然なんてものはなく，すべて社会的に構築されているのだ」というのでもなく，また，「自然は常にわれわれの手の届かないところにあり，社会の側ではそれに関する何らかの意味づけや言語ゲームをあてがう程度のことしかできない」というような発想のいずれをも支持しない。ANT は，ただ人間と非人間とから成る連関（association）があり，そこから「社会」と「自然」と言う区分のようなものも生じてくると捉える（☞第3章，第8章）。先に触れたように，ラトゥールたちが『ラボラトリー・ライフ』の副題から「社会的」という言葉を外した意図はここにある。彼らは，まさに連関から何かが構築されてくる過程を追いかけるという意味で構築主義ではあるが，社会構築主義ではない。

コリンズたちの批判は，まさにこうした ANT の（「社会」を外した）構築主義的な側面に向けられているといえる。コリンズたちは，あくまでも社会構築主義的な

20）なお，コリンズからの批判のうち別の重要な論点として，科学を研究する際に，社会学者がどのようなポジションにいるかということに関するものがある。ラトゥールとウールガー（ラトゥール & ウールガー 2021）は，あえて「よそ者」というポジションをとることを重視する。つまり，ラトゥールたちは，科学の「素人」として科学を研究することを掲げるのに対し，コリンズたちは，研究対象と同じように世界を経験することができるだけの専門知（expertise）を獲得することが不可欠であると主張するのである。コリンズはとくにこの点について継続的に論じてきた（e.g. Collins 1990, 2010; Collins & Kusch 1998; コリンズ & エヴァンズ 2020）。

立場を支持するのである。その指摘は，要約すればかなり常識的なものである。コリンズたちは，ANT 論者たちが人間と非人間とを対称的に取り扱うと主張しているのに対し，実際にはそこには「人間たち（＝社会）」が常に介在しているではないか，と指摘したのである。

　たとえばカロン（Callon 1986）は，ANT の観点から，ホタテガイもまた利害関心をもち，発話するといった趣旨の主張を行う（☞第 4 章）。これに対してコリンズたちは，ホタテガイの利害関心とされていること，すなわちホタテガイが発話しているとされることは，結局のところ科学者のような人間が解釈しているという意味で，人間と非人間との関係は，やはり必然的に非対称的なものとならざるをえない，と指摘したのである（Collins & Yearley 1992: 312-317）。

　詳細は後に譲るとして，ANT の主張が，人間と非人間とが「同じである」といっているわけではない点に関してはあらかじめ注意を促しておこう。そこに差異が無いといっているわけではないのである。ANT が対称的にアプローチするという言葉で表現しようとしているのは，存在論的な前提というよりは，あくまでも，何らかの機能や役割をあらかじめ人間と非人間のどちらか一方にのみ振り分けてしまうことに対して警戒せよという研究上の格率であると理解した方がよい（☞第 3 章）。

　また，ホタテガイが利害関心をもつ，発話するといった主張について。これについても，たとえば人間と同じような仕方で利害関心をもつとか発話するということではない（☞第 4 章）。これについては，代表／表象（representation）の拡張に関する議論を理解する必要がある（☞第 8 章）。

　他に ANT の研究プロジェクトとしての意義について懐疑的な議論の例としては，「政治」というトピックをめぐるものが挙げられる。今日でこそ，ANT を「政治」というテーマと結びつけて論じる議論はとくに珍しいものではなくなっている。ただ長い間，ANT と「政治」というトピックの関係に対しては，かなりあいまいな評価がなされてきたことも事実である。

　たとえば L. ウィナーは，ANT を含む（社会）構築主義的なサイエンス・スタディーズの諸議論を，政治的な主張をもたない空虚なものであるとして批判した。彼は，「ブラックボックスを開けてはみたものの，中身は空っぽだった」（Winner 1993）と題した皮肉たっぷりの論稿の中で，ANT を含むサイエンス・スタディーズの諸研究を，いわば，科学や（科学）技術というブラックボックスを興味本位で開いていって悦に浸る衒学的な試みでしかないと評した。

　他方，ANT と政治の関係については，科学を政治に還元してしまう議論である

という趣旨の批判も根強く投げかけられてきた。たとえば，ラトゥールの「科学とは別の手段による政治である」（e.g. ラトゥール 1999; Latour 1988）という見解は，ANT を特徴づけるものの一つとして知られるが，これはそのまま汚らしい政治によって，利害関係や権力関係からは距離をおいて真理を追究する科学という活動を不遜にも踏みにじり，汚染してしまう発想を象徴するものとしても捉えられてきた（e.g. Gross & Levitt 1994）。

　そもそも ANT において「政治」がどのような位置にあるものなのかという点について正確に確認する必要がある。そうするにあたっては，上述した「科学とは別の手段での政治である」という標語のそもそもの生みの親であるラトゥールの議論に着目するのが良い。ラトゥールはこの表現を，後により明確に自らの意図を表現するために，「すべては（コスモ）政治的である」という形に言い換えている（Latour 2007: 818）。ここで用いられている I. ステンゲルスに由来するコスモポリティクスという語こそが，ラトゥールの議論，ひいては ANT の議論の枠組みにおける政治の位置づけを理解するうえで重要となる。ANT は，いわば記述に徹することによって政治的レリヴァンスの獲得を目指す立場であるといえるのである（☞第 8 章）。

■4-2　修正・提案型

　修正・提案型の批判としては，たとえば，A. ピッカリングからのものがある[21]。上述したように，ピッカリングの最初の仕事は SSK の流れを汲むものであった。しかし，ピッカリングは，コリンズらと ANT との間の論争に関しては，ANT に少なからず肩入れし，自分自身もまた，非人間の果たす役割をより積極的に捉える議論を展開した（Pickering 1995）。まずピッカリングは，人間だけではなく非人間もまたエージェンシー（＝行為者性）を有するという ANT の基本的な考え方には賛同する。しかし，他方で不満も表明する。その一つが人間に特有の性質に関するものである。ピッカリングは，ANT の提示する見方においては，非人間には決してないような，人間の特殊性が見過ごされてしまうと指摘する。たとえば，志向性／意図性（intentionality）などがそれにあたる。こうした点は，コリンズらと通ずるものがある。ただ，ピッカリングは，人間側のある種の特殊性をふまえたうえで，人間－非人間の関係を一方通行的なものとはみなさない議論を考えるべきだと主張

21）ピッカリングについては，第 4 章でも触れる。

する。そしてピッカリングは，人間のエージェンシーも非人間のエージェンシーも，互いに関わり合うなかで創発するものであるという見方を提示するのである。彼はこれをエージェンシーのダンスと呼ぶ（Pickering 1995: 21）。彼の議論は，いわば，SSK 的なバックグラウンドをもちつつ，それを ANT に触発される形で発展させたものであるということができる。

　非人間の扱い方（あるいは，人間の扱い方）に関する批判に加え，とくに1980年代から1990年代前半頃の初期 ANT に対する批判のなかで目立ったものの一つは，マネージャー的・起業家的（あるいはマキャベリ的とかニーチェ的という場合もある）と形容される世界観である。

　S. L. スター（Star 1991）は，『パストゥール化するフランス』でのラトゥールについて，パストゥールが同盟者たちを集め，さまざまなアクターたちを従えて自らの小さな帝国を構築していく過程に着目する一方で，巻き込まれていく側に対する視点が欠如していると指摘する。すなわち，ANT においては，たとえばシェイピン（Shapin 1989）が見えない技師（invisible technician）[22] と呼んだような人びとが果たしていた役割や，支配的になっていくネットワークの中で居心地の悪さを感じているようなマイノリティの存在に対する視点が欠けているという。こうした周辺的な存在への視点が不十分であるという趣旨の批判は，とくにフェミニズム科学論から寄せられてきた。たとえば戦争のメタファーに依拠したラトゥール（1999）の議論に対する D. ハラウェイの批判のなかにもみられる[23]（e.g. Haraway 1997）。

　他にも，ANT がネットワークの耐久性や恒常性の維持という側面にばかり目を向ける傾向にあるとしたうえで[24] A. モルとローが自己批判的に提起した「流動性」を強調する議論（Mol & Law 1994）や，さらに，M. ストラザーン（Strathern 1996）による，ネットワークの形成のみならず切断（cutting）に関して注目を促す議論などもある。これらはいずれも，後の ANT の議論へと引き継がれていく論点である。

　以上の批判に対しては，「まさにその通りだ」という反応と，「それは誤解だ」という反応の二つがある。ANT の主唱者たちのうちでもローは（自分自身で修正・提案型の議論を行なっていることからも明らかであるように）前者，他方ラトゥール

22）シェイピンは，具体例として，R. ボイルの実験室に集められ，実験のための雑務を行なっていたさまざまな人びとを取り上げている（Shapin 1989）。
23）この箇所は，逆巻（2023）の指摘を踏まえて，本書第3刷で修正した。
24）ラトゥールの不変の可動物（immutable mobile）の議論などはこの典型とされる（不変の可動物については第4章を参照）。

は後者であるといえる。この点は ANT とのその後の関わり方にもあらわれている。これについては次の節で確認する。一ついえることは，以上のような批判は，（著者がどのようなつもりであったかは別にして）とくに初期の ANT 的な記述からはみてとることが困難であるような論点を浮き彫りにし，その後の展開に対して少なからずポジティブに作用したということである。

5 ANT の展開

　1999 年に『アクターネットワーク理論とその後』（Law & Hassard 1999）が出版された。これは，初期 ANT への批判を受け，ANT 論者たち自身によっていわば自己反省的に編まれた論集であった。そして，同書の出版以降，明確にポスト ANT を掲げるような議論もあらわれた[25]。確認しておいたように，ロー，シングルトン，モルらは，すでに 1990 年代初頭から ANT に関する（自己）批判的な議論を展開し続けてきたが，2000 年代以降は明確にポスト ANT を掲げた仕事を開始している。モル（2016）ないしモルとロー（Mol & Law 2004）の「実行（enactment）」に関する議論（☞第 9 章）や，ローとシングルトン（Law & Singleton 2005）の「火としてのオブジェクト（object as fire）」に関する議論などは，そうしたポスト ANT 的な議論の最たるものであるということができる。

　ただ，果たしてポスト ANT という表現を使用するべきかどうかという点については主要な論者たちの間でも意見が割れるところのようである。たとえばラトゥールは，ANT を乗り越えてその先へ進むというニュアンスをともなうポスト ANT という表現は用いず，あくまでも ANT 自体を再評価する方向へと向かっている。彼は『アクターネットワーク理論とその後』において，ANT の名前を構成するすべて（つまり，アクター，ネットワーク，理論，そして間に入るハイフンのすべて）を否定するとまで書いている（Latour 1999）。ところが，2000 年代初頭にはそれを撤回し，自ら ANT の入門書を書くに至る。それが『社会的なものを組み直す』（ラトゥール 2019a〔2005〕）である。そこでラトゥールは，ローたちがポスト ANT において提起するような「実行」に関する議論などは，そもそも ANT の中に回収可能であると捉えているようである。

---

25) C. ガッドと C. イエンセン（Gad & Jensen 2010）によって詳細に論じられている。ポスト ANT 的な議論の展開は，ローとモル（Mol & Law 2002）でみることができる。

　ただ，ラトゥール自身もまた，あくまで ANT という名を保持しつつであるが，ANT を補う議論を展開する方向へも進もうとしている。ラトゥールは，そのプロジェクトを「存在様態探求（AIME）」（Latour 2013a）と呼んでいる。このプロジェクトは，ラトゥールが ANT とは（相関関係にありつつも）別に行なっていた「近代」に関する議論（☞第 8 章）の延長線上にあるものともされている。この AIME というプロジェクトの一端については，本書の第 7 章，第 10 章で触れることになる。

　ここで最後に，以上で確認してきたような ANT の主軸の流れの他に，ANT の応用的な展開についても確認しておこう。カロンは，1990 年代を通して，経済の分野に立ち入っていく。彼が編集や共著で出版した 1998 年の『市場の諸法則』（Callon 1998）や 2007 年の『市場の諸装置』（Callon et al. 2007）などがその実践例である。これらの仕事は，ストロング・プログラムから出発しつつ，そのままより ANT と親和的な議論を展開するようになったマッケンジーらの仕事とも深く関係している（☞第 6 章）。

　ローは，技術に加え，医療などの個別テーマへと進んでいる。軍用機（the TSR2）の設計過程に関する研究（Law 2002）や病院を舞台にアルコール性肝疾患（alcoholic liver disease）をテーマとした（その多くはモルやシングルトンとの共著の）仕事（e.g. Law & Singleton 2005）（☞第 9 章）などがある。

　ラトゥールはというと，技術や科学を主題とした研究は継続しつつ，法（ラトゥール 2017）（☞第 7 章）や宗教（Latour 2013b）（☞第 10 章）にも取り組んだ。また，ラトゥールは，「近代」ないし「非近代」に関する議論を 1990 年代初頭から展開してきた（e.g. ラトゥール 2007, 2008; Latour 2004, 2013a）[26]。そのなかで，アートという主題に対して取り組むこともしてきた（Latour & Weibel 2002, 2005, 2020; Latour & Leclercq 2016）。これらもまた，まぎれもなく ANT 的視点の一つの応用である。そして，このラインの仕事は，ANT は非政治的である（ないし政治的過ぎる）という批判に対するラトゥールの応答といえる内容を含んでもいる点で重要である。なお，政治に関する仕事はカロンもまた，公衆の科学参加のようなテーマと関係する議論を展開している。たとえば『不確実な世界で行為する』（Callon et al. 2009）において，ハイブリッド・フォーラムというアイディアを提示している（☞

26）「近代」「非近代」をめぐる議論はエコロジーという主題とも深く関係する。とくにラトゥールが精力的に取り組んでいる（e.g. ラトゥール 2019b; Latour 2004, 2017）。エコロジーについては本書の第 12 章で取り上げる。

第12章）。

　近年，ANT 論者たち自身が ANT のこれまでの展開を振り返り，さらなる展開の展望について書いた論集（Blok et al. 2019）が出版されるなど，ANT は新たな転換期を迎えているといえる。

　以上で確認してきた流れをふまえ，本書のこの後の章を読み，さらに今日の最新の流れについても是非追いかけてみてほしい。

※本章は JSPS 科研費（課題番号：19K13924）の助成を受けた研究成果の一部である。

【文　　献】

金森修・中島秀人, 2002, 『科学論の現在』勁草書房.

コリンズ, H., & エヴァンズ, R., 2020, 『専門知を再考する』（奥田太郎監訳／和田慈・清水右郷訳）名古屋大学出版会.（Collins, H., & Evans, R., 2007, *Rethinking expertise*. Chicago, IL: The University of Chicago Press.）

逆卷しとね, 2023, 「「とんでもなくもつれあっているのに全然違うし」──フェミニストにして動的協働体, ブリュノ・ハラウェイ」『現代思想』*51*(3):137-150.

シェイピン, S., & シャッファー, S., 2016, 『リヴァイアサンと空気ポンプ──ホッブズ, ボイル, 実験的生活』（吉本秀之監訳／柴田和宏・坂本邦暢訳）名古屋大学出版会.（Shapin, S., & Schaffer, S., 1985, *Leviathan and the air-pump: Hobbes, Boyle and the experimental life*. Princeton, NJ: Princeton University Press.）

清水高志, [2013]2019, 『ミシェル・セール──普遍学からアクター・ネットワークまで』白水社.

ハーディング, S., 2009, 『科学と社会的不平等──フェミニズム, ポストコロニアリズムからの科学批判』（森永康子訳）北大路書房.（Harding, S., 2006, *Science and social inequality: Feminist and postcolonial issues*. Urbana, IL: University of Illinois Press.）

ハッキング, I., 2006, 『何が社会的に構成されるのか』（出口康夫・久米暁訳）岩波書店.（Hacking, I., 1999, *The social construction of what?* Cambridge, MA: Harvard University Press.）

松本三和夫, 2016, 『科学社会学の理論』講談社.

モル, A., 2016, 『多としての身体──医療実践における存在論』（浜田明範・田口陽子訳）水声社.（Mol, A., 2002, *The body multiple: Ontology in medical practice*. Durham: Duke University Press.）

ラトゥール, B., 1999, 『科学が作られているとき──人類学的考察』（川﨑勝・高田紀代志訳）産業図書.（Latour, B., 1987, *Science in action: How to follow scientists and engineers through society*. Cambridge, MA: Harvard University Press.）

ラトゥール, B., 2007, 『科学論の実在——パンドラの希望』(川﨑勝・平川秀幸訳) 産業図書. (Latour, B., 1999, *Pandora's hope: Essays on the reality of science studies*. Cambridge, MA: Harvard University Press.)

ラトゥール, B., 2008, 『虚構の「近代」——科学人類学は警告する』(川村久美子訳) 新評論. (Latour, B., 1993, *We have never been modern* (trans. C. Porter). Cambridge, MA: Harvard University Press. 〔原書は 1991 年〕)

ラトゥール, B., 2017, 『法が作られているとき——近代行政裁判の人類学的考察』(堀口真司訳) 水声社. (Latour, B., 2010, *The Making of law: An ethnography of the Conseil d'Etat* (trans. M. Brilman et al.). Cambridge: Polity Press. 〔原書は 2002 年〕)

ラトゥール, B., 2019a, 『社会的なものを組み直す——アクターネットワーク理論入門』(伊藤嘉高訳) 法政大学出版局. (Latour, B., 2005, *Reassembling the social: An introduction to actor-network-theory*. Oxford: Oxford University Press.)

ラトゥール, B., 2019b, 『地球に降り立つ——新気候体制を生き抜くための政治』(川村久美子訳) 新評論. (Latour, B., 2018, *Down to earth: Politics in the new climatic regime* (trans. C. Porter). Cambridge: Polity Press. 〔原書は 2017 年〕)

ラトゥール, B., & ウールガー, S., 2021, 『ラボラトリー・ライフ——科学的事実の構築』(立石裕二・森下翔監訳／金信行・猪口智広・小川湧司・水上拓哉・吉田航太訳) ナカニシヤ出版. (Latour, B., & Woolgar, S., [1979]1986, *Laboratory life: The construction of scientific facts* (2nd ed.). Princeton, NJ: Princeton University Press.)

リンチ, M., 2012, 『エスノメソドロジーと科学実践の社会学』(水川喜文・中村和生監訳) 勁草書房. (Lynch, M., 1993, *Scientific practice and ordinary action: Ethnomethodology and social studies of science*, Cambridge: Cambridge University Press.)

Barnes, B. & Bloor, D., 1982, Relativism, rationalism and the sociology of knowledge, in M. Hollis & S. Lukes eds., *Rationality and relativism*. Oxford: Blackwell, pp. 21–47.

Bijker, W., Hughes, T., & Pinch, T. eds., [1987]2012, *The social construction of technological systems: New directions in the sociology and history of technology* (Anniversary edition). Cambridge, MA: MIT Press.

Blok, A., Farías, I., & Roberts, C. eds., 2019, *The Routledge companion to actor-network theory*. New York: Routledge.

Bloor, D., [1976]1991, *Knowledge and social imagery* (2nd edition). Chicago, IL: University of Chicago Press.

Callon, M., 1980, Struggles and negotiations to define what is problematic and what is not: The socio-logic of translation, *The Social Process of Scientific Investigation*, Sociology of the Sciences Yearbook 4, pp. 197–219.

Callon, M., 1986, Some elements of a sociology of translation domestication of the scallops and the fishermen of St Brieux Bay, in J. Law ed., *Power, action and belief: A new sociology of knowledge?* London: Routledge & Kegan Paul, pp. 196–229.

Callon, M., 1987, Society in the making: The study of technology as a tool for sociological analysis, in W. Bijker, T. Hughes, & T. Pinch eds., *The social construction of technological systems: New directions in the sociology and history of technology*. Cambridge, MA: The MIT Press, pp. 83-103.

Callon, M. ed., 1998, *The laws of the markets*. Oxford: Blackwell.

Callon, M., Lascoumes, P., & Barthe, Y. eds., 2009, *Acting in an uncertain world* (trans. G. Burchell). Cambridge, MA: The MIT press. 〔原書は 2001 年〕

Callon, M., & Latour, B., 1981, Unscrewing the big Leviathans: How actors macro-structure reality and how sociologists help them to do so, in K. Knorr-Cetina, & A. Cicourel eds., *Advances in social theory and methodology: Toward an integration of micro and macro sociologies*. London: Routledge & Kegan Paul, pp. 277-303.

Callon, M., Rip, A., & Law, J. eds., 1986, *Mapping the dynamics of science and technology: Sociology of science in the real world*. London: Palgrave Macmillan.

Callon, M., Yuval, M., & Muniesa, F. eds., 2007, *Market devices*. Oxford: Blackwell.

Collins, H., 1990, *Artificial experts: Social knowledge and intelligent machines*. Cambridge, MA: The MIT Press.

Collins, H., 2010, *Tacit and explicit knowledge*. Chicago, IL: The University of Chicago Press.

Collins, H., & Kusch, M., 1998, *The shape of actions: What humans and machines can do*. Cambridge, MA: The MIT Press.

Collins, H., & Yearley, S., 1992, Epistemological chicken, in A. Pickering ed., *Science as practice and culture*. Chicago, IL: University of Chicago Press, pp. 301-326.

Gad, C., & Jensen, C. B., 2010, On the consequences of post-ANT. *Science, Technology, & Human Values*, 35(1): 55-80.

Gross, R., & Levitt, N., 1994, *Higher superstition: The academic left and its quarrels with science*. Baltimore, MD: The Johns Hopkins University Press.

Haraway, D., 1997, *Modest_Witness@Second_Millennium. FemaleMan©Meets_OncoMouse™: Feminism and Technoscience*. New York: Routledge.

Knorr-Cetina, K. D., 1983, The ethnographic study of scientific work: Towards a constructivist interpretation of science, in K. D. Knorr-Cetina, & M. Mulkay eds., *Science observed: Perspectives on the social study of science*. London: Sage, pp. 115-140.

Latour, B., 1980, Is it possible to reconstruct the research process?: Sociology of a brain peptide, in K. Knorr, R. Krohn, & R. Whitley eds., *The social process of scientific investigation*. Dordrecht: Reidel, pp. 53-77.

Latour, B., 1981, Insiders and outsiders in the sociology of science, or how can we foster agnosticism?, in H. Kuklick ed., *Knowledge and Society, Studies in the Sociology of Culture Past and Present*, Vol.3, pp. 199-216.

Latour B., 1983, Give me a laboratory and I will raise the world, in K. D. Knorr-Cetina, & M. Mulkay eds., *Science observed: Perspectives on the social study of science*. London: Sage, pp. 141-170.

Latour B., 1986, The power of associations, in J. Law ed., *Power, action and belief: A new sociology of knowledge?* London: Routledge & Kegan Paul, pp. 264-280.

Latour B., 1988, *The Pasteurization of France* (trans. A. Sheridan & J. Law).

Cambridge, MA: Harvard University Press.〔原書は 1984 年〕

Latour B., 1999, On recalling ANT, in J. Law, & J. Hassard eds., *Actor network theory and after*. Oxford: Blackwell, pp. 15–25.

Latour B., 2004, *Politics of nature: How to bring the sciences into democracy* (trans. C. Porter). Cambridge, MA: Harvard University Press.〔原書は 1999 年〕

Latour, B., 2007, Turning around politics: A note on Gerard de Vries' paper. *Social Studies of Science, 37*(5): 811–820.

Latour B., 2013a, *An inquiry into modes of existence: An anthropology of the moderns* (trans. C. Porter). Cambridge, MA: Harvard University Press.〔原書は 2012 年〕

Latour B., 2013b, *Rejoicing: Or the torments of religious speech* (trans. J. Rose). Cambridge: Polity Press.〔原書は 2002 年〕

Latour, B., 2017, *Facing Gaia: Eight lectures on the new climatic regime* (trans. C. Porter). Cambridge: Polity Press.〔原書は 2015 年〕

Latour, B., & Leclercq, C. eds., 2016, *Reset modernity!* Cambridge, MA: The MIT Press.

Latour, B., & Weibel, P. eds., 2002, *Iconoclash: Beyond the image wars in science, religion and art*. Cambridge, MA: The MIT Press.

Latour, B., & Weibel, P. eds., 2005, *Making things public: Atmospheres of democracy*. Cambridge, MA: The MIT Press.

Latour, B., & Weibel, P. eds., 2020, *Critical zones: The science and politics of landing on Earth*. Cambridge, MA: The MIT Press.

Latour, B., & Woolgar, S., [1979]1986, *Laboratory life: The construction of scientific facts* (2nd ed.). Princeton, NJ: Princeton University Press.

Law, J., 1986, On the methods of long-distance control: Vessels, navigation and the Portuguese route to India, in J. Law ed., *Power, action and belief: A new sociology of knowledge?* London: Routledge & Kegan Paul, pp. 234–263.

Law, J., 1987, Technology and heterogeneous engineering: The case of Portuguese expansion, in W. Bijker, T. Hughes, & T. Pinch eds., *The social construction of technological systems: New directions in the sociology and history of technology*. Cambridge, MA: The MIT Press, pp. 111–134.

Law, J., 1991, Introduction: Monsters, machines and sociotechnical relations, in J. Law ed., *A sociology of monsters: Essays on power, technology, and domination*. London: Routledge, pp. 1–23.

Law, J., 2002, *Aircraft stories: Decentering the object in technoscience*. Durham: Duke University Press.

Law, J., & Hassard, J. eds., 1999, *Actor network theory and after*. Oxford: Blackwell.

Law, J., & Mol, A., 2001, Situating technoscience: An inquiry into spatialities. *Environment and Planning D: Society and Space, 19*(5): 609–621.

Law, J., & Singleton, V., 2005, Object lessons. *Organization, 12*(3): 331–355.

Law, J., & Williams, R. J., 1982, Putting facts together: A study of scientific persuasion,

Social Studies of Science, 12(4): 535–558.

Lynch, M., 1985, *Art and artifact in laboratory science: A study of shop work and shop talk in a research laboratory*. London: Routledge & Kegan Paul.

MacKenzie, D., 1978, Statistical theory and social interests: A case-study. *Social Studies of Science, 8*(1): 35–83.

MacKenzie, D., 1981, Interests, positivism and history. *Social Studies of Science, 11*(4): 498–504.

MacKenzie, D., 1990, *Inventing accuracy: A historical sociology of nuclear missile guidance*. Cambridge, MA: The MIT Press.

Mol, A., & Law, J., 1994, Regions, networks, and fluids: Anaemia and social topology. *Social Studies of Science, 24*(4): 641–671.

Mol, A., & Law, J. (eds.), 2002, *Complexities: Social studies of knowledge practices*. Durham: Duke University Press.

Mol, A., & Law, J., 2004, Embodied action, enacted bodies: The example of hypoglycaemia. *The Body and Society, 10*(2–3): 43–62.

Pickering, A., 1984, *Constructing quarks: A sociological history of particle physics*. Chicago, IL: The University of Chicago Press.

Pickering, A., 1995, *The mangle of practice: Time, agency, and science*. Chicago, IL: University of Chicago Press.

Pinch, T. J., & Bijker, W. E., [1987]2012, The social construction of facts and artefacts: Or how the sociology of science and the sociology of technology might benefit each other, in W. E. Bijker, T. Hughes, & T. Pinch eds., *The social construction of technological systems: New directions in the sociology and history of technology* (Anniversary edition). Cambridge, MA: MIT Press, pp. 17–50.

Shapin, S., 1975, Phrenological knowledge and the social structure of early nineteenth-century Edinburgh. *Annals of Science, 32*(3): 219–243.

Shapin, S., 1989, The invisible technician. *American Scientist, 77*(6): 554–563.

Sismondo, S., [2004]2009, *An introduction to science and technology studies* (2nd edition). Oxford: Wiley-Blackwell.

Star, S. L., 1991, Power, technologies and the phenomenology of conventions: On being allergic to onions, in J. Law ed., *A sociology of monsters: Essays on power, technology, and domination*. London: Routledge, pp. 26–56.

Strathern, M., 1996, Cutting the network. *Journal of the Royal Anthropological Institute, 2*(3): 517–535.

Traweek, S., 1988, *Beamtimes and lifetimes: The world of high energy physicists*. Cambridge, MA: Harvard University Press.

Winner, L., 1993, Upon opening the black box and finding it empty: Social constructivism and the philosophy of technology. *Science, Technology, & Human Values, 18*(3): 362–378.

第1部

第2部

第3部

03 ANTの基本概念をたどる
記号論という「道具箱」を調査に持参する

伊藤嘉高

1 はじめに：ANTの基本概念の出自をたどる

　アクターネットワーク理論（ANT）は，前章でみたように，さまざまな誤解に
さらされる一方で，さまざまな批判を取り込み，独自の展開をみせてきた。そして，
2005年にB.ラトゥールによって初の「入門書」である『社会的なものを組み直す』
（ラトゥール2019）が刊行されてからは，さまざまな誤解も払拭されたのか，今日
の世界的な流行をみせている。

　しかし，「流行」は「表層的な理解と受容」と背中合わせである。たとえば，『社
会的なものを組み直す』の第一部では，研究対象をめぐる五つの不確定性――一
つに確定しえないもの――が展開されているが，最初の三つの不確定性について
は，ANTをもちださなくても他の分野ですでに指摘されていることのようにみえ
る（実際には違うのだが）。

　第一の不確定性――「グループはない，グループ形成だけがある」――について
いえば，たとえば，家族というグループは，外在する（私たちが何もしなくてもあ
る）ものではなく，常に形成され続けなければならないといった話である。この点
については，私たちが家族を維持するためにどれだけのものを動員しているのか考
えればあらためて指摘されるまでもないだろう。日々の呼びかけ，食事，誕生日の
プレゼント，盆暮れ正月の集まりなど，挙げていけばきりがない。

　第二の不確定性――「行為の発生源はアクターを超えている」――に関しては，
たとえば中動態の議論がよく知られている（國分2017）。しかし，中動態の議論を
知らなくとも，私たちの日々の行為が，私たちの意思を超えてなされていることは
常識である。

　第三の不確定性――「モノにも行為をもたらす力がある」――についても，分

散認知などで散々論じられてきたことだ。皆さんも，スマホで文字入力する場合と，パソコンのキーボードで文字入力する場合と実際に文字を書く場合とで，文章の内容が変わってしまうのではないだろうか。つまり，ここまでの議論であれば，あえて ANT をもちだす必要はない。

しかし，第四の不確定性──「「厳然たる事実」は暫定的な効果に過ぎない」──と第五の不確定性──「確定的な記述をおこなうことはできない」──をふまえると，それまでの議論の意味合いも根本的に変わってしまう。ただし，残念ながら，この ANT の根本をなす議論が十分に理解されているとはいいがたい。

たとえば，ラトゥールは，「ANT を，半ばガーフィンケルであり半ばグレマスであると評しても，的外れではないだろう。ANT は，大西洋の両岸で見られる最も興味深い知的運動の二つを単純に結びつけ，アクターによる報告とテクストの双方の内的再帰性を育む方法を見出してきた」と記しているが（ラトゥール 2019: 105），この文言の意味するところを読者はどこまで正確に把握できているだろうか。正確に把握できていないために「ANT は，読む分にはよいが，自分の研究には使えない」といった反応が出てきているのではないか。

ANT を理解し実践するには，ANT の基層に目を向ける必要がある。ANT の起源はサイエンス・スタディーズにあり，そして，ANT はその限界を乗り越えようとする営為である（☞第 2 章，第 4 章）。端的にいえば，「科学的である」，「実在とは何か」といったことについて研究者の予断をはさむことなく，どんな場合に「科学的である」，「実在する」という言明の秩序が成り立っているのかを明らかにするために，実験室で起きていることを丹念に記述する営みである。

したがって，ANT が土台にしている H. ガーフィンケルや A. J. グレマスの学知は（さらにはホワイトヘッド哲学やドゥルーズ哲学なども含まれる），好き勝手に選び出されたものではないということだ。つまり，実験室を対象とする記述を促す知的資源として，これらの学知[1] が選び出されているのであって，学知から始まっているのではないのだ[2]。

ガーフィンケルについては後に触れるとして，わかりづらいのがグレマスの名が

---

1) たとえば，清水高志の一連の著作（たとえば，清水 2017）も，社会学者にとっては，そうした記述をもたらす想像力を喚起してくれるものである。
2) したがって，ラトゥールの場合，ANT の術語のことを「インフラ言語」と呼び，「メタ言語」と対比させている。

挙がっていることである。グレマスは，後述するように，パリ学派として知られる構造主義的な記号論者である。したがって，非還元論を掲げ（研究者が外から持ち込む）構造的次元を排除しようとする ANT とは，相容れないようにみえる。グレマスは言語を自律した構造として捉えることで，意味がどのように生まれるのかを説明しようとしている。他方の ANT は，言語の領野に収まらない物質的なものにも目を向け，アクターネットワークを記述しようとしている。

　ところが，ANT が用いる術語の多くは，グレマスの記号論からの援用なのである。たとえば，「アクタン」，「強度の試験」，「循環する指示」などがそうだ。これはいったいどういうことなのだろうか。ラトゥールのテクストに目を向けても，記号論は「道具箱のようなもの」という表現がみられるくらいだ（Latour 2009）。他方で，J. ローもまた，ANT を「物質的‐記号的ツール，細やかな神経，分析手法の混合家族」と評している（Law 2007: 2）。

　こうしたグレマスと ANT との理論的関係については，これまで明示的に論じられることがなかった（例外として，Beetz (2013)）。そこで，本章は，ANT の基本概念に対してその出自である記号論から光を当てることで，ANT が記号論をどのように摂取しており，どのような意味で，物質的なものにまでその対象を拡張させているのかをみてみよう。そうすることで，前章でみたような展開を経てきた ANT の基層が明らかになり，調査法としての ANT の意義も明らかになるだろう。

2　パリ学派記号論＋エスノメソドロジー＝ ANT

　まずは，グレマスに代表されるパリ学派記号論の主張を整理しておこう。グレマスは，その主著『構造意味論』(1988) のなかで，記号論の手法を用いて，単一の記号の意味がどのように生まれるのかを説明するだけでなく，もっと大きなディスクールや物語の意味がどのように生まれるのかを説明しようとしている。そして，記号，ディスクール，物語すべての分析に資する共通のメタ言語を作り出している。

　他の構造主義理論と同じく，グレマスもまた「意味は差異によって生み出される」とする。単独の記号そのものに意味はなく，他の記号との差異ではじめて意味が生まれるということだ。たとえば，目の前のリンゴを指して，「リンゴ」と呼ぶと決めたところで，他のリンゴを「リンゴ」と呼ぶことはできない。何がリンゴでないのかが明らかでないからである。

　つまり，非リンゴであるミカンやイチゴなどが「ミカン」，「イチゴ」などと記号

化されて，はじめて「リンゴ」は意味をもちうる。記号論（正確には記号学なのだが）の祖であるソシュールにいわせれば，「すべては対立として用いられた差異にすぎず，対立が価値を生み出す」（ソシュール 1991: 116）のである。

このように，私たちの言葉の意味は，外在するものとの対応関係によって生まれるのではなく，言語上の対立／差異によって生まれる。グレマスの図式的表現を使えば，意味の最小単位は，積極的（s）／消極的（非 s）／中立的（-s）／複合的（s+非 s）となる。ここから，男性／女性，大きい／小さいといった特性が生まれるわけである。

さらにグレマスは，以上を物語分析に拡張する（グレマス 1988）。物語とは，混沌とした世界を組織化（分節化）する統語的な形態である。私たちは混沌とした世界の動きを理解可能にするために言語で再構成している。そして，詳しくは次節でみるが，これらの対立／差異が「行為」によって変容する（ないし翻訳される）ことで，物語の意味が生まれる。こうしてグレマスが明らかにしたテクストの基礎構造が，物語論でも参照される「記号論的四角形」である（ただし，ANT はこの図式を採用していない）。

ここでのポイントは，ソシュールとは異なり，グレマスが，ラング（制度化した差異の体系）とパロール（具体的に発せられた個別の言葉）を階層的に位置づけているわけではないことだ[3]。グレマスは，ラングとパロール，言い換えれば，下部構造と上部構造を分離して物語を分析するのではない。そして，グレマスの記号論／物語論は，言語をシステム（ラング）として分析しつつも，行為を軸とした統語的なプロセスとしても分析する。こうしたフラットな分析こそ，ANT が最も依拠している点である。

以上のグレマスの分析は，徹頭徹尾，テクスト内にとどまっている。テクストの意味は，テクスト外の指示対象（外在する世界）を参照することなく説明され，そして，テクストを生み出す社会的文脈，著者の意図を参照することなく説明されるのである。つまりは，テクストからコンテクストが切り取られているのだ（Latour 2009）。

そして，ラトゥールは，こうしたグレマスの記号論を「テクストのエスノメソドロジー」と位置づけている（Latour 1993）。ガーフィンケルをその祖とするエスノ

---

3) ソシュールの場合，言語活動はある時点での記号システムとして共時的に分析するほかなく，パロールの科学的分析は不可能であった。

メソドロジーは，人びとがこうした報告を成り立たせている方法（「エスノメソッド」）を探るものである。なぜ，そのようなことをしようとするのだろうか。社会学の伝統的なテーマの一つに「秩序問題」がある。どうして，諸個人が功利的に振る舞っており，諸個人の意図は本人にしかわからないにもかかわらず，安定した社会秩序が成り立っているのだろうか。この問いに対して社会学者はさまざまな思索をめぐらせてきた。

　しかし，社会学者があれこれ思索をめぐらせなくても，社会秩序は，社会生活を営む成員たちによってすでに成り立っている。社会秩序がすでに成立しているものであるならば，社会学者が観念的な問いを立てるよりも前に，現に成立しているその秩序のあり方を人びとがどう報告しているのかを記述してみるほうがよほど科学的ではないか。これがエスノメソドロジーの基本的な考え方である。

　したがって，エスノメソドロジーは，何らかの外在する「社会的なもの」（社会構造）や「個人的なもの」（意図，志向性）を想定して，人びとの報告の背景要因を説明したりはしないし，「客観的に実在するもの」をもちだして，その報告の正確さを問題にしたりするものではない。エスノメソドロジーが焦点を当てるのは，一般の人びとによる報告（アカウント）である。アカウントとは，ヒトやモノ，出来事を観察可能なものにして「○○は××である」などと他者に伝達できるようにする営為である。

　ここで，ガーフィンケル自身の説明もみておこう。

　　ぼくがある出来事の説明可能な〔報告可能な〕特徴や説明について語るときは，日常的なあらゆる状況にいるメンバーが，その場面にあった実践を行うことができるということを言おうとしている。〔略〕日常的な活動で生ずるさまざまな出来事をめぐる事実や空想，あるいは証拠や十分な証明といった問題は，いまやその出来事を見抜いて言う問題へと，また観察や報告をするために当の出来事をよく見るという問題へと変化する。とすれば，話すという事実が部分的にはこうしたことを作っていることになる。（ガーフィンケル 1987: 18）

　したがって，ANT は，何かしらの普遍的，根底的な構造的記号論を展開しようとするものではない。ANT もまた，外的現実に対する一切の予断を挟み込むことなく，目の前で行われている世界の分節化の営みを記述しようとしているだけである。つまり，「分析者の有する偏った有限の語彙を，世界制作を行うアクターの活動

で置き換えるのに役立つ」ものとしてグレマスの物語論が捉えられているのである（Latour 1993: 131）。

　そして，なかでも重要なのが，グレマスの物語論によって，何がアクターであるのかを外在的に規定しない記述が可能になることだ。ここで ANT にとっても重要な術語であるアクターとアクタンが登場することになる。

３ アクターとアクタン：テクストによる報告の構成要素

　グレマスの物語論におけるアクターないしアクタンは，文における「主語」や「目的語」に相当する物語文法の単位である。具体的には，主体，客体，送り手，受け手，補助者，反対者であり，これらは諸々の変化が記述される物語の統語（構成）にとって不可欠の要素である。そして，このアクタンは，他のアクタンとの関係によって決定される（たとえば，客体なき主体はない）。さらに，アクタンは，ストーリーのなかで具体的なアクターとして登場する。

　少しわかりづらいかもしれない。そこで，勇者がドラゴンを倒すという具体的なストーリーで考えてみよう。アクターとは，物語のなかで名前をもって登場し何事かをなすものであり，たとえば，王や王女，勇者，ドラゴン，自由，剣，妖精などである。そして，アクタンとは，アクターが体現している物語文法の単位（主体や客体）である。

　では，アクタンは他のアクタンとの関係によって決定されるとはどういうことだろうか。たとえば，「主体」である勇者は，「客体」（王女）などの他のアクタンがなければ，「主体」として成立しない。物語は，「送り手」（王様）と「受け手」（勇者）による約束（「ドラゴンを倒し，王女を救い出せば，王女と結婚させる」）の締結によって動き出し，勇者が王女を救い出し，約束の履行で終わる。勇者がいるだけでは物語は成立しない。いや，そもそも，勇者とも呼ばれないであろう。

　そして，アクタンは，必ずしも人間の登場人物によって体現されるわけではない（ドラゴンを倒す「主体」は，勇者なのかもしれないし，伝説の剣なのかもしれないし，王国なのかもしれない）。モノや抽象的な概念は，「行為を成し遂げるもの」として識別できる限り，人間と同じように行為することができる。

　グレマスによれば，この物語文法は，あらゆる物語に適用可能である。しかし，この物語理論の普遍性は，構造的に物語を読むという主張と同じく，やはり，ANTと両立しえないようにみえる。ただし，ラトゥールによれば，「ANT が物語論から

取り入れてきたのは，その主張と内輪の言葉<ruby>言葉<rt>ジャーゴン</rt></ruby>のすべてではなく，その移動の自由」である（ラトゥール 2019: 105）。では，ANT は，形式主義的な構造主義に陥ることなく，どのようにして物語論を自らの「道具箱」として取り入れているのだろうか。

　ラトゥールらによるアクタン／アクターの定義をみてみよう。まず，アクタンは，「行為をするあらゆるもの，ないし行為を変えるあらゆるもの」であり（Akrich & Latour 1992: 259），「行為／作用するあらゆるもの」を意味する。変化や動きがなければ，報告に上がることはない。人びとによる報告を成り立たせるあらゆる要素（言い換えれば，時間軸上で差異をもたらすもの）がアクタンであるといえるだろう。そこでは，もはや，主体と客体，送り手，受け手，補助者，反対者という分析枠組みは採用されていない。

　他方のアクターは，「個性を与えられたアクタン（通常は擬人的）」（Akrich & Latour 1992: 259）であり，「行為の源とされるもの」を意味する。『社会的なものを組み直す』では，アクターは，行為（差異や変化を生み出すもの）の源として形象化されたアクタンとして定義される。逆にいえば，アクタンはまだ形象をもたないアクターである（ラトゥール 2019: 103）。どれだけあいまいで抽象的であろうとも，形象を有するものは等しくアクターである（ラトゥール 2019: 104）。

　アクタンの連関のなかで，アクターという形象もまた分節化によって生まれるものであるから，研究者が何がアクターであるのかを勝手に決めることはできない。では，どのようにしてアクタンは，人びとの営為のなかで，行為の源として形象化され，アクターになっているのだろうか。再び，勇者と王女の例に戻って考えてみよう。

4　強度の試験：「強く」実在するアクターの誕生

　あるアクタン（「王女を救い出す主体」）が特定のアクター（「勇者」であったり「王」であったり「王国」であったりする）として形象化されるには，自らの力能によるパフォーマンスを呈示しなければならない。それがグレマスのいう「資格試験」である（Greimas & Courtés 1982: 339–340）。資格試験によって，主体＝被験者は，やるべきことが与えられる。たとえば，通過儀礼としての冒険が資格試験であり，この試験をパスすることで，勇者が「主体」としての力能をもった者（アクター）として認められる。

　そして，この力能をもって，次の「決定試験」に挑むことになる。それは，「主体

＝被験者と，求められている価値対象との結びつきをもたらす」パフォーマンスからなる。たとえば，囚われた王女を解放することが勇者の決定試験である。第三の試験は，主体＝被験者が決定試験のパフォーマンスを認識する「栄光の試験」である。勇者は，王女を連れて帰還すると，二つの試験のおかげで真の勇者となり，「勇者でなければ王女は救われなかった」として王から認められ賛美されるのだ。

　ここで決定的に重要なのは，王から賛美される真の勇者は，この特定の環境においてのみ「真の勇者」であるということだ。たとえば，剣の攻撃力がもう少し弱ければ，あるいは，妖精の手助けが足りていなければ，あるいは，王からの褒美が少なければ，勇者は死んでいたかもしれない。

　ANT において，これらの試験は「強度の試験」（強さの試験）と呼ばれる（ラトゥール 1999: 126–134）。たとえば，細菌などのアクターとしての科学的対象は，一連の試験を通して現れる。実験室という特殊な事物の連関のなかでなされる試験を通してはじめて「強く」実在するものとされる。はじめはパフォーマンス（行為の名称）のリストでしかなかったのが，試験によってそのパフォーマンスが力能の前提として認められれば，その事物の連関のなかで「強く」実在する具体的なアクターとして定義されることになる。

　さらに，強く実在するアクターとして定義されるには，肯定的なデータが集まるだけでは不十分であり，反論を退ける強度が必要であり，その試験が必要となる。そして，その強度を得るためには，他のアクターとの同盟，連関が必要であり，他者の関心を引かなければならない。この強度が当のアクターの実在性をいっそう強めていくのである。

　勇者と王女の例からも明らかなように，アクターは決して単独では行動しないし，単独で存在することすらない。アクターは他のアクターとの連関を通してそのエージェンシー（行為や作用を生み出す力）を身にまとう。アクターを取り巻く連関が変われば，そのアクターの実在性は変わってしまう。したがって，私たちが目を向け，たどるべきなのは「連関」（association）なのである。

　科学的実験においても，アクタン（たとえば，「○○を死なせたもの」）が特定の形象を有するアクター（たとえば，「病原菌」）になるには，「強度の試験」をパスし，他のアクターと連関する必要がある。こうして「厳然たる事実」とみなされるようになった科学的対象もまた，アクターの連関が変われば，とたんに「議論を呼ぶ事実」に変わってしまう。

5　内向推移／外向推移：参照フレームの移行

　しかし，事物の連関が変われば実在性の程度が変わるという点について，まだ納得がいかないかもしれない。勇者は確かにある物語のなかでしか勇者でないのかもしれないが，科学技術に応用される科学的対象や科学論文の対象は，物語とは無関係に世界中で流通しているではないか。とすれば，科学の対象は客観的に実在しているのではないか。しかし，あくまで客観的実在を持ち込まずに，テクストのエスノメソドロジーを実践してみよう。

　まず重要になるのが，R. ヤーコブソンの議論からグレマスが導入した関与／離脱（engagement/disengagement）の概念を ANT が援用していることだ（Greimas & Courtés 1982: 100–102）。なお，関与／離脱ではなく，内向推移／外向推移（shift-in/shift-out）といった表現が用いられることもある（ラトゥール 2007）。いずれにせよ，内向推移（関与）とは，読者の注意を，論文などにおける目の前の記述（言表）と記述者からそらし，実験室など他の場所や時間で動いている別のアクター（事物の連関）に移すことを示す。外向推移（離脱）はその反対であり，実験室から論文へ移行することで，結果として，当の記述をより事実らしくしたりそうでなくしたりする操作である（Akrich & Latour 1992: 260）。

　どういうことか。『科学が作られているとき』（ラトゥール 1999）で取り上げられている事例を紹介しよう。「成長ホルモン放出ホルモン（GHRH）の一次構造は Val-His-Leu-Ser-Ala-Glu-Lys-Glu-Ala である」といった科学論文でなされる記述は，「所有者，構築，時間，場所のいかなる痕跡」も欠いており，通常，「客観的な実在に対応する客観的な記述」であるとされる。しかし，この記述を支える事物の連関はまったくみえない。

　そこで，次のような内向推移が行われることがある。「シャリー博士は彼のニューオーリンズの研究室で［GHRH の構造は Val-His-Leu-Ser-Ala-Glu-Lys-Glu-Ala である］と数年間にわたって主張してきた。しかしながら，偶然の一致により，この構造はヘモグロビンの構造でもある。ヘモグロビンは，血液に広く見られる成分であり，下手な研究者が扱えば，精製された脳抽出物にしばしば混入してしまう」（ラトゥール 1999: 37，邦訳は一部改変）。

　後者の記述は，前者の生産の現場に向かって内向推移することで前者の客観性を疑義にさらしている。「客観的な事実」に対する前者の記述が，「特定の時間と空間における一人の科学者による主張」へと変換されてしまう。複雑な事物の連関によ

る人工的な産物へと変換されているのだ。内向推移により，元の言明の生産現場へと導かれ，その言明の堅実性ないし脆弱性が示される。

　こうした記述の変換こそ，テクストにおける実在性を理解するうえで，決定的に重要である。ある文＝分節化は，他の文＝分節化との関係によって，実在性を強めたり弱めたりする。ある文＝分節化自体は，事実でも虚構でもない。科学的なテクストは常に，外向推移の操作に大きく依拠している。別の表現を使えば，こうした推移によって，参照フレーム（基準系）の移行が行われるのである（Akrich & Latour 1992: 260）。

　このことが意味するのは，あるテクストには，その真偽を判定するコンテクストがあるのではなく，「コ・テクスト」（co-text）があるということだ（Latour 1988: 27）。絶対的な真理に対応するテクストがあるのではない。この意味で，ANT は「相対主義的」というよりは「相対論的」なのである。ドゥルーズの言葉を借りれば，相対論が説くのは，真理が相対的であることではなく，関係が真理であるということだ（ドゥルーズ 2015）。

　しかし，科学的なテクストは，小説のストーリーとは異なり，明確にテクスト外の世界を指示している。「私たちが問題にしているのはテクストではなく，テクストで記述されている世界そのものだ」と思われることだろう。では，科学的なテクストと世界はどのような関係にあるといえるのだろうか。この関係に入り込むには，もはやグレマスの議論では不十分である（Beetz 2013）。そこで ANT の道具箱に加わるのが，「循環する指示」，「内的指示対象」である。

6　循環する指示，不変の可動物：物質と記号の果てしない指示の連鎖

　小説のストーリーであれば，必ずしもテクスト外部のリアリティは問題にならないだろう。SF に登場する宇宙人について，「実在する証拠があるのか」といちいち問われることはない。しかしながら，「玄関マットの上で猫が寝そべっているよ」といった立言については，どうだろうか。その立言が指示（参照）している外部の指示対象（愛くるしい猫）が実在するという証拠を要求するのではないか。あるいは，実際に玄関まで行って，猫が寝そべっているのを見て納得することもできるだろう。この場合には，外部への指示には何の問題もないようにみえる。外部の指示対象が，その立言を裏付けてくれているようにみえるからだ。しかし，その生き物は本当に「猫」なのだろうか……。「猫」とは何なのか……。

　厳密な科学の場合には，これからみるように，「モノから言葉へと，つまり，指示対象から記号へと直接移動することは決してなく，危うい中間経路を通っている」（ラトゥール 2007: 53）。科学的なテクストにおける客観性は，決して，単一の外部の指示対象を指すことによってではなく，テクスト内に強力な指示の連鎖を構築することによって生み出されている。

　どういうことか。まず，科学的なテクストの場合には，小説とは異なり，当の記述を生産する条件への内向推移が確保されていなければならない。科学者が事実を記す際には，そのテクストの内容を保証する記録を残しておかなければならない（Latour 1988: 12）。そうした記録は，グラフや写真などに変換されて，テクストのなかに「銘刻される／書き込まれる」（inscribed）場合もある。科学論文の制作現場に内向推移した場合，科学者が自分のテクストで説明した内容が実際に存在するという証拠を作成できないとなれば，（当然のことながら）私たちは「捏造である」といって非難するだろう。

　ここで，「グレマスが放棄したはずの外部の指示対象を再び導入しようとしているのではないか」との印象を抱いたとしても無理はない。実際，そうした印象を与えたために，ANT は，「実在論と表象という昔話」に戻ったと非難されたのであった（Lenoir 1994: 126）。しかし，ANT はまったく異なる道を歩む。外的な指示対象はあくまで不要である。橋渡しすべき大きな溝もない。

　代わりに登場するのが，「循環する指示」（循環参照, circulating reference）である。循環する指示とは，外向推移，内向推移を可能にする指示の連鎖の質を示すものである。良い連鎖である——どの参照フレームでも中断されず，常に外向にも内向にも推移できるものである——ならば，循環する指示が成り立つ。では，科学の場合には，どのような指示の連鎖がなされているのだろうか。

　ここで『科学論の実在』（ラトゥール 2007）で示されているアマゾンの森林土壌調査の事例をみてみよう。ラトゥールが同行したこの調査では，森林とサバンナが隣接する地帯で行われたものであり，その目的は，森林がサバンナに向けて前進しているのか，あるいはサバンナが森林に向けて前進しているのかを解明することにあった。その調査のなかで土壌学者は，土壌サンプル採取用の穴を掘り，ペドフィルと呼ばれる道具を用いて，穴の位置を測定し，ノートに幾何学的空間の座標点として記録される。

　次に，ドリルを用いて採取された土壌サンプルが土壌比較器と呼ばれる装置に収められ，容易に比較可能，移送可能な土塊の配列へと変換される。レストランに

戻った調査者たちは，土壌比較器を観察して，方眼紙上に記録していく。その結果，森林に適した土壌がサバンナに向かって前進していることを見出し，報告書に記載した。

以上の概観からわかるように，科学者たちがアマゾンの土壌に関する知識を生み出すとき，彼らは，可逆的である参照の連鎖のなかで土壌を物質から形式（記号）へ変換することによって行なっている。ちなみに，ここでの変換は，上方推移（物質から記号への変換）と下方推移（記号から物質への変換）と呼ばれている。

しかも，上方推移によって，物質性，特殊性，ローカル性などが次々と失われる一方で，形式性，互換性，相対的普遍性が得られ，厳然たる「不変の可動物」となり流通する（☞第4章）。科学とは，外在する真実を変形（transformation）させることなく転写・転置させるものではない。諸々の形式変換（transformations）による転置こそが，科学の営みなのである。ちなみに，こうした変換によって，異なる物質＝記号がつながることをANTではとくに「翻訳」と呼んでいる（☞第4章）。

そして，ここで決定的に重要なのは，この上方推移と下方推移は理論上，無限に延長することができることにある。土壌もまた，別の物質を指す記号となりうる。つまり，私たちがどれだけ遠くに下方推移しても，最終的な外部の指示対象に出会うことは決してないのである。下方推移した先の物質は，常に次の記号へと変換される。

私たちは確かに物質的な世界に住んでいるが，私たちは記号の世界を離れることはできない。私たちにとっての「実在」は常にこの物質＝記号の連鎖のなかにある。そうであるからこそ，グレマスらのパリ学派記号論はANTの貴重な「道具箱」になっているのだ。

7　科学としてのANTの意義：中間項を媒介子にして，組み直す

最後に，ANTを実践しようとする社会科学者にとって，以上の「道具箱」の意義がどこにあるのかを，あらためて確認しておこう。ここまでの記述で紹介しきれなかったANTの基本概念である「中間項」「媒介子」の語もあわせて解説しておきたい。

まずは，ある社会的な出来事について，その発生源を研究者が外側から特定する（分節化する）という不遜さが明らかとなる。権力や利害といった「社会的なもの」をもちだす「社会的説明」であればなおさらだ。社会「科学」者であることを自任

するのであれば，自らのもちだした概念からの「内向推移」が担保されていなけれ
ばならない[4]。

　確かに権力構造と呼べる静態的で堅固な社会関係は存在するだろう。しかし，そ
れを「権力」で説明し批判する社会学理論は，人びとを動かす理論にはなるかもし
れないが[5]，「権力」を成り立たせている事物の連関を解明することは決してできな
い。したがって，権力関係を変えるような政治的意義——批判の力——は持ちよう
がない（ラトゥール 2020）。

　しかも，そうした説明におけるアクターは，社会学者による形象化の結果に過ぎ
ず，ANT のいうアクターではなく，「中間項」（intermediary）に過ぎない。中間
項とは，外からやってきた意味や力（エージェンシー）を歪めることなく移送する
ものであり，そこに投入されるもの（「原因」）がわかれば，そこから発せられるも
の（「結果」）がわかる。言い換えれば，単体のブラックボックスであり，インプッ
トされる「原因」だけでアウトプットの説明がついてしまう。いわば，「厳然たる事
実」の住民である。

　しかし，アクターを何もしない中間項——権力を行使する人と権力に支配される
人——として扱うことは，現実離れしている。人びとが「中間項」である限り，そ
の人の考えや行為が既存の権力構造を離れることはない。国王も王女も勇者も剣も
ドラゴンも，王国の権力構造のなかで，その力能が一意に定まっている中間項では
ない。人間にせよ非人間にせよ，正常な飛行機の機体などのように予測可能な動き
しかしない「中間項」にみえているならば，その背後には予測可能性をもたらす事
物の連関があるはずである。とりわけ人間は，科学者のいうことを信じやすいため
に，容易に中間項化してしまう危険性をはらんでいる。

　それに対して，グレマスの物語論を援用すれば，あらゆるものが連関してお
り，連関のあり方によって，その姿が変わってしまうという実際のありさまを記述
することができる。そうした際のアクターは，もはや中間項ではなく「媒介子」
（mediator）である。王国も国王も王女も勇者も剣もドラゴンも，他のアクターと

4）〈資本〉のありようをアクターネットワーク理論によってたどることは，資本主義批判
　を超えるポテンシャルをも有している（伊藤 2020）。
5）そうした社会学をラトゥールは「社会的なものの社会学」と呼んで批判する。しかしな
　がら，他方で，「社会的なものの社会学」は，世界のありようについて俯瞰的な像を人
　びとに提示して，人びとに行動させる力を有するという点で，擁護されてもいる。ただ
　し，ラトゥールに言わせれば，それは「科学」に属する営みではない。

第
1
部

第
2
部

第
3
部

連関することで，他のアクターの力能を変えてしまう不確定なものである。

　アクターが中間項（栄光の勇者）になっていたとしても，それを成り立たせていた連関が（勇者の剣では切れない大魔王の出現などによって）ひとたび崩れると，その本来の姿である媒介子に変転する。媒介子は，故障した飛行機の部品のように，移送する意味やエージェンシーを変換（翻訳）してしまうものであり，単一の対象として扱うことはできない。こうした媒介子が連関している場合，ある出来事をいずれかのアクターに還元することはできない（非還元の原則）。モノもまた，本来，そうした「議論を呼ぶ事実」（matter of concern）であり，中間項は例外的な様態である。

　とはいえ，実験科学の世界では，「A に対して B が作用すると A′になる」という厳然たる「法則」が見出されるではないかと思われるかもしれない。しかし，そうした法則こそ，実験室という環境（実験器具や研究計画などの事物の連関）のなかで見出されるものにすぎない。確かに，特定の環境において B には A を A′にする性質があるといえるが，それは一つの分節化に過ぎないのであり，事物の連関が変わればBの性質も変わってしまう。あるいは，B 以外のアクターが見出されることもあるだろう。つまり，ここで「事物」と呼んでいるものこそ，媒介子なのである。

　このように，媒介子はそれぞれに分節化と翻訳を行い，諸々の存在をアクターとして連関させていく。ただし，この連関のあり方は一様ではなく，本章では科学の連関のあり方の一端をみたが，第7章でみるように，科学と法とでは明らかに異なるし，法と政治とでも明らかに異なる[6]。私たちの行為が事物の連関によって成り立っているならば，どのような連関のなかで生きており，どのような連関のなかで生きようとするのかが問われることになる。この連関こそ「社会的なもの」と呼ばれるべきであり，ANT が「連関の社会学」と呼ばれる由縁であり，この意味で，「社会的なものを組み直すこと」が求められている。

　したがって，私たちがこうした連関の様態を記述しようとするならば，あくまで「アクターに従う」ことが大切となる。だからといって，もちろん，アクターが「真実」を知っており，「真実」を語っているわけではない。そもそも，無数の事物との連関によって出来事が成り立っているとすれば，アクターがその無数の連関を漏れなく報告することは不可能である。繰り返しになるが，行為の発生源や単位はあく

---

6) どのように連関させるのか，その適切性条件を追求するのが存在様態論である（☞第7章，第10章）。

まで不確定である（ラトゥール 2019: 第Ⅰ部）。

　そうしたなかで，ANT による記述が目指しているのは，公平中立で客観的とされる自然科学のテクストではない。ANT は，客観的な真理の水準を仮定しない。自然科学の実験のように，物的アクターであるモノ（オブジェクト）に対しては，科学者の理論や仮説に反論（オブジェクト）する機会を与えることで，客観的（オブジェクティブ）であろうとするものである。そして，人的アクターたちに対しても，自分を動かすアクタンに関する物語（ときとして野放図な物語）を自在に語ってもらうのである[7]。ANT はグレマスの物語論をあくまで存在論的にみているのだ（Latour 2009）。

　したがって，ANT のテクストは，各々の人やモノが媒介子として扱われるアクションの連鎖（ネットワーク）をたどるものであって，諸々の存在を中間項に貶めるような客観的説明や批判を行うものではない。ANT は新たな媒介子を見出すための方法なのであり，「ここまで事物の連関をたどればよい」という基準はない。どこまでも連関をたどり，どこまでも分節化することが可能であるからだ。I. ステンゲルス流にいえば，科学の発展は，実験結果に対する反証可能性を担保するだけでは不十分であり，実験結果を「構築」（☞第 4 章）している媒介子に対する反証可能性をも担保しなければならないのである（たとえば，実験装置が変わればどうなるか，Stengers 1997）。

　そうであるからこそ，本章冒頭でみたように，グループはなくグループ形成だけがあり（第一の不確定性），行為はアクターを超えてなされ（第二の不確定性），モノにもエージェンシーがある（第三の不確定性）といわれるのである（ラトゥール 2019）。それ自体が一にして多である媒介子による果てしない分節化の連鎖のなかでは，以上の不確定性がすべてつながりあっており，どこまでも不確定性をはらんでいるのだ。

　とはいえ，新たな媒介子を見つけ，新たな分節化を見出すだけであれば，ポストモダンの営みと変わりがないのではないか。そもそも，科学とは，分節化を可能な限り少なくする点に有効性があるのではないか。しかし，それは，第 8 章でも見るように，近代の時代において，「公平無私に客観的な真理を示す」客観科学に誤って

---

7) つまり，科学としての ANT もまた実験室を有している。それは，「テクストによる報告」であり，失敗する可能性のある実験である（第五の不確定性）。テクストによる報告によって新たなアクターが見出されるのか否か，それこそが「社会的なものを組み直す」ために決定的に重要なのである。

与えられた政治的役割にすぎない（ラトゥール 2008, Latour 2004）。

　最終的にどのような連関（集合体）のなかで生きるのかを決めるのは政治の役割であるが，その正統性の根拠は，代表者が客観的な正解を示す力を有していることにはない。一なる代表者が，多を代表することは原理的に不可能である。それでも，政治は，一と多の循環運動を続けることによってのみ，その正統性を得ることができる（☞第8章）。社会学を含む科学は，新たな媒介子による分節化を提示し続けることで，そうした循環運動を促し，社会的なものを組み直すことに資するものでなければならない。

●もっと詳しく勉強したい人のための文献
ANT は多くの人をひきつけている。社会学や人類学はもちろんのこと，経営学，地理学，会計学，組織論など社会科学全般へとその波紋は広がり，哲学や建築学，アートなどでも広く参照されるようになっている。ここでは，社会学的関心から，なぜ，いま，アクターネットワーク理論なのかを考えるための文献を紹介しよう。

①國分功一郎, 2017,『中動態の世界——意志と責任の考古学』医学書院.
☞私たちは，自分の意志だけで行為していない。極めて常識的な直観である。ある種の社会学は，この「何かに動かされて，動いている」という直観から出発しておきながら，階級やイデオロギーといった「社会的なもの」によって盲目的に動かされていると飛躍してしまう。それに対して，ANT は，そうしたマクロなものを一切説明変数にすることなく，人間と非人間（人間以外のもの）との連関のなかに行為を位置づける。その意味で，ANT は，能動態でも受動態でもない，「中動態の社会学」であるといえよう。

②前田泰樹・水川喜文・岡田光弘編, 2007,『エスノメソドロジー——人びとの実践から学ぶ』新曜社.
☞では，そうした人間と非人間の連関をいかにたどるのか。ANT による解法は「アクター自身にしたがえ」である。行為の源泉がどこまでも不確定ななかで，アクターは事物の連関のなかでさまざまな枠組みを作り出し，「○○に動かされている」などと言って，秩序を作り上げている。外からアクターに一つの秩序を押しつけるのではなく，アクターの営みを丹念に記述しようとする社会学。それがエスノメソドロジーであり，ANT の大きな理論的源泉の一つである。

③ボルタンスキー, L., & テヴノー, L., 2007,『正当化の理論——偉大さのエコノミー』（三浦直希訳）新曜社.
☞しかし，アクター自身にしたがっているだけでは，既存の秩序を再生産するばかりで，今日の分裂と分断を超える秩序は生まれないのではないか。アクターにしたがうば

かりで何も批判しないのが ANT なのか。ANT は新自由主義の手先なのか。そうではない。分裂と分断を超えるために必要なのは，高所からの批判でなく，アリ（ant）の視点から相互を比較可能にすることである。「権力」などのビッグワードを使って全面的な批判を行う社会学ではなく，アクター自身による行為や批判をもたらす事物の連関を地道にたどり，比較可能にし，アクター自身による新たな集合体の組み直しを実現させること。それが ANT であり，このことの意義を明らかにしたのが同書である。

④伊勢田哲治, 2003,『疑似科学と科学の哲学』名古屋大学出版会.
☞果たして，ANT は「科学」なのか。科学社会学に出自をもつ ANT は，科学をこう再定義する。つまり，科学とは，対象の外在性から自らの客観性を獲得するのではなく，いくつもの人間と非人間の連関をつなぐことで客観性を打ち立てようとするものである（実験室の営みは，科学者とともにさまざまな器具，器械などのモノによって成り立っている）。この主張に対して，ANT は「相対主義」ではないかとの批判がなされたが，同書が指摘しているように，そもそも科学と疑似科学に確固たる境界線はない。

【文　献】

伊藤嘉高, 2020,「アリは老いたるモグラを助けるか——アクターネットワーク理論で〈資本〉を発見する」『季刊iichiko』*147*: 83–95.
ガーフィンケル, H., 1987,「エスノメソドロジー命名の由来」ガーフィンケルほか『エスノメソドロジー——社会学的思考の解体』（山田富秋ほか編訳）せりか書房.（Garfinkel, H., 1974, The origins of the term "ethnomethodology," in R. Turner ed., *Ethnomethodology: Selected readings*. Harmondsworth: Penguin, pp. 15–18.）
グレマス, A. J., 1988,『構造意味論——方法の探究』（田島宏・鳥居正文訳）紀伊國屋書店.（Greimas, A. J., 1966, *Sémantique structurale: recherche de méthode*. Paris: Larousse.）
國分功一郎, 2017,『中動態の世界——意志と責任の考古学』医学書院.
清水高志, 2017,『実在への殺到』水声社.
ソシュール, F., 1991,『ソシュール講義録注解』（前田英樹訳）法政大学出版局.（Saussure, F. de, 1957, *Cours de linguistique générale*（*1908–1909*）. *Introduction*（*d'après des notes d'étudiants*）. Edition préparée par R. Godel）
ドゥルーズ, G., 2015,『襞——ライプニッツとバロック』（宇野邦一訳）河出書房新社.（Deleuze, G., 1988, *Le pli: Leibniz et le baroque*. Paris: Éditions de Minuit.）
ラトゥール, B., 1999,『科学が作られているとき——人類学的考察』（川﨑勝・高田紀代志訳）産業図書.（Latour, B., 1987, *Science in action: How to follow scientists and engineers through society*. Cambridge, MA: Harvard University Press.）
ラトゥール, B., 2007,『科学論の実在——パンドラの希望』（川﨑勝・平川秀幸訳）産業図書.（Latour, B., 1999, *Pandora's hope: Essays on the reality of science studies*. Cambridge, MA: Harvard University Press.）

ラトゥール, B., 2008,『虚構の「近代」──科学人類学は警告する』(川村久美子訳) 新評論. (Latour, B., 1993, *We have never been modern* (trans. C. Porter). Cambridge, MA: Harvard University Press.)

ラトゥール, B., 2019,『社会的なものを組み直す──アクターネットワーク理論入門』(伊藤嘉高訳) 法政大学出版局. (Latour, B., 2005, Reassembling the social: An introduction to actor-network-theory. Oxford: Oxford University Press.)

ラトゥール, B., 2020,「批判はなぜ力を失ったのか──〈厳然たる事実〉から〈議論を呼ぶ事実〉へ」(伊藤嘉高訳)『エクリヲ』*12*: 198-230. (Latour, B., 2004, Why has critique run out of steam?: From matters of fact to matters of concern, *Critical Inquiary*, *30*(2): 225-248.)

Akrich, M., & B. Latour, 1992, A summary of a convenient vocabulary for the semiotics of human and nonhuman assemblies, in W. E. Bijker & J. Law eds., *Shaping technology/building society: Studies in socio-technical change*. Cambridge, MA: MIT Press.

Beetz, J., 2013, Latour with Greimas: Actor-network theory and semiotics. 〈https://www.academia.edu/11233971/ (最終確認日：2022 年 4 月 20 日)〉

Greimas, A. J., & J. Courtés, 1982, *Semiotics and language: An analytical dictionary*. Bloomington, IN: Indiana University Press.

Latour, B., 1988, A relativistic account of Einstein relativity. *Social Studies of Science*, *18*(1): 3-44.

Latour, B., 1993, Pasteur on lactic acid yeast: A partial semiotic analysis. *Configurations*, *1*(1): 129-146.

Latour, B., 2004, How to talk about the body?: The normative dimension of science studies. *Body & Society*, *10*(2-3): 205-229.

Latour, B., 2009, Where constant experiments have been provided. Interview, Arch 2 (Spring 2009) 〈https://web.archive.org/web/20130722010710/http://www.artsci.wustl.edu/~archword/interviews/latour/interview.htm (最終確認日：2022 年 4 月 20 日)〉.

Law, J., 2007, Actor network theory and material semiotics (version of 25th April 2007) 〈http://www.heterogeneities.net/publications/Law2007ANTandMaterialSemiotics.pdf (最終確認日：2022 年 4 月 7 日)〉.

Lenoir, T., 1994, Was that last turn a right turn?: The semiotic turn and A. J. Greimas, *Configurations*. *2*: 119-136.

Stengers, I., 1997, *Cosmopolitiques - tome 7: pour en finir avec la tolérance*. La Découverte.

コラム1　ANTの「同盟者」たち：そこに「源泉」は存在するのか？

　アクターネットワーク理論（ANT）の成立や展開に影響を与えたとして言及される論者は，数多く存在する。たとえば，初期の頃から言及されてきた論者としては，哲学者のM.セールと言語学者のA.グレマスを挙げることができる（☞第2章，第3章）。ANTが成立した初期のころから使用され，そのメルクマールともなっている「翻訳」や「アクタン」などの術語が，これらの論者の議論に由来することはよく知られている。

　ANTの三人の主唱者（M.カロン，J.ロー，B.ラトゥール）のなかでも，ラトゥールは，とりわけ多くの論者の名を引き合いに出してきた。まず，エスノメソドロジーで知られるH.ガーフィンケルである。ラトゥールは，ANTを半分グレマス，半分ガーフィンケルと表現してすらいる（☞第3章）。また，社会学者のG.タルドやそのモナドロジーに関する議論への言及も多くみられる（e.g. ラトゥール 2019: 30–36）。

　ラトゥールは，哲学者のA.N.ホワイトヘッドの名にも頻繁に言及する。実際，ラトゥールが使用する「命題」や「分節化」といった術語は，ホワイトヘッドに由来している（命題と分節化については☞第3章，第8章，第9章）。なお，ホワイトヘッドからの影響には，直接的な面だけでなく，I.ステンゲルスを経由した面もある。そもそもステンゲルス自身が独創的な思想家であり，コスモポリティクス（☞第8章）をはじめとする，ラトゥールの議論にとって欠かすことのできない概念を生み出してきた論者である。ラトゥールは，『自然の政治』の謝辞において，同書が恥知らずなほどにステンゲルスから影響を受けているとすら述べている（Latour 2004: viii）。そのステンゲルスが，まさにホワイトヘッドをその思索の源泉の一つとしている。ちなみに，彼女には長大なページのホワイトヘッドに関する著作があるが，英語版の序文をラトゥールが書いている（Stengers 2011）。

　ほかにもラトゥールは，とくに2000年代以降，「政治」について論じる際に，プラグマティズム関連の議論——たとえばJ.デューイやW.リップマンらの議論——に頻繁に言及している（e.g. Latour 2004, 2007）。また，W.ジェームズの多元的宇宙（pluriverse）論も，多文化主義と単一自然主義（☞第8章）の超克という文脈で取り上げられる。

　ラトゥールに着目してみてきたが，ラトゥール以外の論者が良く引き合いに出す名前もある。たとえばローは，M.フーコーを引き合いに出すことが多い。ローの論述からは，自分たちのANT的な議論を，フーコーの思索の延長線上に

位置づけていることがうかがえる（e.g. Law 1991, 1999, 2006）。ローは，ANTの物質的記号論を，フーコーの仕事を引き継ぎながら，さらに発展させたものだという趣旨のことを書いているのである（Law 1999: 4, 2006: 88）。ところで，ポスト構造主義と一括されることの多い論者たちのなかで，ANTと結び付けられることが多いのは，ドゥルーズ（とガタリ）である。ANTを，ドゥルーズとガタリのリゾーム概念をもちだして，アクタン・リゾーム存在論と呼ぶべきだと述べた論者もいるという（Latour 1999: 19）。

　かなり矢継ぎ早に名前を並べてきたが，これでもまだほんの一部である。他にも，本書のなかで適宜触れているように，L. ボルタンスキーやD. ハラウェイなどをはじめ，数多くの論者が（正直，節操がないと思えるほどに）ANTの形成に影響を与えた論者として言及されている。

　本書は一応，「テキスト」という体裁をとっているので，ここで最後に，次のような疑問に答えておくことにしたい。すなわち，ANTを知りたいと思ったなら，「以上で挙げたような論者はすべて網羅して読み込んでおく必要があるのか」という問い，あるいは「ANTを知るに先立ってまずどの論者の議論からふまえておくべきなのか」という問いである。さまざまな立場がありうる。しかし少なくとも著者としては，そうした問いを，まず捨てることを勧めたい。

　本書が「はじめに」で触れているように，ANTはあくまでも運動体なのだということは常に意識しておく必要がある。これまでANTは，数々のテーマに取り組み，さまざまな記述を生み出してきた。そうするなかで，その都度，必要な「同盟者」をみつけ，連携を生み出してきた。その結果こそが，以上のような「つながり」の多さなのである。つながりを増やせば増やすほど実在はより強固なものとなる——これは本書の諸章にて繰り返しあらわれるANTのテーゼの一つである。ANT論者たちは，まさにそれを証明するかのごとく，ANTそのものの実在を構築してきたといっていい。要するに，その関係は，かなりプラグマティックなものなのである。

　なので，すべて読んでANTを理解するであるとか，もっとも重要な源泉からANTを捉えるなどといったことを考えるよりも，「はじめに」で示している本書の戦略，つまり，自分の関心に合わせて，実際に行われてきた研究を確認し，それに連なっている多様な要素を芋づる式に辿っていく，という戦略をとることを推奨する。要するに，必要に応じて後から読めばいい。これは，それなりにANTに親しんだものからすると割と当たり前のことかもしれない。しかし，これから取り組もうとしているものからすると，案外重要な点である。というのも，私自身が，途方に暮れた経験があるからである。

（執筆者：栗原　亘）

【文　献】

ラトゥール, B., 2019,『社会的なものを組み直す——アクターネットワーク理論入門』(伊藤
　嘉高訳) 法政大学出版局.(Latour, B., 2005, *Reassembling the social: An introduction to
　Actor-Network-Theory*. Oxford: Oxford University Press.)

Latour. B., 1999, On recalling ANT, in J. Law & J. Hassard eds., *Actor network and after*. Oxford:
　Blackwell, pp. 15–25.

Latour, B., 2004, *Politics of nature: How to bring the sciences into democracy* (trans. C. Porter).
　Cambridge, MA: Harvard University Press.

Latour, B., 2007, Turning around politics: A note on Gerard de Vries' paper. *Social Studies of
　Science, 37*(5): 811–820.

Law, J., 1991, Power, discretion and strategy, in J. Law ed., *A sociology of monsters: Essays on
　power, technology, and domination*. London and New York: Routledge, pp. 165–191.

Law, J., 1999, After ANT: Complexity, naming and topology, in J. Law & J. Hassard eds., *Actor
　network and after*. Oxford: Blackwell, pp. 1–14.

Law, J., 2006, Networks, relations, cyborgs: On the social study of technology. S. Read & C.
　Pinilla eds., *Visualizing the Invisible: Towards an urban space*. Amsterdam: Techne Press,
　pp. 84–97.

Stengers, I., 2011, *Thinking with Whitehead: A free and wild creation of concepts* (trans. Michael
　Chase). Cambridge, MA: Harvard University Press.

第1部

第2部

第3部

第2部
実践編

第2部の各章では，「科学」「技術」「経済」「法」「政治」（および「近代」）
といったテーマを取り上げ，ANT 的な研究事例を紹介する。これらのテーマは，
今日も引き続き重要であり，国内における具体的な研究の展開も待たれている。

　まず第4章では，「科学」に対する ANT 的アプローチの事例を紹介する。サ
イエンス・スタディーズから出発した ANT にとって，「科学」は中心的なテー
マであり続けてきた。第1部第2章でも，サイエンス・スタディーズにおける
ANT の位置づけについて簡潔に触れているが，本章では，ANT の視点が，他の
アプローチとどう異なっているのかについて，より具体的な紹介を行なってい
る。

　第5章で扱うのは「技術」である。これもまた，「科学」と並び，ANT におい
て初期の頃から取り上げられてきた代表的な主題である。取り上げるのは，今
日ではもはや ANT における古典の一つといってもよい B. ラトゥールによる自
動運転地下鉄プロジェクトに関する事例研究と，最近の研究例である H. ミア
レの『ホーキング Inc.』である。本章ではこれらの研究を取り上げ，技術に対
する他の代表的アプローチである技術の社会的構築（SCOT）との比較も交えな
がら，ANT 的な分析の特徴と利点を提示している。

　第6章では「経済」に関する ANT 的な研究の例を紹介する。経済領域におけ
る ANT 的な研究は，「遂行性アプローチ」とも呼ばれている。本章では，この
「遂行性アプローチ」を牽引している論者である M. カロンと D. マッケンジー
の議論を中心に取り上げ，その特徴と射程について解説している。

　第7章で扱うのは「法」への ANT 的アプローチである。ラトゥールの『法
がつくられているとき』を取り上げながら，ANT 的な観点から「法」がどのよ
うに論じられるのかについて解説している。ここでは，ANT をふまえたうえで
ラトゥールが近年展開している新たな研究プロジェクトである「存在様態探求
（AIME）」の一端も示されることとなる。

　第8章のテーマは「政治」である。ここでは，ANT 的な発想から「政治」が
どのように捉え直されるのかについて，とくにラトゥールが 1990 年代から展
開してきた「近代」をめぐる議論を参照しながら解説する。原理論的な議論が
中心となるため，他の諸章が取り上げる経験的なケーススタディと比べるとか
なり抽象的な内容となっているが，これもまた，紛れもなく ANT 的な視点から
なされた研究事例の一つである。なお，「近代」に関する議論は，第7章および
第3部第 10 章で扱うラトゥールの「存在様態論」の基礎にもなっている。

04 ANT と科学

史料分析と参与観察に基づく
科学観・科学者観の更新

森下　翔

　1980 年代頃に登場し，その後発展してきたアクターネットワーク理論（Actor Network Theory, 以下 ANT と略記）は，現在の時点から振り返ってみると，1. 科学についての理解を，2. 科学実践の歴史的事例の分析および参与観察に基づいて更新あるいは複数化するという研究実践の一環であったといえる[1]。

　サイエンス・スタディーズの学説史[2]を論じる文脈において，ANT とは，事実上この研究実践における一つの「学派」を指し示す言葉として用いられる。1970 年代〜 1990 年代のサイエンス・スタディーズ界隈では，科学的知識の社会学（Sociology of Scientific Knowledge；以下 SSK と略記），ANT，エスノメソドロジーなど，複数の「学派」と呼べるものが存在していた。ANT の主唱者としてしばしば名前の挙がる M. カロンや B. ラトゥール，J. ローラは，自らの科学実践に対するアプローチを他の党派と差異化し，その新奇性を強調することによって，アイデンティティを明確にしていった。

　ANT が台頭した頃，科学や科学者という言葉が意味する内容については，研究者の間に共通の見解があると考えられていた。また，科学社会学者のスティーヴ・ウールガーが，1988 年に「現代の思考の最も特筆すべき特徴の一つは，科学についての観念が変化したその度合いである」（Woolgar 1988: 9）と述べたように，1980

---

1) 本章ではもっぱら議論を ANT における経験的な科学研究に焦点を絞り，ラトゥールによる西欧近代科学の批判についてはほとんど扱わない。後者に関してはとくに（ラトゥール 2007; 2008; Latour 2004）を参照せよ。また，2000 年代以降のラトゥールは，科学理解についてイサベル・ステンゲルスの著作を頻繁に参照している。ステンゲルスによる科学論の代表作としては Stengers（2000）を参照せよ。

2) 1970 年代以降に創始された，学際的なサイエンス・スタディーズの歴史については金森（2002）を，1970 年代以降の科学社会学とそれ以前の科学社会学の関係についてはリンチ（2012: 57-138）を，それぞれ参照せよ。

年代ごろには，多くのサイエンス・スタディーズの研究者が哲学・社会学・歴史学といった分野を超えて，この「共有されている科学観との対決」という課題に対して意識的であった。ここではまず，科学社会学者マイケル・マルケイが，「標準的科学観」として要約した理解をベースに（マルケイ 1985: 49-53），当時共有されていた科学観について素描する。論点は異論の余地のあるものからないものまで多岐にわたるが，ここでは主として本章で論じる ANT の基本的な論点と関係する事柄についてのみ，述べることとする。

　科学および科学的知識の描像について。科学という活動が単一の，統一的な活動である（べきだ）という認識がとりわけ強調されたのは，20 世紀の前半のことである。科学とは人間という種に固有の知的活動であるとされ，その模範は，この時期に著しい発展を遂げ，人類の世界観の転換を成し遂げた物理学に求められた。このころ，科学は次のように考えられていた。それは演繹や帰納といった論理的な手続きを用いて知識を生産・拡大する営みである。自然は絶え間なく変化しているようにみえるが，その背後には斉一性が存在している。この斉一性は，人間の歪曲のない公平な観察のもとで，自然法則という人間の知識となる。法則の「発見」は，コロンブスによるアメリカの「発見」と同じように，その対象が「すでにそこに存在し，あらわにされることを待っている」ものと考えられている。発見された科学的事実は，自然言語や数学などの人工言語によって，言語的に「表現」される。科学的知識は経験的証拠に直接に根ざしているために，それを発見した科学者集団はもとより，人間社会そのものから独立したものとして存在している。それゆえ，科学者の社会的属性は科学的知識に影響を与えることはない，とされる。

　科学者の描像について。標準的科学観において，自然科学者は，自然界の客観的な知識を追究する存在であると捉えられてきた。知識社会学の祖カール・マンハイムは，物質世界の諸現象とその関係についての知識は「公平な，偏見のない観察によって，あるいは感覚的与件への信頼と正確な測定によってのみ」手に入れることのできるものであると述べている（マルケイ 1985: 32-33）。科学者の研究共同体は，その成員の研究に対し偏見や非合理性などの歪曲要因を低減させるような社会的性格を有している。たとえば科学社会学者のロバート・マートンは，科学の目標を「確証せられた知識の拡大」と規定したうえで，科学が有する四つのエートスについて述べている（マートン 1961: 506）。科学社会学の世界では，それらのエートスの頭文字をとって，「Martonian CUDOS」としてよく知られている。科学的知識は社会的協働の所産であり，その成果は共同体に帰属するとする「公有性」

（Communalism），科学の真理は科学者の個人的・社会的属性に左右されるべきではなく，観察とすでに確認ずみの知識に一致すべきという基準に従うべきであるという「普遍主義」（Universalism），同僚を出し抜こうとすることなく協力するべきであるという「利害の超越」（Disinterestedness），そして「事実が手中におかれる」までは判断を差し控え，信念を経験的，論理的基準に照らして客観的に吟味すべしとする「系統的懐疑主義」（Organized Skepticism）である。

　ANT はこうした科学観・科学者観を更新することに寄与した一つのアプローチであるが，この研究プログラムの嚆矢としてたびたび言及されるのは科学史家トーマス・クーンの『科学革命の構造』である（金森 2002; ハッキング 2015; リンチ 2012: 58 など）。クーンは，科学観・科学者観を歴史的事例の分析に基づいて転換するという課題にきわめて意識的であった（クーン 1971: 1）。『科学革命の構造』のあと，多くの人文・社会科学者が彼の課題を三者三様の仕方で引き継いだ。そのアプローチには，独自の自然主義と呼ばれるアプローチを標榜した SSK，あるいはANT やエスノメソドロジーなど，複数の「学派」が存在した。本章では，初期のANT の概念のうち，ANT が自らを他の党派と差異化する要点とした概念としての「翻訳」を紹介し，また初期の文献の要点などについて簡単に解説する。

1 論争する科学者たち：ANT 前史

　先述したように，20 世紀前半の英米系の科学哲学は物理学や数学基礎論の発展とともにもたらされた。マルケイが標準的科学像と呼び習わしたものの形成もまた，20 世紀前半の論理学・物理学の発展に多くを負っている。たとえば 20 世紀前半の科学哲学を担ったウィーン学団のマニフェストには，エルンスト・マッハらをはじめとする物理学者の影響が記されている（ノイラート 2017）。あるいは科学と非科学の境界設定を論じた科学哲学者カール・ポパーは，フロイトやマルクスら（および，とりわけその支持者ら）の教条的態度を，彼が真の科学的態度をもつと考える物理学者アルベルト・アインシュタインの態度と区別するべきであると考えた，と自伝において述懐している（Popper 1974: 38–39）。

　科学の歴史や実践が科学像や科学者像の更新の元手であるならば，時の経過による科学実践の変容は，科学像の変容をもまた帰結する。ポパーやクーンの時代には物理学が科学の典型例であったが，ANT が創始された 1980 年代には生化学や生物学が目覚ましい発展を遂げていた。『科学革命の構造』が刊行された 1962 年はまさ

に，フランシス・クリックとジェームズ・ワトソン，モーリス・ウィルキンスが核酸の分子構造とその生体内での情報伝達の重要性についての発見によって，マックス・ペルーツとジョン・ケンドリューが，球状タンパク質の構造研究によって，それぞれノーベル賞を受賞した年でもあったと，科学哲学者のイアン・ハッキングは指摘している（Hacking 2012）。

DNA の二重らせん構造を発見した科学者のひとりであるワトソンによって 1968 年に刊行された自伝『二重らせん』（ワトソン 1986）に描かれた，自身の利害を隠すこともなく名誉欲にまみれ，ロザリンド・フランクリンをはじめとする同僚を出し抜くワトソン自身の姿は，すでに当時の「標準的科学観」を揺るがす科学者のイメージを提示するものだった。邦語版の訳者のひとりである生命科学者の中村桂子は，「ライバルを想定し，一つの大きな目標へと突進するというワトソン，クリックらの研究態度は，日頃「科学の本質は競技ではない。早く発見したからといって誇ることが大切なのではなく，科学の体系を世界の科学者が力を合わせて発展させることが大切なのである」としている私の好むところではなく，またできることでもない」（ワトソン 1986: 241-242）と述べている。この中村の言葉は，ワトソンやクリックが「公有性」や「利害の超越」という規範に違反しているように思われることへの当惑として読み取ることができるだろう。

当代一流の科学が激しい論争に彩られていたことは，1970 年代の科学的知識の社会学と呼ばれる学派に属する科学社会学者たちが，標準的科学観のもたらす「発見する科学者」とでもいうべきイメージとは異なる，まるで政治家のように「論争する科学者」というイメージを生み出したことと無関係ではないだろう。この科学観のもとでは，それぞれの科学者，あるいは特定の科学者集団は自らの利害関心（interest）[3]　をもち，他の科学者集団を打ち負かし，自らの成果が覇権を握るように尽力する[4]。このような科学観を持つ研究動向は論争研究（controversy studies）と呼ばれてきた（e.g. ギルバート・マルケイ 1990）。ANT は先行するこのような論争研究を批判的に継承しつつも，差異化することで自らのアイデンティティを確立してきた。それゆえ，ANT の科学観の特徴を把握するにはまず，論争研究における科学観の特徴を理解する必要がある。

3）SSK の利害関心概念の理解の詳細については Barnes（2015）を，利害関心と知識の間に因果関係を仮定するモデルへの批判は Woolgar（1981）を参照せよ。

4）金森（2000: 205-287）は，主要な論争研究についてその概要を紹介している。

　論争研究の代表例として，SSK の代表作の一つであるドナルド・マッケンジーの論文（Mackenzie 1978）をここでは取りあげよう。マッケンジーはイギリスにおけるカール・ピアソンとジョージ・ユールの，統計学における（今でいうところの）名義尺度[5]の相関係数に関する論争についての論文を書いている。1900 年頃までに間隔尺度の相関係数を求める方法を確立した統計学者たちは，名義尺度についても相関係数の考え方を応用し，「連関係数」と呼ばれるものを打ち立てることを試みていた。1900 年，ピアソンとユールは，二つの名義尺度の変数の間に，今日それぞれ「四分相関係数」および「ユールの Q」として知られる係数の計算法を考案することでこの問題に答えた。

　マッケンジーによると，ユールの考案した係数はピアソンの係数よりも単純である。それは何ら特別な仮定を必要とせず，名義尺度の変数の各値を用いて，完全な正の連関がある場合には 1，全く連関がない場合には 0，負の連関がある場合には -1 を取るように設定した係数である[6]。ユールはまた，これら三つの性質を満たす，「積和係数（現在では φ 係数と呼ばれている）」と「結束係数」という二つの異なる係数も考案した。ピアソンの係数はユールのものに比べると「はるかに厳密だがより不安定な（a much tighter but more precarious）」理論的仮定に基づいているとマッケンジーはいう（Mackenzie 1978: 39）。ピアソンは，データとして得られている二つの名義尺度の変数の背後にそれぞれ連続な分布（正規分布）をもつ確率変数を仮定する。さらにこの変数に特定の閾値を設定し，この閾値が名義尺度の境界を決定していると仮定する。ピアソンは，これらの変数の間の相関係数を，名義尺度の値から推定するという考え方をとる。

　1905 年以降，両者の間に論争が生じる。論争を仕掛けたのはユールの方だった。

5）何らかの対象を分類するにはそのためのものさし，すなわち尺度が必要になる。心理学者のスタンレー・スティーヴンズは，この尺度を「名義尺度」「順序尺度」「間隔尺度」「比率尺度」の四つに分類した。より詳しい説明は統計学の教科書（たとえば，東京大学教養学部統計学教室（1994: 303–305））を参照せよ。

6）具体的には，以下のような 2*2 のクロス表について：

	B_1	B_2
A_1	a	b
A_2	c	d

$$Q = \frac{ad - bc}{ad + bc}$$

として定義される。この定義は先に挙げた性質を満たしている（Mackenzie 1978: 38）。

彼は観察されている名義尺度の変数の背後に連続な変数があるという仮定に疑義を投げかけた。たとえば二つの名義尺度の変数——マッケンジーの例では「ワクチンを注射している／していない」と，「生存する／死亡する」——を考えてみよう。ユールの考えでは，こうした変数は本性として離散的であり，「より多く死亡している」とか「より少なく死亡している」といったような形で，背後に連続的な分布を持つ変数が存在すると想定しうるようなものではない，とされる。

ピアソンはユールのこうした主張に対し，同じデータに対してもユール自身の考案した複数の係数がそもそも食い違う場合（たとえばユールのＱで計算する場合には高い連関があることが示唆されるのに，積和係数ではほとんど連関がないことが示唆される場合）があることや，閾値の設定の仕方によってはピアソンの仮定にしたがって計算された相関係数をユールのＱでは正しく見積もれない場合がある（つまり，実際に得られているデータの背後にこうした確率変数が存在していると見積もりうる場合には，ユールのＱではその相関を見積もることができない）ことなどを示して反論した。

さて，こうした「論争としての科学」の記述の特徴について考えてみよう。第一に，「論争としての科学」においては複数の科学者ないし科学者集団が登場する（マッケンジーの論文においてはピアソンとユール）。標準的科学観においては，科学は帰納や演繹といった論理的手続きへと還元され，科学者は均質な方法や特性を有し，共有された知識をもつ人びととして理解されてきた。他方論争研究では，それぞれの科学者（集団）の特徴や科学者（集団）間の差異に焦点が当てられている。

第二に，この複数の科学者（集団）は，科学における同一の問いをめぐって異なる主張をしているものとして描写される。もし「名義尺度の相関係数」が既に確立された科学の生産物であるとすれば，私たちはその公式を定義として学ぶことになるだろう。しかし，ピアソンとユールの時代には，それは作動中の科学（Science in Action）のなかにあり，どちらが（あるいはどちらも）妥当な係数であるのかについての合意（agreement）は（お互いに，また科学者共同体のレベルでも）存在していなかった。彼らは互いに自らの正しさを信じ，また相手の係数を誤っているものとして，自らの提唱する係数を正統なものと主張したのである。

名義尺度の連関の概念は連続的な変数についての相関概念のアナロジーで考案されたものであるが，「作動中の科学」においてはそれを具体的に概念化するやり方には少なくともある程度自由に考慮する余地があることを，ピアソンとユールの事例は示している。では，そのような自由度のある状況下で，概念化の仕方は一体ど

のような要因によって規定されるのだろうか。SSK では，それを制約する要因こそ，科学者の「利害関心」であるとされた。

　たとえばマッケンジーはこの論文で，ユールとピアソンの定式化の違いに認識的利害関心（cognitive interest）が大きな役割を果たしていると述べる。ここでいう認識的利害関心とは，簡単にいうと「ある理論をどのように応用するために発展させるのか」ということ，すなわち研究の「目的」のようなものである（Mackenzie 1978: 48）。マッケンジーは，ピアソンの認識的利害関心として彼が傾倒していた優生学への応用を挙げる。ユールの単純な定式化に比べると，一見ピアソンの定式化は複雑で動機がわかりにくい（とマッケンジーはいう）。しかし彼にとって四分相関係数は，優生学に基づいて進化プロセスを制御するための道具であり，ユールのような素朴で直感的な係数の定義では，この目的に十分適った係数とはならなかった。（ピアソンの観点からは）ユールの Q は名義尺度の閾値の取り方に依存する値なので，すでに取られていた身長などの間隔尺度に基づく相関係数と比較することが困難であったためである。このように，ある概念をどのように定式化するかをめぐっては，その定式化の目的や利害関心を切り離して論じることはできないということを論争研究は示そうとする。

　論争研究の重要な論点としてはまた，科学論争はいかにして終結（closure）し，合意が形成されるのかという問いがある（ラウダン 2009: 23）。ユール – ピアソン論争の場合，論争が実質的に話題にならなくなったのには，二つの要因がかかわっていたという。1. 第一次世界大戦後優生学が下火になり，ピアソンの問題関心の重要性が薄れたこと。2. フィッシャー[7] の統計学が興隆したことで，連関係数よりも分散の分析に重点がおかれるようになったこと。しかし，マッケンジーによれば結局連関係数をめぐる論争は完全には終結しなかった。現代では，連関の測り方は「手元の問題にふさわしいかたちで慎重に構築する」べきであるとされ，複数の測り方が存在することが当然視されるようになったのである。マッケンジーがこの論文を書いた 1978 年時点では，ユールの Q は今日社会学者を中心に，ピアソンの四分相関係数は心理測定の分野においてそれぞれ用いられるようになったのである[8]。

7）フィッシャー自身優生学者として知られているものの，彼の統計学を動かしていた認識的利害関心は優生学よりも農学における実験であったとマッケンジーは書いている。

8）論争を終結させる要因については，論争研究の代表的論客のひとりであるハリー・コリンズによる「実験者の無限後退（experimenter's regress）」（Collins 1985）と呼ばれる議論が有名である。概要と異論の存在については伊勢田（2001: 176–181）を参照のこと。

2 「翻訳」する科学者たち：カロンによる科学記述

ANT の科学観や科学者観は，SSK に代表されるこうした「論争としての科学」における科学観や科学者観とどのように異なるのだろうか。ANT の主唱者のひとりであるカロンは，1986 年刊行の論文「翻訳の社会学のいくらかの構成要素」において，自らのアプローチを明確に定式化した（Callon 1986; 以下「ホタテガイ論文」）。カロンによる「翻訳する科学者」という科学者観は，SSK の「論争する科学者」という科学者像を批判的に継承するものである。「翻訳」は，ANT を代表する重要概念であるが，ホタテガイ論文においてそれは，論争研究において変化しないものとされていた「利害関心」が変化するプロセスのことを意味していた[9]。第二に，カロンの研究は科学における合意形成の過程を説明するモデルでもあるという点でも，論争研究の問題意識を継承するものであったといえる。カロンは，自らの論文がどのようにして論争が生じ，また終結するのかという問題に対する解答を与えるものであることを明言している（Callon 1986: 79）。

1980 年代，フランスではホタテガイの養殖技術が確立されていなかった。日本への出張で日本に養殖技術が存在していることを知った三人の科学者は，自らの地域でこれが適用可能かどうかを確かめようとする。当時フランスではホタテガイの消費量が増加していたが，水揚げ可能な三ヶ所の漁場——サン・ブリュー湾，ノルマンディー湾，ブレスト——のうち，ブレストでは乱獲を理由としてホタテガイの漁獲が困難になっており，サン・ブリュー湾でも漁獲量が減少していた。

カロンの事例には，マッケンジーの研究のように対立する複数の科学者は登場しない。登場するのは目的を共有する三人の科学者である。論争研究で強調される複数の科学者の利害関心の対立の代わりにホタテガイ論文で強調されるのは，ホタテガイの養殖技術やホタテガイについての新奇な知見に，当初はこの三人の科学者以外の誰も関心を払っていないということである。純粋な知的問題にしか興味のない科学者の同僚たちは，養殖技術という実用的な技術に対する関心が薄い。短期的な利益に関心をもつ漁師たちは養殖という面倒なことをするよりは乱獲に手を出すほうが手っ取り早いと考えている。問題は，他人が興味をもちそうにもない興味関心

---

9) カロンが英語文献においてこの概念を初めて提出したのは 1980 年（Callon 1980）である。1982 年に，カロンとローは SSK の研究に対するコメンタリーを書いているが，ここで彼らは SSK が利害関心を固定的なものとみなしていることを批判し，その可変性について論じている（Callon & Law 1982）。

をもつ人びとが，別のことに興味をもつ人びとを，どのようにして仲間に引き入れることができるか，ということである。

　三人の科学者は策略を練る。すべてのアクターがこの問題に関心をもつためにはどうしたら良いのか。重要なことは，関係者すべてが自らの問題として取り組むことのできる課題を設定すること（problematization；問題化）である。漁師たちは長期的な利益に目を向ければ養殖の重要性に気がつくかもしれない。科学者の同僚は，三人の研究者の研究がホタテガイの生態について新奇な知見をもたらすことを理解すれば，研究に同意するかもしれない。まずはそのような計画を練り，課題を設定することで，諸アクターを巻き込む準備をすることが科学者の第一の課題である。

　しかし課題を設定しただけでは，それは画にかいた餅である。実際に人やモノを課題に巻き込むためには，そのための仕掛けをつくらなければならない——仕掛けをつくること（interessement）が翻訳の次の段階である。たとえば漁師たちにホタテガイの漁獲量の減少の原因が乱獲によるものであることをレクチャーし，実際に彼らの関心を長期的利害の方に向けさせようとする。科学者の同僚に対しては，学会発表や出版物をつうじてホタテガイの知識の欠如について周知を促す。ホタテガイの養殖を成功させるためには，もちろんホタテガイを巻き込む仕掛け，すなわち稚貝を捕食者から守り，安全に成長させるような採苗器をつくることも不可欠である。

　仕掛けがうまく働けば，（ホタテガイを含む）関係者たちは巻き込まれ（enrolment）る。仕掛けは作るだけでは機能しない。それをうまく働かせ，抵抗する人やモノを巻き込むためにはなお多くの「交渉（negotiation）」が必要である。科学者の研究は，意のままにならぬホタテガイとの「交渉」の過程として描写される。稚貝が安定して採苗器に付着し成長するために，科学者は試行錯誤を積み重ねる必要がある。また彼らの研究に新奇性がないのではないか，ということを疑っている科学者たちには，学会の発表などをつうじて自らの研究の重要性を納得させる必要がある。これもまた同僚との「交渉」である。

　「巻き込まれること」の段階で巻き込まれているアクターは少数に過ぎない。動員をかけること（mobilization）が翻訳の最後のステップである。「動員」という言葉には，特定の目的に向けて集団に集合的な行為を取らせるよう組織し促進すること，という意味がある。これらのアクターを，民主的投票や統計的手段を用いて，他の大勢のアクターの「代表」とすることによって，多数のアクターを巻き込むプロセスが「動員」である。

カロンがここで描いている科学者の姿は，困難に直面してはその困難を乗り越えるために自らの問題設定を柔軟に変化させ，必要な合意を取り付けることで，大勢の人びとを動かす実業家のようである。つまるところ，もともと三人の科学者のなすことにまったく関心をもっていない人びとの関心を変化させ，自分たちが行なっていることを通過しなければ彼らの目標を達成することができないようにすること，すなわち利害関心の翻訳が，科学者が行なっていることなのであるとカロンは考える[10]。

論争研究との異同について考えると，カロン流の ANT が切り取っている科学の特徴というものがはっきりするだろう。カロンは論争研究から利害関心というキー・コンセプトをそのまま引き継いでいる。しかし論争研究では，利害関心がいかにその科学者の有している知識のあり方と関係しているかということに関心を抱き，その相違から生じる論争を問題とするのに対し，ANT の関心は，科学者たちの利害関心が交渉の過程でいかに変化するかということ，そして関心を柔軟に変化させることで人やモノとのネットワークを形成しながら，最終的な「科学的事実」がいかにして集合的なものとして成立するのか，ということにある。

3 『戦争と平和』と科学の過程：ラトゥールによる科学記述

カロンのホタテガイ論文を明確に SSK の批判的継承として位置づけることができるのとは対照的に，ラトゥールの『フランスのパストゥール化』（以下『パストゥール化』）は，SSK を代表とするそれまでの科学社会学から独立することを志向しているようにみえる。『パストゥール化』は，彼の出世作である『ラボラトリー・ライフ』（ラトゥール & ウールガー 2021）において示された科学民族誌の方法論と，その後彼が傾斜を深めていくより哲学的な科学論の過渡期に位置づける著作であり，文学的-民族誌的記述と科学についての抽象的な洞察とが同居した，奇妙にして独創的な作品である。先行するラトゥールとウールガーの共著『ラボラトリー・ライフ』では，マートンやブルデューといった従来の社会学を批判的に継承する議論が展開されるのに対して[11]，『パストゥール化』では，従来の英米系の

---

10) Callon（1986）に提示された翻訳の各契機についての各論としては，「課題を設定すること」に関して（Callon 1980），「巻き込むこと」について（Callon & Law 1982）も参照されたい。

科学哲学や科学社会学の諸前提とは大きく異なる記号論的形而上学が示される。

　『パストゥール化』の仏語原題（Les microbes: guerre et paix suivi de Irréductions）を直訳すれば，『微生物——戦争と平和，そして非還元』となるだろう。その原題のとおり，ラトゥールは『パストゥール化』において，自らの仕事をレフ・トルストイの『戦争と平和』のアナロジーのもとで捉えている。すなわち彼は，優れた文学作品と記号論に基づくその批評という形式，またトルストイ自身の歴史に対する見解を参考にしながら，科学の事例の分析方法を確立しようとしている[12]。

　『戦争と平和』はナポレオン戦争を扱った歴史群像小説である。ラトゥールはまずナポレオンのロシア遠征の描写に焦点を当てる。ロシアの将軍クトゥーゾフはタルーチノの戦いでフランス軍を撤退へと追い込んだ。しかしその勝利は，クトゥーゾフの名采配や士気の高い軍隊による勝利としては描かれない。それどころか，トルストイはクトゥーゾフが自ら従事する作戦を無意味なものと考え，常に戦闘を躊躇う存在として描いている。さらには，戦闘の当日になっても行進の命令を受けていない混乱した軍隊の姿を描写している。そこでは作戦や命令の機能不全と，にもかかわらず得られた「勝利」という結果の偉大さのコントラストが強調されている。「タルーチノの戦闘は，明らかに，作戦命令にしたがって規則的に諸部隊を戦闘に投入するという［略］目的を達しなかったし，［略］戦闘に参加して殊勲を立てることを望んでいた士官の目的も，もっと獲物を手に入れようと欲を出したコサックの目的も，いずれも果されなかった。しかし，目的が，現実に行われたことと，当時のすべてのロシア人の共通の願いであった，フランス人をロシアから駆逐し，フランス軍を撃滅することとにあったとしたら，タルーチノの戦闘こそは，ほかならぬその愚かしさのために，戦争のその時期に必要とされていた，まさにそのものであったことが，完全に明白となるであろう」（トルストイ 2017: No.1926–1938）。

　ラトゥールは，トルストイの歴史の描写法から，歴史的事例の記述について数々の教訓を導き出し，そこから ANT における科学記述の規範を打ち立ててゆく。た

---

11) したがって『ラボラトリー・ライフ』は，ラトゥールの著作の中でも前 ANT 的な著作として分類される場合が多い（cf. 福島 2017）。本章もこの分類に従っている。

12)『パストゥール化』において，ラトゥールはトルストイを自らの「替えのきかないお手本」（Latour 1988: 111）と呼んでいる。『戦争と平和』のアナロジーはあきらかに枢要な役割を果たしており，ANT における「非還元」の概念を説明するうえで言及することが不可欠であるように筆者には思われるが，ANT の理解においてこの点はあまり強調されてこなかったようにも思われる。

とえばトルストイはリーダーや戦略，命令といった概念を永遠に書き換えたとラトゥールは述べる。トルストイはいう。「もし歴史家，とりわけフランスの歴史家によって我々に与えられた説明が，彼らの戦争を事前に規定された計画に従うものとしているなら，引き出すべき唯一の結論は，その説明は正しくないということである」（Latour 1988: 4 より再引用；訳文は筆者による）と。同じことはフランスの科学史家の描くパストゥールの歴史についても言える，とラトゥールはいう。パストゥールの友人アンリ・ブレは，パストゥールが炭疽病ワクチンの効能をデモンストレートしたプイイ・ル・フォールの農場での実験について，パストゥールが完璧な計画を立て，その計画に厳密に従って彼が自分の弟子や助手に羊の世話をさせることで，実験が成功したかのように描いている。しかしトルストイに従えばそのような説明は誤りだ。私たちが史料から知ることができるのは，多くの人びとがそこに参与し，意図をわずかに翻訳し，それが彼らを羊のワクチンの検証を行うために村に向かわせた，という事実だけである（Latour 1988: 5）。どんな「計画」も，そのプロセスが具体的にどのようなものであるかを説明することはない。

　しかしこれまでの科学の事例研究では，科学の結果を科学者の実験計画や利害関心といった，何らかの原因となる概念に還元することで描いてきた。問題はこうした概念を用いることなく，過程としての科学——それは実際には特定の領域に還元されうるようなものではなく，科学も宗教も政治も関係している——を描く方法論をわれわれが有していないことにある。ラトゥールはそう考える。

　そうした記述を可能にするためには，一方に利害関心があり，他方に科学的成果があるといった因果関係を前提とせず，異なる前提から出発しなければならない。そう考えたラトゥールは，アルジルダル・グレマス流の記号論を援用しながら，史料に基づいて科学の過程を追跡するという方法論を提案する。分析者の仕事は，ただ登場する諸アクターの変化を追跡することであるとラトゥールはいう（Latour 1988: 10）。

　こうした記述は，これまでの科学史がその偉業をひとりの科学者，ないし数人の科学者に還元する聖人伝的記述に対する批判でもある。論争研究もその性質上，主役を特定の科学者ないし科学者集団に限定する。カロンのホタテガイ論文も，翻訳を行なっているアクターは三人の科学者であるという点では，この批判に当てはまってしまうだろう。『パストゥール化』はどうか。ラトゥールもパストゥールというひとりの「偉人」を扱っているようにみえるが，実際には「フランスのパストゥール化」は集合的な現象なのだとラトゥールは考える。

　トルストイはいう。「長いこと個人についての歴史——カエサルのものであれ，ア

レクサンドロス大王のものであれ，ルターであれヴォルテールであれ——は書かれてきたが，その出来事にかかわったすべての人びと——文字通りすべての——人びととの歴史というものは書かれてこなかった」(Latour 1988: 14 より再引用：訳文は筆者による)。トルストイの顰（ひそみ）に倣えば，科学における事跡の達成は，ひとりひとりは小さな力しかもたない諸アクターによる集合的な達成として描かれなければならない。そうして彼は，カロンと「翻訳」を中心とする問題構成法を共有しながら，「必須の通過点」や「試験」などの ANT の重要概念を導入しつつ，聖人伝的記述のなかでパストゥールの偉業とみなされてきた多くの出来事を集合的効果として描きなおすのである。ラトゥールはこのようなプログラムの哲学的考察と称し，第二部で，自らの研究プログラムを「非還元」のプログラムであると位置づけ，その前提となる形而上学を提示している[13]。

　ラトゥールは，事例において生じている多様な出来事を，何らかの少数の変数に還元することにより説明することを批判する。かくして ANT は，一方では自らを SSK と連続的な系譜に位置づけながら（カロン），他方では SSK とはまったく異なる記号論の文脈に自らを定位することとなった（ラトゥール）。そのあいまいさも手伝ってか，彼らはその後自分たちのやり方を常に釈明する必要に迫られることとなった[14]。

4　非人間の働きかけ

　標準的科学観においては，科学は「人間」の活動様態の一つであるということが

---

13) ラトゥール自身による鍵概念の精緻化については第 3 章を参照。Akrich & Latour (1992) は ANT の用語集を提供している。また，ラトゥール（2007: 395-405）にも異なる用語解説が提供されている。なお人類学者の久保明教は，ラトゥールが非 - 還元の原理について「何事も他の何物かに還元可能であることはない」ということに加えて「還元不能であること」もない，と主張している点に注目している（久保 2019: 54-59）。この言葉は，単に事物が還元されるという事態の存立可能性を否定するのであれば，その否定形はナンセンスなものとなるという意味で捉えることができる（本章はこの解釈を採用している）。しかし久保のように，「還元不能であることもない」という点を，概念や事物の帰属関係の永続的実在性の否定と理解することで，ラトゥールの「暫定的な還元可能性の定立」を重視する態度を説明することもできる。それは本書の，とくに第 11 章で展開される ANT 観とはやや異なる，既成の抽象概念の体系と対峙する ANT というもうひとつの説得的描像へとつながる解釈である（☞第 11 章）。詳細は久保（2019）の議論を参照されたい。
14) その事情についてのラトゥール自身による説明はラトゥール（1999: 1-4）を参照せよ。

当たり前に前提とされている。思弁によって記号を操作する主体も，観察をする主体も，新奇な発見をする主体もみな人間である。そこでは人間と人間以外の存在者の間に主体と客体という関係性が自明のものとして割り当てられている。

　しかし，科学の知識生産においては，人間以外の存在の働きかけ（agency）が重要な役割を担っていることは説明するまでもないだろう。科学的知識が単なる人間の恣意的な思いつきではないことを保証しているのは，人間以外の存在者（ANTでは非人間（nonhuman）と呼ばれる）の振る舞いだからである。にもかかわらず，科学は常に「人間の」実践であるという理解は，標準的科学観のみならず，科学実践の記述を強く支配してきた。論争研究の主体は論争する科学者である。初期のANTもまたこの呪縛から逃れてきたわけではなかった。カロンのホタテガイ論文や，初期のラトゥールのパストゥール研究（Latour 1988）の主役もまた科学者（集団）であり，標準的な科学観同様，ANTの主唱者たちも，初期には科学者の翻訳実践について論じている。

　しかし同時にANTの主唱者たちが，非人間の役割やその働きかけに早くから注目してきたことも確かである。スティーヴ・ウールガーとの共著である『ラボラトリー・ライフ』（ラトゥール & ウールガー 2021）では，自然現象を紙上のデータへと変換する各種の装置（すなわち観測・実験装置）に着目し，これを描出装置（inscription device）と名付けた。あるいは，最終成果物としての論文類について，それが紙上に文やグラフの形で示された構成要素の諸関係を移動可能にする物質的媒体であるという特徴に着目し，これを不変の可動物（immutable mobile；すなわち，紙上に示された固定的な関係性を，空間的に移動可能にする媒体であるという意味）と名付けた。

　カロンはホタテガイ論文のころから人間以外の存在が「行為」する可能性についても意識しており，ラトゥールは『パストゥール化』においては微生物の果たす役割を重要視している（e.g. Latour 1988: 35）。SSKをはじめとする伝統的な社会学では，「行為」することが可能なのは人間のみと考えられている。そのような世界観のもとでは，たとえばホタテガイに「行為」ができると述べるのは「擬人化」，すなわち文学的な比喩表現にすぎず，学術的な表現ではないと考えられるだろう。しかしカロンはホタテガイの行為について次のように述べている。

　　　読者はこれらのフレーズを「擬人化」とするべきではない！　ホタテガイの行
　　動する理由──それが遺伝子にあろうが，神によって命じられた計画であろう

が，何であろうが——大きな問題ではない。唯一重要なことは，アイデンティティが付与されたさまざまなアクターによる彼らの行動の定義である。ホタテガイは，漁師が短期的な経済的利益を追求したいとみなされているのとまったく同じように，自らを付着させたいとみなされている。それゆえ彼らは「行為する」のである。(Callon 1986: 82)

　ここでカロンはホタテガイが行動する「理由」についての問いを些末なものとして取り扱うと同時に，三人の科学者による漁師とホタテガイの対称的な (symmetrical) 取り扱いを強調している。ここで三人の科学者によって漁師がアクターとみなされていると社会学者が判断するのであれば，同様に取り扱われているホタテガイを，同様の意味でアクターとみなされていると考えてかまわないはずである。カロンはそのように考える。

　ホタテガイの振る舞いは科学者の実践に影響を与えている。それは科学者がある社会的な存在であるというのと同様，人間の行為を制約する何らかの効果を生んでいるものとして捉えることができる。ANT の批判的継承者である社会学者のアンドリュー・ピッカリングは，それを抵抗（resistance）と表現した[15]。非人間のアクターの抵抗に基づいて，人間は行動の仕方を変えなければならないし，彼らを自らの計画へと巻き込みたければ，その非人間の働きかけに対して，ふさわしく応答しなければならないのである。

5　構築とはなにか

　ANT の主唱者たちは，初期には自らの研究を，社会構築主義の系譜を批判的にではあれ継承するものと位置づけていた。ラトゥールは 1979 年に刊行されたウールガーとの共著『ラボラトリー・ライフ』に「科学的事実の社会的構築」という副題を付していた。しかし第二版以降この副題から「社会的」の語を取り除き，「科学的事実の構築」という副題へと変更した。この変更は，自らの立場が社会構築主義と異なるということを明示し，同時に「構築」という概念を保持することを意味している。
　「事実が構築される」という言い方は不穏に響く。伝統的な社会学において，「社

15）ピッカリングの科学観については Pickering（1995）を，日本語での解説については平川（2002: 52-54）を参照せよ。

会的」の語は，非人間を含まない人間のエージェンシーを指すものであった。「事実
が人為的に構築される」という言葉は，ふつう事実が不正に捏造されたということ
を意味するだろう。社会的構築という概念は，とりわけ自然科学者や哲学者の間に
困惑と怒りを喚び起こした。

　自然科学者や哲学者は，ラトゥールに対して，しばしば受け入れることが困難
な哲学的立場に立脚しているのではないかという嫌疑をかけてきた。とりわけ繰り
返されてきた主張の一つは，ラトゥールはある種の過激な反実在論的立場に立って
いるのではないかというものである。たとえば物理学者のソーカルとブリクモンは，
ラトゥールの「曖昧な主張」が「外的な世界は科学者の談合によって創られる」とい
う「過激観念論」を含意している可能性について述べている（ソーカル ＆ ブリク
モン 2000: 126）。科学哲学者の戸田山和久は，ラトゥールを「人間の認識活動とは独
立に世界の存在と秩序をみとめる考え」と「人間が科学によってその秩序について
知りうることをみとめる考え」の双方を否定する反実在論者とみなしている（戸田
山 2005: 143）[16]。ラトゥール自身もまた，1999 年に刊行された『科学論の実在』で，
「あなたは実在を信じますか？」という印象的な問いを科学者から投げかけられた
という述懐から話を始めている。ラトゥールはこの問いに然りと答え，そもそも実在
とは信じなければならないようなものだろうかと問い返す（ラトゥール 2007: 1）[17]。

　ラトゥールは「社会」および「構築」という言葉について考察することで，この
ような批判に応答している。「社会的構築」という言葉は，科学という建築物が社会
という何らかの成分によって構築されているのだというイメージを喚起する。ちょ
うど『三匹の子豚』の家がわら，木，石によって造られたというのと同じ仕方で，社
会的要素によって科学的事実が建築されるのである，と。そしてその批判者たちは，
社会構築主義者たちが「ほんのわずかな風によってもはがされてしまうような軽い
素材を選んだように見えた」と彼はいう。このような主張はもちろん，ラトゥール
が ANT に対する批判を受けて展開した遡及的な弁明であり，彼が自らのテキスト

16）皮肉なことに，カロンとラトゥールは SSK の主要な論者であったコリンズとイヤリー
　　からは，むしろ ANT の反動的な性格，すなわち自然の役割に重きを置きすぎている
　　ことを批判されている。これらの批判については第 2 章および Pickering（1992）を参照。
17）ラトゥールは，こうした哲学者や科学者の嫌疑のいずれをも否定するために，彼の立
　　脚する，ハッキングのいうところの唯名論的立場（Hacking 1999: 80-84）──ただし
　　彼自身は彼自身の立場こそ「実在論的」であると信じて疑わないのだが──が科学哲
　　学者における実在論と互換可能であることを示そうとしている（ラトゥール 2007; 久
　　保 2011）。

を執筆した時点でも同じように考えていたことを証明するわけではない。しかしその言葉から，ラトゥール自身が何を擁護すべきであると考えているかを読み取ることもできる。ラトゥールは，構築という概念は実際には建材を意味するのではなく，「事実」にはそれが生み出されるプロセスがあるということを意味する言葉であると主張する。それが「社会的」と呼ばれるのは，その過程が集合的であり複雑であるということを意味するからにすぎない，という[18]。

　この先の言葉は筆者のほうで敷衍しよう。「構築」という言葉によって，科学のプロセスが集合的で複雑であることが喚起されることに，どのような効用が期待できるのか。それは，冒頭に提示された「標準的科学観」においては，「表現」や「発見」といったメタファーにより，科学がある種「単純な」ものに還元されていた，ということに目を向けなければ理解できない。「発見」という言葉は，あたかも人間がまだ見つけられてなかったものがどこかにあり，それが人間の目に写ったという視覚的なイメージを喚起する一種のメタファーだ。しかし，科学実践をそのようなメタファーで理解するには，人間は，また非人間も，あまりにも多くのものを「作り」過ぎている。科学者も，また科学者とかかわる非人間たちも，ただ世界を「眺めて」「表現して」いるだけではない。彼らはさまざまな働きかけによって，世界におけるさまざまな「制作」活動に従事している。科学者やそのまわりの非人間たちのやっていることは，「発見」というよりも，一歩一歩建物を組み立てていくように，「構築」することとして理解するべきではないのか。そのほうが科学をより豊かに理解できると，ラトゥールは考えているのかもしれない[19]。

6 「標準的科学観」と ANT：現代の科学実践の「ANT 的」分析にむけて

　ここまで，ANT の代表的な科学実践の研究を概観してきた。最後に，ANT へと

---

18) 科学哲学者の伊勢田哲治は SSK の「社会」概念について，より整理された形で社会を科学の原因とみなすアプローチと，過程とみなすアプローチの二種類があると考察している（伊勢田 2001）。ラトゥールの主張は，社会概念を前者ではなく後者とみなすべきだ，という評価であると解することができるだろう。ただし後者のアプローチに対する評価は伊勢田とは大きく異なる。

19) ANT を継承する哲学者の A. モルは，「実行（enact）」の概念を提唱することにより，「構築」の概念の示唆する過激な反実在論的含意を払底することに成功している（☞第8章）。また，ラトゥール自身も，「構築されればされるほど，ますます実在的になる」という観点を重視するようになっている。この考え方については第 10 章を参照。

至るまでの科学実践理解が，標準的科学観のどのような点を更新してきたのかということを整理しておこう。

　1. 科学における活動の主体の拡張。標準的科学観において，科学における活動主体は人間のみであった。人間以外の存在者は，人間に観察されたり，表象される存在として，人間の行為の対象となる客体としての地位を与えられていた。ANT においては，人間以外の存在者が行為者としての役割をもつことが強調された。2. 科学者のイメージの変化。標準的科学観においては，科学者は帰納や演繹といった共通の方法を持つ画一的な存在として理解されており，皆で協力して共有されるべき知識を作り上げる存在として理解されていた。論争研究においては，科学者内の差異が強調され，科学者（集団）ごとに異なる利害関心を有しており，互いに論争する存在である点が強調された。カロンは，科学者集団は自らの利害関心を翻訳し，さまざまなアクターを結びつけて取り込む戦略的な存在であることを強調した。ラトゥールはよりラディカルに，科学者がどのような存在であるかということを何一つ前提とせず，ただ現実の科学者を追跡せよと命じた。3. 科学において望ましいとされる規範と現実の科学者のギャップ。標準的科学観において，科学者は他の科学者と協力し，自らの利害を超越して共有される新しい知識を生み出そうとする存在であった。『二重らせん』や論争研究，あるいは ANT の研究において示されたのは，私利私欲を剥き出しにしながら，他の科学者を出し抜くことを厭わず，互いに知識を独占しながら競争し，自らの考えに固執し，誤りがあってもなかなか認めようとしない科学者の姿，あるいは，自らの野望を実現するために他人を巻き込む実業家のような科学者の姿であった。

　従来の科学観と ANT が提示した科学観のどちらかが正しいというわけではない。実際にはどちらの記述も妥当な場合もありうる。重要なのは，標準的科学像においては当然のものとして受け入れられていた科学観や科学者像が，その後の研究の発展の中で問い直され，記述の可能性が拡張されてきたということである。「言われてみれば，たしかに科学者にはそういう面があるかもしれない」といった形で，科学や科学者の記述の可能性が広がってきたことが重要である。

　それゆえ，ANT において「結果」として描かれてきた科学や科学者の描像をなぞることに，それほど価値があるわけではない。ANT は，科学や科学者の記述の可能性を拡張する過程あるいは運動として捉えられてこそ価値がある。ラトゥールの「アクターを追跡せよ」という格率は，ANT のこれまでの成果や発見に必ずしも囚われることなく——しかし，同時にこれまでの成果や発見との比較や対比のなかで

──，史料や観察に即して科学・科学者の新たな側面を発見せよ，という格率として解釈することができるだろう。

　事例記述とは結局のところ，事例の内部からふさわしい問いを自ら引き出し，過程にふさわしい解釈を過程に沿って自分自身で考えなければならない作業である。ANT の主唱者たちが実際に「何を生み出してきたのか」，また「何を他の流派との差異として捉えてきたのか」，また ANT の主唱者たちが「何をしてはいけないと考え，なぜそのように考えたのか」という点を理解することが，あなた自身が「ANT 的に考える」助けとなるだろう。

◉もっと詳しく勉強したい人のための文献〔文中で重点的に言及しているものを除く〕
①シェイピン・シャッファー，2016，『リヴァイアサンと空気ポンプ──ホッブズ，ボイル，実験的生活』名古屋大学出版会.
☞ SSK の代表作であり，ホッブズとボイルの真空に関する論争を描いた著作。ラトゥールの著作『虚構の近代』にも大きな影響を与えた。

② Knorr Cetina, Karin, 1999, *Epistemic cultures: How the sciences make knowledge*, Harvard University Press.
☞ ANT のスタンスがほとんど確立した後に，ANT の影響下で書かれた科学文化のエスノグラフィー。当時の最先端のサイエンス・スタディーズの理論的関心が強く反映されている。科学実践の入門的なエスノグラフィーとしておすすめ。

③上野直樹・ソーヤーりえこ編著，2010，『文化と状況的学習──実践，言語，人工物へのアクセスのデザイン』凡人社.
☞第 5 章で挙げられている同編者によるエスノグラフィーと同様，本邦における科学実践のフィールドデータ分析。同書で参照軸とされているレイヴ・ヴェンガーらの状況論的アプローチは，ANT と並んで科学実践の分析枠組みとして重要。

④福島真人，2017，『真理の工場──科学技術の社会的研究』東京大学出版会.
☞日本の科学人類学の第一人者による科学論の研究書。ANT の限界を「問題化」という枠組みそのものにあることを指摘し，揺籃期の科学の分析に留まることなく，安定期の科学を含めた広い射程において科学実践を分析する試み。

【文　献】
伊勢田哲治, 2001,「科学的合理性と二つの「社会」概念」〈http://tiseda.sakura.ne.jp/works/SSK.html（最終確認日：2022 年 4 月 7 日）〉
伊勢田哲治, 2003,『疑似科学と科学の哲学』名古屋大学出版会.

第1部
第2部
第3部

金森修, 2000,『サイエンス・ウォーズ』東京大学出版会.

金森修, 2002,「科学知識の社会学」金森修・中島秀人編『科学論の現在』勁草書房, pp. 3–21.

ギルバート, N., & マルケイ, M., 1990,『科学理論の現象学』(柴田幸雄・岩坪紹夫訳) 紀伊國屋書店. (Gilbert, G. N., & Mulkay, M. J., 1984, *Opening Pandora's box: A sociological analysis of scientists' discourse*. Cambridge: Cambridge University Press.)

クーン, T., 1971,『科学革命の構造』(中山茂訳) みすず書房. (Kuhn, T. S., 1962, *The structure of scientific revolutions*. Chicago, IL: University of Chicago Press.)

久保明教, 2011,「世界を制作＝認識する——ブルーノ・ラトゥール×アルフレッド・ジェル」春日直樹編『現実批判の人類学——新世代のエスノグラフィへ』世界思想社, pp. 34–53.

久保明教, 2019,『ブルーノ・ラトゥールの取説』月曜社.

ソーカル, A., & ブリクモン, B., 2000,『「知」の欺瞞——ポストモダン思想における科学の濫用』(田崎晴明・大野克嗣・堀茂樹訳) 岩波書店. (Sokal, A. D., & Bricmont, J., 1998, *Fashionable nonsense: Postmodern intellectuals' abuse of science*. New York: Picador USA.)

東京大学教養学部統計学教室編, 1994,『人文・社会科学の統計学』東京大学出版会.

戸田山和久, 2005,『科学哲学の冒険——サイエンスの目的と方法をさぐる』NHK 出版.

トルストイ, L., 2017,『戦争と平和 第 4 巻』(工藤精一郎訳) 新潮社, Kindle 版. (Лев Толстой, 1863–1869, Война и мир.)

ノイラート, O., 2017,「科学的世界把握——ウィーン学団」(ミック訳)〈http://mickindex.sakura.ne.jp/neurath/nrt_WWA_jp.html (最終確認日：2022 年 4 月 7 日)〉(Neurath, O., [1929]1979, Wissenschaftliche Weltauffassung - der Wiener Kreis, in R. Hegselmann, hrsg., *Wissenschaftliche Weltauffassung Sozialismus und Logischer Empirismus*. Frankfurt am Main: Suhrkamp, pp. 81–101.)

ハッキング, I., 2015,『表現と介入』(渡辺博訳) 筑摩書房. (Hacking, I., 1983, *Representing and intervening: Introductory topics in the philosophy of natural science*. Cambridge: Cambridge University Press.)

平川秀幸, 2002,「実験室の人類学——実践としての科学と懐疑主義批判」金森修・中島秀人編『科学論の現在』勁草書房, pp. 23–62.

福島真人, 2017,『真理の工場——科学技術の社会的研究』東京大学出版会.

マートン, R., 1961,『社会理論と社会構造』(森東吾ほか訳) みすず書房. (Merton, R. K., 1949, *Social theory and social structure: Toward the codification of theory and research*. Glencoe, IL: Free Press.)

マルケイ, M., 1985,『科学と知識社会学』(堀喜望ほか訳) 紀伊國屋書店. (Mulkay, M. J., 1979, *Science and the sociology of knowledge*. London and Boston: G. Allen & Unwin.)

ラウダン, L., 2009,『科学と価値——相対主義と実在論を論駁する』(小草泰・戸田山和久訳) 勁草書房. (Laudan, L., 1984, *Science and values: The aims of science and their role in scientific debate*. Berkeley, CA: University of California Press.)

ラトゥール, B., 1999, 『科学が作られているとき──人類学的考察』(川崎勝・高田紀代志訳) 産業図書.(Latour, B., 1987, *Science in action: How to follow scientists and engineers through society*. Cambridge, MA: Harvard University Press.)

ラトゥール, B., 2007, 『科学論の実在──パンドラの希望』(川崎勝・平川秀幸訳) 産業図書.(Latour, B., 1999, *Pandora's hope: Essays on the reality of science studies*. Cambridge, MA: Harvard University Press.)

ラトゥール, B., 2008, 『虚構の「近代」──科学人類学は警告する』(川村久美子訳) 新評論.(Latour, B., 1993, *We have neber been modern*. Cambridge, MA: Harvard University Press.)

ラトゥール, B., & ウールガー, S., 2021, 『ラボラトリー・ライフ──科学的事実の構築』(立石裕二・森下翔監訳／金信行・猪口智広・小川湧司・水上拓哉・吉田航太訳) ナカニシヤ出版.(Latour, B., & Woolgar, S., [1979]1986, *Laboratory life: The construction of scientific facts* (2nd ed.). Princeton, NJ: Princeton University Press.)

リンチ, M., 2012, 『エスノメソドロジーと科学実践の社会学』(水川喜文・中村和生監訳) 勁草書房.(Lynch, M., 1993, Scientific practice and ordinary action: Ethnomethodology and social studies of science, Cambridge: Cambridge University Press.)

ワトソン, J. D., 1986, 『二重らせん』(江上不二夫・中村桂子訳) 講談社.(Watson, J. D., 1968, *The double helix: A personal account of the discovery of the structure of DNA*. London: Weidenfeld & Nicolson.)

Akrich, M., & Latour, B., 1992, A summary of a convenient vocabulary for the semiotics of human and nonhuman assemblies, in W. Bijker & J. Law eds., *Shaping technology/building society: Studies in sociotechnical change*. Cambridge, MA: THE MIT Press, pp. 259–264.

Barnes, B., 2015, *Interests and the growth of knowledge*. London: Routledge.

Callon, M., 1980, Struggles and negotiations to define what is problematic and what is not: The socio-logic of translation, *The Social Process of Scientific Investigation*, Sociology of the Sciences Yearbook 4.

Callon, M., 1986, Some elements of a sociology of translation: Domestication of the scallops and the fishermen of St. Brieuc Bay, in J. Law ed., *Power, action and belief: A new sociology of knowledge?* London and Boston: Routledge, pp. 196–223.

Callon, M., & Law, J., 1982, On interests and their transformation: Enrolment and counter-enrolment. *Social Studies of Science*, *12*(4): 615–625.

Collins, H., 1985, *Changing order: Replication and induction in scientific practice*. Chocago and London: The University of Chicago Press.

Hacking, I., 1999, *The social construction of what?* Cambridge, MA: Harvard University Press.

Hacking, I., 2012, Introductory essay, in T. Kuhn, *The structure of scientific revolution*. Chicago, IL: University of Chicago Press.

Latour, B., 1988, *The pasteuralization of France*. Cambridge, MA: Harvard University Press.

Latour, B., 2004, How to talk about the body?: The normative dimension of science studies. *Body and Society, 10*(2-3): 205-229.

Mackenzie, D., 1978, Statistical theory and social interests: A case-study. *Social Studies of Science, 8*: 35-83.

Pickering, A. ed., 1992, *Science as practice and culture*. Chicago, IL: University of Chicago Press.

Pickering, A., 1995, *The mangle of practice: Time, agency, and science*. Chicago, IL: University of Chicago Press.

Popper, K., 1974, *Unended quest: An intellectual autobiography*. London: Routledge.

Stengers, I., 2000, *The invention of modern science* (trans. Daniel W. Smith). Minneapolis, MN: University of Minnesota Press.

Woolgar, S., 1981, Interests and explanation in the social study of science. *Social Studies of Science, 11*(3): 365-394.

Woolgar, S., 1988, *Science: The very idea*. London: Routledge.

05 ANT と技術

技術の開発と活用過程における人間と非人間のダイナミクス

金　信行

1 はじめに

　本章で取り上げるのは，アクターネットワーク理論（ANT）に基づく技術社会学的研究である。とくに，ANT と同時期に成立・展開しはじめた，技術の社会的構築（SCOT）との比較も交えながら，ANT 的な技術社会学的研究の特徴を紹介していく。SCOT は，科学的知識の社会学（SSK）を技術研究に応用することで成立した立場である。本書の第 2 章，第 4 章でも確認したように，ANT と SSK は研究方針において対立してきた。このことからも示唆されるように，ANT と SCOT もまた，その研究方針において顕著に異なる面がある。この点をふまえ，本章では，まず ANT の特徴を際立たせるためにも，SCOT の研究例とその特徴を提示する（第2 節）。そのうえで，ANT に基づく技術社会学的研究の内容とその特徴を紹介する。最初に，ANT の主唱者の一人である B. ラトゥールによるフランスの自動運転地下鉄プロジェクトの開発過程を題材とした事例研究を取り上げる（第 3 節）。次に，ラトゥールの弟子である H. ミアレが行ったイギリスの天才物理学者 S. ホーキングに関する事例研究を取り上げる（第 4 節）。ミアレは，人間と非人間から成るネットワークという ANT 的な観点から，「天才物理学者ホーキング」という一人の科学者の存在がいかに可能になっているかを明らかにしている。以上を検討したうえで，最後に，ANT に基づく技術社会学的研究が，SCOT のような他の手法と比較していかなる意義を有するかについて整理する（第 5 節）。

2 技術の社会構築主義的研究

　SCOT は科学技術社会学者の T. J. ピンチと W. E. ベイカーによって提唱された。

ここでは，SCOT の骨子となる主要概念を取り上げることでその研究方針を簡単に
みていこう。

　SCOT の特徴は，他の社会的要因から独立した「技術の合理性」のような存在を
否定した点にある。こうした特徴は SSK に由来している。すなわち，SSK が，科
学に関して他の領域から独立した科学的合理性のようなものの存在を否定し，社会
的要因によって科学の発展を説明したように，SCOT は，技術が発展する過程（た
とえば，どのようなデザインが採用されるかなど）もまた，さまざまな社会的要因
によって方向づけられていると考える（SSK の特徴などに関しては第 2 章，第 4 章
を参照）。

　そうした SCOT の議論においてとくに重要な概念は関連社会グループ（relevant
social group）である。関連社会グループとは，特定の技術に対して同様の意味づけ
や解釈を共有するグループを意味する。たとえば，スポーツカーという技術に対し
て，「男らしくてかっこいい乗り物」と解釈する人たちもいれば，「お金ばかりかか
る危険な乗り物だ」と解釈する人たちもいるだろう。こうしたそれぞれの解釈を共
有する人びとを関連社会グループと呼ぶ。SCOT は，技術的合理性のようなもので
はなく，以上のような関連社会グループ間の力関係こそが，技術のデザインが決定
される過程において主要な役割を果たすと主張するのである。

　SCOT は技術の発展段階において，解釈の柔軟性（interpretative flexibility）とい
う段階，収束・安定化（closure & stabilization）が生じる段階という二つの段階が
あると主張する。まず解釈の柔軟性とは，特定の技術に対して関連する社会グルー
プごとに期待することが複数生じ，それに伴って各々の期待に適う技術のデザイン
が想定されることである（Pinch & Bijker ［1987］2011: 33-34）。スポーツカーの例
を用いると，スポーツカーをより速く走らせることに関心がある車好きな人びとに
とっては，より高馬力のエンジンをもつスポーツカーを開発することが重要となる。
また，スポーツカーをより安全に走らせることに関心がある車に興味のない人びと
にとっては，より高性能のブレーキや滑りにくいタイヤなどを備えたスポーツカー
を作ることが重要になる。このように，解釈の柔軟性が存在する段階では，ある一
つの技術に関し，複数の関連する社会グループの解釈が競合している状態にある。
いずれの解釈を採用するかはまだ確定しておらず，したがってどの解釈を重視した
技術のデザインが主流になるのかは確定していない状態にある。

　そして解釈の柔軟性の後に，第 2 段階である収束・安定化の段階へ移行する。収
束・安定化とは，特定の技術に関する問題の柔軟な解釈や意味づけや技術のバ

リエーションが一つに収束し，安定化することを意味している（Pinch & Bijker [1987] 2011: 37）。収束・安定化には二つのパターンが存在する。

　一つはレトリック上での収束・安定化である（Pinch & Bijker [1987] 2011: 37-38）。これは，技術に関して成立した複数の解釈の間で生じていた対立が，言説上終結することを意味する。スポーツカーの例を用いると，スポーツカーは安全だという主張を確立することで，スポーツカーは安全なのかあるいは危険なのかという関連社会グループの争点は問題とならなくなるため，速く走るスポーツカーの開発が集中して行われる。

　そしてもう一つは問題の再定義による収束・安定化である（Pinch & Bijker [1987] 2011: 38-39）。これは技術に関して問題だとみなされていた事柄を解決する手段が他の問題の解決にも資することが判明することで，技術のバリエーションが一つに収束・安定化するというものである。スポーツカーの例を再び用いれば，安全性の問題を解決するために開発された高性能タイヤを備えたスポーツカーが，さらにスピードの面でも優れたものであることが判明すれば，異なる関連社会グループ間で生じていた「何を重視するのか」という点に関する対立が一つの技術のデザインによって解決するのだ。

　以上のように，SCOT は，技術のデザインがどのような仕方で決定されるのかを，「技術的合理性」のような原理に従って進行する過程ではなく，あくまでも社会的集団間の解釈・意味づけの間の対立が解消され，一つに収束・安定化していく過程とみなすのである。どの解釈や意味づけが採用されるのかは，関連社会グループ間の力関係などによって決まる。たとえば，男性優位の社会であれば，女性が好むデザインよりも，男性が好むデザインが採用されやすい，といった具合にである。言い換えれば SCOT は，技術のデザインは，純粋に何が技術として合理的なのか，という基準に従って決まるのではなく，集団間の力関係のような「社会的要因」によって決定されていく，と主張するのである。

3 B. ラトゥール「ハイテクのエスノグラフィ」

　技術に関わる現象における人間と非人間のつながりを記述するという研究方針においてラトゥールが取り上げるのは，フランスの自動運転地下鉄開発プロジェクトで成功した VAL と実用化に失敗したアラミスという二つの事例である。それでは，これら二つの事例に関するラトゥールの分析をみていこう。

　まずラトゥールが取り上げた自動運転地下鉄プロジェクトである VAL とアラミスについて簡単に説明しておこう。VAL は 1970 年代に計画が進み，1983 年に無事フランス北部のリール市で開業に成功したプロジェクトである。そしてアラミスは，パリの公共交通公団の依頼によって 1969 年から開発が進められ，多額の予算をかけて車両のプロトタイプまで製造されたものの，実用化コストの急増のために 1987 年に開発中止が決定されたものだ（Schmidgen 2015: 106）。このアラミス開発の一連の過程では，アラミス開発を発注した公共交通公団とそれを受注した企業のエンジニアだけでなく，自動運転地下鉄がパリに作られることで利害が発生する市長や地下鉄運転手組合などのさまざまな「アクター」がアラミスの実現に向けて不安定な協力関係を構築した。そして，この協力関係に開発中のアラミスという非人間「アクター」が大きく関わるのである。

　まず VAL の事例をみてみよう（Latour 1993: 379–382）。VAL は，フランス北部のリール市にニュータウンが建設された 1970 年代に，ニュータウンをカバーする新交通システムとして考案された。開発者の当初の案はニュータウンだけを対象とした安価な自動運転システムを試すというものであったが，主に大規模予算を獲得する必要性から，開発者はリール市全体の都市コミュニティに話をもちかけた。すると，その都市コミュニティの利害関心が自分たちの地区をその地下鉄がカバーするかどうかにあることがわかり，開発者は当初の計画を維持するか変更するかの岐路に立たされてしまう。

　そこで VAL プロジェクトの発起人は，VAL に関わる関係者グループの相反する利害関心のいずれかを犠牲にすることなく，すべてをつなぎとめた。すなわち，まず VAL プロジェクトは，初の地下鉄開業を待ち望む大都市圏の利害関心を留めた。そして，パリ以外の地域の新開発プロジェクトを模索する政府の利害関心もつなぎとめた。また，完全自動化システムの構築を目指すエンジニアの利害関心を離さなかった。さらに，ニュータウン地域にある大学の特許とノウハウを用いることで，ニュータウン地域の利害関心もつなぎとめた。また，オートメーションや軍事兵器開発を専門としつつ経営多角化を模索していた，技術開発企業の利害関心を引きつけた。そしてなんといっても，VAL プロジェクトではニュータウンの建設に間に合うように，シンプルな技術仕様が維持された。こうして VAL は無事，1983 年にリール市にて開業することになる。

　それでは，VAL と同じ自動運転地下鉄システムであったアラミスには何があったのだろうか。ラトゥールが関係者に対して行なったインタビューでは，アラミス

に関しては大きく分けて3通りの解釈がなされていた（Latour 1993: 386–388）。第一に，アラミスが予定していた技術仕様こそ，プロジェクトの核心でありそれは十分実現可能であった。第二に，アラミスが実現したとすればVALの縮小版になっていた。第三に，アラミスの技術仕様は，理論的にも実践的にも実現不可能で，そもそも実用化などできるはずもなかった。このように，関係者の解釈ではアラミスの実現可能性に関する見解が大きく割れていた。アラミスがなぜ失敗したかについては，アラミスの開発が推進されていた時の状況をみる必要がある。

　アラミスの計画段階での基本構想は以下のようなものとなっていた（Latour 1993: 372–374）。まず，10人掛けの4輪車両が2台連結した「ダブレット」がある。この「ダブレット」は無人運転を行うため，駅での扉の開け閉めからどの駅へ向かうかの判断まですべての判断を下すスキルを搭載する必要があった。しかし，ありとあらゆる意思決定を「ダブレット」だけに負わせずに，「搭載シャント」あるいは「スイッチ」にも「ダブレット」の意思決定をサポートするスキルを委嘱した。それらに搭載しきれないスキルは線路に委嘱したが，さらに「セクション／ステーション間の管理ユニット」（UGT）という別の主体が「ダブレット」，「搭載シャント」あるいは「スイッチ」，線路などを管理した。UGTには，「ダブレット」をはじめとするアクターの意思決定を承認する／覆す権限が与えられていた。さらに，UGTを含めたあらゆるアクターの意思決定を管理する，最上位の「中央司令ポスト」（PCC）という管理主体が構想されていた。アラミスに関する意思決定のほとんどは「ダブレット」やUGTが行うため，PCCの出る幕はめったにないが，PCCには他のアクターすべての意思決定を覆し，アラミスシステム全体を停止する権限が与えられていた。このように，アラミスの行動プログラムは一つのアクターに集中させず，分散的に作動するように組まれていたのである。

　アラミスに関わる主要なアクターの利害関心について確認しよう（Latour 1993: 388–391）。まずは市長である。パリ市長がアラミスプロジェクトへ関心をもったのは，アラミスがかつて運行していた地下鉄の車両と廃線を活用するからであった。しかし，アラミスの技術的核心は，各車両の乗客の行き先に柔軟に対応できるように任意の地点で連結車両を切り離す技術にあり，通常の鉄道線路はその技術との相性が悪かった。次の主要アクターは地下鉄運転手組合である。地下鉄運転手組合がアラミスに関心をもったのは，アラミスが地下鉄とは違うハイテクな何かだという認識をもっていたためであった。もしかつて使われていた車両と廃線を完全活用する場合，地下鉄運転手組合はアラミスを地下鉄運転手の雇用を脅かす長期的脅威と

みなし，ストライキなどの示威行動に出ることになる。そして最後の主要アクター
は技術開発企業のエンジニアである。エンジニアがアラミスに関して抱いていた利
害関心は，アラミスでは VAL とはまったく異なる革新的技術を開発できることに
あった。

　ここで重要となるのが開発途上にあるアラミスの存在である。以上に概説してき
た利害関心すべてをつなぎとめるべくアラミスのプロジェクトリーダーは，まずア
ラミスを廃線となった地下鉄に似せるために，車両の乗客許容量と乗客の流動性を
当初の試算から大幅に増加させた。そして，アラミスが地下鉄や VAL に似すぎな
いようにするために，任意の地点で車両を切り離す技術を車両に搭載することにし
た。しかし，このように膨れあがってしまったアラミスの技術仕様を実現させるこ
とは，簡単ではない。ここでアラミスのプロジェクトリーダーはアラミスの技術仕
様との交渉に入るが，出来上がったアラミスのプロトタイプは，その技術仕様を満
たすための設備で乗客が入るスペースを確保できないのである。開発コストの急騰
もあり，エンジニアはアラミスの技術仕様を VAL と同程度に緩めようとする。し
かし，地下鉄運転手組合からの反発を防ぎたい発注元の公共交通公団は技術仕様の
縮小を承認できず，開発対象であるアラミスとの交渉の失敗を起点にアラミスプロ
ジェクトは袋小路に陥ってしまう。

　結局のところ，VAL とアラミスという似た者同士で明暗が分かれたのはなぜ
だったのだろうか。ラトゥールによる診断は以下の通りである（Latour 1993: 391）。
すなわち，アラミスが失敗したのは，プロジェクトの中核となる技術仕様をコスト
やエンジニアのスキルといった「アクター」から切り離したからである。開発を担
うエンジニアのスキルや開発予算を度外視した技術仕様を維持したままでは，成功
する由もなかったということである。そして対照的に VAL が成功したのは，プロ
ジェクトにおいてそれらの要素を技術仕様のなかに取り込んだからだ。このように
ラトゥールの経験的研究では，技術開発の過程は「アクター」の利害関心と技術仕
様を擦り合わせた不安定な「ネットワーク」として描かれているのである。

4　H. ミアレ『ホーキング Inc.』

　以上のようにラトゥールの経験的研究では，技術開発プロジェクトの推進過程に
おける開発中の技術や人間のスキルといった非人間と関係者の人間が織りなす不安
定な「ネットワーク」が描かれていた。しかし，ANT に基づく技術社会学的研究

は，開発途中の技術だけでなく完成した技術の使用を取り上げた記述を行うことも
できる。こうした記述の優れた例として，ここではミアレによる経験的研究を取り
上げてその分析視角をみていこう。

　ミアレが経験的研究の事例として選択したのは，高名な物理学者であるホーキン
グと彼を支えるコミュニティである。ホーキングは，1960 年代より運動神経系が障
害を受けることで筋肉が衰えてしまう筋萎縮性側索硬化症（ALS）に生涯苦しみな
がら，ブラックホールに関する理論的研究で先駆的業績を残した理論物理学者であ
る。ミアレが調査を行なった当時のホーキングは，ALS の進行による麻痺状態で
車椅子での生活を余儀なくされ，また 1985 年の肺炎の合併症の治療で気管切開を
行なったため声も失った状態であった（ミアレ 2014: 23）。このようにホーキング
は日常生活全般に重大な支障をきたす状態にあったが，ホーキングの状態のサポー
トに特化した機械をはじめとして秘書や看護師や大学院生アシスタントといったさ
まざまなアクターが，研究活動の作業や雑務を担当することで，研究活動を継続で
きていた。ミアレは ANT の視座を用いることで，天才物理学者ホーキングを，以
上に挙げたさまざまなアクターが協業するホーキングの拡張した身体として論じた。

　ホーキングの拡張した身体を支える重要な機械として，まずリヴィングセンター
というコミュニケーションプログラムがある（ミアレ 2014: 23-28）。とくにこのプ
ログラムは，イコライザーというインターフェースに支えられている。ホーキング
は高感度のスイッチでカーソルを動かすことで，コンピュータを操作することがで
きた。イコライザーには，ユーザーの時間を節約するための視覚や運用上のさまざ
まな機能が搭載されていた。たとえば，頻繁に使用する英単語を画面下部に並べる
機能，頭文字の選択によって頻繁に用いる単語が表示されてその選択で単語入力が
できる単語予測機能と単語完成機能，さらにその選択した単語と共に頻繁に使われ
る単語を表示する次単語予測機能などである。イコライザーは，1980 年代の発表
当初はこうした機能を搭載したインターフェースのなかでは最先端のものであった
が，時が進むにつれて EZ Keys のようにより機能性に優れたインターフェースが
開発された。しかし，より機能が充実したインターフェースが出てきても，ホーキ
ングは操作に習熟していたイコライザーを愛用し続けた。このため，イコライザー
を開発したワーズプラス社は，ホーキングからイコライザーのアップデートなどを
求められる度に，対応できるエンジニアやイコライザーのソースコードが入ったコ
ンピュータを探さねばならなかった。

　また，ホーキングをサポートするもう一つの重要な機械として音声合成装置があ

る（ミアレ 2014: 33–35）。イコライザーを用いて入力した文章を，この音声合成装置が音声に変えるのである。これは 1986 年にスピーチプラス社という現在はもう存在しない会社が作った製品であり，イコライザーの場合と同様にホーキングは他により優れたバージョンが出てもこの製品を愛用し続けた。1987 年にスピーチプラス社がこの音声合成装置へ音声の質を改良するチップを組み込むことを提案した際，ホーキングは改良後の音声に対する違和感からアップデートを拒んだ。この音声合成装置はアメリカ英語のアクセントの音声であったが，イギリス英語のアクセントをもっていたホーキングはこのアメリカ訛りの独特な音声にこだわり続けたのである。

　こうした機械が，他の研究者との情報交換や論文の読み込みといった，ホーキングの研究活動を成り立たせている。選抜に選抜を重ねた指導学生との研究活動は，3 段階に分かれている。まず設計段階である（ミアレ 2014: 100–106）。設計段階では，ホーキングは指導学生にあるテーマの重要文献を読ませつつ大きな課題を与え，指導学生はそれに手をつけてみた感触をホーキングと適宜議論する。ホーキングは指導学生とのディスカッションのなかで，物理現象の理解に関する直感やアイディアを伝えようとするが，その詳細を伝えるのはあまりにも時間がかかってしまうため，指導学生の側がホーキングの意図を汲めるようにならなければいけない。

　このアイディア出しの次に問題解決段階がある（ミアレ 2014: 106–109）。問題解決段階では，指導学生は与えられた課題に自力で取り組み，その進捗をホーキングと共有する。ホーキングはその進捗の細かい部分に関して適宜指導をすることがない。指導学生は，他の指導教員や教授と共同研究プロジェクトを立ち上げるなど自力でさまざまな試行錯誤を重ねるが，どうしても不可能だと思われる場合は相談で別の課題が与えられる。指導学生はこのように複数の課題に取り組む機会が与えられて創意工夫を凝らすことで，課題に関する証明をホーキングの目の前で行うのが問題解決段階の最終局面となる。

　最後に執筆段階がある（ミアレ 2014: 109–111）。執筆段階では，指導学生はホーキングとのディスカッション内容を基に論文の執筆作業を一人で進める。論文の細部について，指導学生はホーキングと電子メールを通じてコミュニケーションをとるようになる。論文が学術雑誌に発表されると，著者として記名があるのはホーキングだけである。実際の執筆を担当した指導学生のクレジットに関しては，論文の最終ページに執筆した指導学生のメールアドレスのみが記載される。こうした過程を経て，論文の発表に伴うワークは指導学生が行うものの，アイディアを提供する

ホーキングが最終的に成果物のクレジットを手にするのである。

　このようにホーキングの研究活動は機械を活用しての指導学生とのコミュニケーションに支えられているが，ホーキングとのコミュニケーションにおいて機械が課す制約はたとえばホーキングとミアレのインタビューでも表れている（ミアレ 2014: 229）。通常われわれが会話の際に期待するテンポは成り立たない。ホーキングがイコライザーを用いて返事を書く作業があり，質問してすぐに返事が返ってくるという事態が起きないからだ。また，音声合成装置の人工音声がホーキングの返事を読み上げるが，これによって受け手によるホーキングのメッセージの理解は妨げられる。この読み上げ音声には，ホーキング自身の抑揚や発話の癖がまったく反映されていないからである。

　以上の内容をまとめると，天才物理学者ホーキングはさまざまな人間と非人間のアクターが結びついたネットワークとして成り立っていた。まず生身のホーキングがあるわけだが，ホーキングの活動全般を規定するイコライザーと音声合成装置という機械があり，加えて秘書や指導学生といったアクターが，こうした機械と結びついたホーキングとのコミュニケーションを行い，ホーキングの活動を支える作業に従事していた。このホーキングの事例では，天才物理学者ホーキングという拡張した身体が成立するうえで，極めて大きなエージェンシーを発揮していた技術を中心として，さまざまな「アクター」が協業する「ネットワーク」が生まれていたのである。

5　おわりに

　これまで本章では，ラトゥールとミアレの経験的研究を参照することで ANT に基づく技術社会学的研究の強みを検討してきた。ANT に基づく技術社会学的研究が本格的に展開する足がかりとなった SCOT は，技術の開発経緯を関連する社会グループという技術への意味づけを共有した社会集団にとりわけ着目する研究アプローチであった。このように社会的要因のみを取り上げるのではなく，技術に関わる現象において非人間が社会的要因に及ぼす作用をも記述に含めようとしたのが，ANT に基づく技術社会学的研究である。具体的にまずラトゥールの経験的研究においては，VAL とアラミスという二つの自動運転地下鉄プロジェクトの開発過程が，利害関心をもつ人間とキャパシティーに限りがある技術のような非人間とが協業する，不安定な「ネットワーク」として記述されていた。次にミアレの経験的研

究では，天才物理学者ホーキングという存在が，ホーキングのサポートに欠かせない機械から指導学生や秘書などを巻き込んだ，人間と非人間の「ネットワーク」として描かれていた。このように，ANT に基づく技術社会学的研究は，技術の開発過程だけでなく技術の活用過程をも非人間を巻き込んでダイナミックに記述することができる。だが，このアプローチに関しては，たとえば「どのような技術の作用を限定的に取り上げることができるのか」や「どのような手続きを踏めばアクターのネットワークを論じられるのか」といった問題が，未解決のままであることを留意するべきだろう。こうした問題は，非人間の役割を考慮した技術社会学的研究の発展可能性として，われわれに残されている課題なのである（ANT の発展可能性については☞第 10 章，第 11 章，第 12 章）。

●もっと詳しく勉強したい人のための文献

①上野直樹・土橋臣吾編，2006，『科学技術実践のフィールドワーク――ハイブリッドのデザイン』せりか書房．
☞人工物の開発や普及の過程を ANT の視点を活用して分析した論集。カロンの翻訳論文も掲載されている。

②宮尾学，2013，「技術の社会的形成」組織学会編『組織論レビューⅡ――外部環境と経営組織』白桃書房，pp. 89-136.
☞ SCOT や ANT を含めた技術社会学の動向を技術の社会的形成アプローチとして整理したレビュー論文。

③ Bijker, W., Hughes, T., & Pinch, T. eds., [1987] 2012, *The social construction of technological systems: New directions in the sociology & history of technology* (Anniversary Edition). Cambridge, MA: MIT Press.
☞ SCOT を担ったピンチとベイカーが編者となり，SCOT や ANT といった社会学的視点に基づく技術史研究の方針を打ち出した記念碑的論集。

④ヒューズ，T. P., 1996，『電力の歴史』（市場泰男訳）平凡社.
☞技術史研究の大家であるトーマス・P・ヒューズの古典的名著。

⑤ Law, J., 2002, *Aircraft stories: Decentering the object in technoscience.* Durham & London: Duke University Press.
☞ 1950 年代から 1960 年代にかけてイギリスで推進された戦闘機開発プロジェクトである TSR-2 計画の顛末を取り上げた，ローのエスノグラフィ。

【文　献】

ミアレ, H., 2014,『ホーキング　Inc.』（河野純治訳）柏書房.（Mialet, H., 2012, *Hawking incorporated: Stephen Hawking & the anthropology of the knowing subject.* Chicago: The University of Chicago Press.）

Latour, B., 1993, Ethnography of high-tech: About the Aramis case, in P. Lemonier ed., *Technological choice: Transformations in material culture since the neolithic.* London: Routledge & Kegan Paul, pp. 372–398.

Pinch, T., & Bijker, W., [1987]2011, The social construction of facts & artefacts: Or how the sociology of science & the sociology of technology might benefit each other, in W. Bijker, T. Hughes, & T. Pinch eds., *The social construction of technological systems: New directions in the sociology & history of technology*（Anniversary Edition）. Cambridge, MA: MIT Press, pp. 11–44.

Schmidgen, H., 2015, *Bruno Latour in pieces: An intellectual biography.* New York: Fordham University Press.

第1部

第2部

第3部

コラム2　国内研究動向（科学社会学・哲学，技術哲学）

【科学哲学・科学社会学】

　まず，国内における科学哲学・科学技術社会学における ANT の受容について確認しよう。ここでは，代表例として，科学哲学者の金森修，そして科学技術社会学者の大塚善樹，松本三和夫の三人の議論を取り上げることにしたい。

　金森は，B. ラトゥールや M. カロンの議論を科学認識論（エピステモロジー）の観点から評価し，紹介を行なっている。金森は，ラトゥールと S. ウールガーの『ラボラトリー・ライフ』（ラトゥール＆ウールガー 2021）やカロンの「アクターネットワークの社会学」（Callon 1986）を参照し，ANT の科学社会学上の意義のみならず，認識論上の意義を有していると論じた。金森によれば，その分析が分散的で多元的なラトゥールやカロンの仕事は，当時のサイエンス・スタディーズや科学技術社会学で争われていた論争において第三の道に位置づくものである（金森 2000: 189, 195）。つまり，科学的知識はすでに世界に実在として存在しておりわれわれが事後的に発見しているに過ぎないという実在論／科学的知識は人間の意識活動によって初めて構築されるという構築論の論争において，ANT は実在と構築のどちらにも偏らない中間路線にある。ANT は，「主体，意識，自我，自己，中心，周縁などという概念群とは手を切った新しい認識論」（金森 2000: 189）なのである。

　次に大塚は，ラトゥールやカロンの ANT を経験的研究の理論枠組みとして活用している。大塚は，科学技術が社会においていかにして成功／失敗するのかを分析するツールとして ANT を評価している（大塚 2000: 34）。たとえば大塚は，アメリカの化学企業モンサント（現在はドイツのバイエルに買収され，消滅）を中心に開発された遺伝子組み換え作物をめぐる環境問題の事例を，ANT を用いて分析した。具体的にはこの環境問題の構築過程を，科学技術を構築する専門家（多国籍企業）と科学技術批判を提起する非専門家（市民団体）が，動員する「アクター」を絶え間なく定義し直す——たとえば農薬を「先進科学の成果」から「死の霊薬」と再定義するように——「ネットワーク」として分析した（大塚 1998）。これは，環境社会学的な研究例の一つとしても重要な議論である。

　最後に松本は，科学社会学理論の観点から検討を行いつつも ANT を形而上学として評価している。松本は，カロンの「翻訳の社会学における若干の論点」（ホタテガイ論文）（☞第 2 章，第 4 章）を分析したうえで，ANT を「アクター」間で発生する「翻訳」の連鎖モデルとして解釈している。それは，各「ア

クター」にとっての問題が中心的な「アクター」の問題へと調整されていく意味でダイナミックであり，またさまざまな事例に当てはまる構造を示している意味で一般性の高いモデルとして解釈している（松本 2009: 164）。さらに松本は，ラトゥールの『社会的なものを組み直す』（2019）を参照し，ANT を，経験的に検証可能な社会科学理論というよりは，むしろ，万物が「翻訳」を通じて万物と関わるというモナド論的世界観を基にした形而上学的理論として捉えるべきだと論じている（松本 2009: 165, 167）。

　以上のように，日本の科学哲学および科学技術社会学において，これまでANT は方法論と経験的研究の理論枠組み双方の観点から評価されてきた。他の方法論との比較検討やより多様な事例の分析枠組みとしての有用性の検討が，今後の課題となっている。

【技術哲学】

　国内の技術哲学の分野においても，ANT は積極的に言及・摂取されてきた。代表例としては，現象学的な立場から技術哲学を展開してきた村田純一の仕事や，A. フィーンバーグの議論の紹介者としても知られる直江清隆の仕事などを挙げることができる。ここでは，村田の仕事を中心に紹介しよう。

　村田は国内でラトゥールの議論に比較的早い時期から言及してきた論者の一人である（e.g. 村田 1994, 1995, 1999）。彼は，ANT の議論のエッセンスを技術哲学の伝統のなかに柔軟に位置づけながら，「生活世界」を分析するための視点を確立してきたのである。特筆すべきなのは，村田がそうした一連の仕事のなかで，相性が悪いとみなされがちな現象学の視点と ANT の視点とを，そうした折り合いの悪さを感じさせない仕方で論じている点である。

　また，村田は，国内外の技術哲学に関するテキストである『技術の哲学』（2009）において，ANT を技術哲学の文脈のなかに体系的に位置づけたうえで，さらにそれを L. ウィナーの議論と結びつけることで「技術の解釈学」という立場を提起している。「技術の解釈学」においては，「ブラックボックスを開く」という ANT の営みが，ウィナーの重視する技術の政治性への介入へと貢献するものとして位置づけられている。ウィナーもまた ANT に対して批判的な論稿（e.g. Winner 1993）を書いたことで知られている論者の一人であるが，ここにおいても村田は，表面上の対立関係をこえて，両者を有機的に結びつけているのである（ウィナーの ANT への批判については☞第 2 章）。

　以上のように村田は，ANT と技術哲学との関係を示すことに加え，さらに，ANT と表面上対立しているようにみえる立場が，実際には ANT と有益な仕方で連携させることが可能であることをも示しているのである。

第1部

第2部

第3部

　ANT と技術哲学との関係をめぐる最近の展開の一つとして，生態学的転回シリーズでの諸議論を挙げることができる（佐々木編 2013; 村田編 2013; 河野編 2013）。シリーズのなかでもとくに ANT への言及があるのは第 2 巻である。その導入の章において村田は，「エコロジー」の問題を，いわゆる地球環境問題に限定するのではなく，より広く，われわれを取り囲むさまざまな人工物ないし技術との関係をめぐる問題をも含むものとして捉え直している（村田編 2013: 序章）。こうしたエコロジー観は，ANT とも共通する（☞第 12 章）。村田の議論を含め，同シリーズに収められている諸議論は，とくに ANT を中心に据えているわけではないものの，ANT 的な視点から研究を行うものたちにとっても実に示唆に富んだものといえる。

（執筆者：科学哲学・科学社会学＝金　信行／技術哲学＝栗原　亘）

【文　　献】

大塚善樹, 1998,「遺伝子組み替え作物をめぐる環境問題と科学技術の相互的構築」『環境社会学研究』4: 93–106.

大塚善樹, 2000,「ハイブリッドの社会学」上野直樹・土橋臣吾編『科学技術実践のフィールドワーク——ハイブリッドのデザイン』せりか書房, pp. 22–37.

金森修, 2000,『サイエンス・ウォーズ』東京大学出版会.

河野哲也編, 2013,『知の生態学的転回 3 倫理 人類のアフォーダンス』東京大学出版会.

佐々木正人編, 2013,『知の生態学的転回 1 身体 環境とのエンカウンター』東京大学出版会.

松本三和夫, 2009,『テクノサイエンス・リスクと社会——科学社会学の新たな展開』東京大学出版会.

村田純一, 1994,「技術の哲学」『岩波講座 現代思想 13 テクノロジーの思想』岩波書店, pp. 3–44.

村田純一, 1995,『知覚と生活世界——知の現象学的理論』東京大学出版会.

村田純一, 1999,「解釈とデザイン——技術の本性と解釈の柔軟性」『文化と社会』1: 154–179.

村田純一, 2009,『岩波テキストブックス 技術の哲学』岩波書店.

村田純一編, 2013,『知の生態学的転回 2 技術 身体を取り囲む人工環境』東京大学出版会.

ラトゥール, B., 2019a,『社会的なものを組み直す——アクターネットワーク理論入門』（伊藤嘉高訳）法政大学出版. (Latour, B., 2005, *Reassembling the social: An introduction to Actor-Network-Theory*. Oxford: Oxford University Press.)

ラトゥール, B., & ウールガー, S., 2021,『ラボラトリー・ライフ——科学的事実の構築』（立石裕二・森下翔監訳）ナカニシヤ出版. (Latour, B., & Woolgar, S., [1979]1986, *Laboratory life: The construction of scientific facts* (2nd ed.). Princeton, NJ: Princeton University Press.)

Callon, M., 1986, The sociology of an actor-network: The case of the electric vehicle. in M. Callon, A. Rip, & J. Law eds., *Mapping the dynamics of science and technology: Sociology of science in the real world*. New York: Palgrave Macmillan, pp. 19–34.

Winner, L., 1993, Upon opening the black box and finding it empty: Social constructivism and the philosophy of technology, *Science, Technology, & Human Values, 18*(3): 362–378.

06 ANT と経済

遂行性アプローチの分析視角とそのインプリケーションについて

金　信行

1 はじめに

　本章で取り上げるのは ANT の経済領域での応用研究である。この動向はしばしば遂行性アプローチ（performativity approach）とも呼ばれ，経済社会学を構成する重要なアプローチとしてみなされている（Zelizer 2007: 1066–1067; Aspers et al. 2015: 20）。この動向の代表的論者には，B. ラトゥールと共に ANT の指導的な立場にあった M. カロン，統計学や核ミサイルの成立過程の社会構築主義的研究で知られる D. マッケンジーがいる（社会構築主義的科学技術研究である SSK と SCOT のアプローチについては☞第 2 章，第 4 章，第 5 章）。カロンとマッケンジーの研究を受けて，経済社会学では実験装置や科学的知識など非人間の役割にいち早く注目した科学技術社会学の知見の摂取が積極的に行われており（Pinch & Swedberg eds. 2008），また金融市場の事例を社会学／文化人類学的に分析する金融社会論が活発な動きをみせている（Preda & Knorr-Cetina eds. 2005, 2012）。

　こうした ANT の経済領域での応用研究は，ANT の基本的な着眼点にしたがって，経済事象の成立に関わるモノや知識などの非人間の役割を重視する。たとえば，われわれが近くのスーパーに買い物に出かけたとしよう。スーパーで肉や魚を手にとって買い物かごに入れる時，一体どのような要素がこの購買行為に影響を与えているだろうか。もちろん売り手との信頼関係のような人間的要素はあるだろう。だが，見本市のように商品を置くための台や棚，商品の鮮度に応じて値引き率を決める価格決定のシステム，購買意欲を促進するようなマーケティング知識や経営戦略など，ざっと思い浮かべるだけでもさまざまな非人間的要素が関わっていることは想像に難くない。これはあくまで卑近な例ではあるが，ANT の経済領域での応用研究はこのように，経済事象の分析において従来積極的に取り上げられてこなかっ

た，非人間の役割に焦点を当てた記述を展開するのである。

　本章では，カロンとマッケンジーの経験的研究を参照することで，こうした
ANT の経済領域での応用研究の強みを具体的に検討する。まず，経済学の主要な
ルーツの一つである新古典派経済学のエッセンスを確認することで，ANT の経済
領域での応用研究を対比的に論じる（第2節）。次に，フランスのサービス業を対象
としたフィールドワークに基づくカロンの事例分析を検討する（第3節）。そして，
金融取引の一種であるオプション取引とこの普及に大きく貢献した金融理論の関係
を歴史的に論じたマッケンジーの事例分析を検討する（第4節）。この内容をふまえ，
最後に ANT の経済領域での応用研究がもつ意義をカロンとマッケンジーの議論か
ら示したい（第5節）。

2　経済事象の経験的分析

　経済領域の分析を主に司ってきたのは経済学である。この節では，ANT の経済
領域への応用研究と従来の経済学の考え方との距離感をみるために，20 世紀経済学
を代表する新古典派経済学のエッセンスを確認したい。

　新古典派経済学は人間の自発的な交換とこれによって個人にもたらされる効用に
着目して経済プロセスを分析する立場である（瀧澤 2018: 31）。具体的には，新古典
派経済学には特徴が 3 つある（瀧澤 2018: 52-53）。まず，経済主体は合理的だとい
う仮定である。これは，消費者や生産者のような経済アクターを，効用や利潤の最
大化を常に目的としている合理的経済主体として扱っているということである。こ
うした合理的経済主体は，しばしばホモエコノミクスと称される。次に，方法論的
個人主義である。これは，ミクロな経済主体の行為選択に着目してマクロな経済全
体の説明を行う説明様式を指している。最後に，均衡分析がある。これは，需要と
供給が釣り合っている状態を分析の焦点として，そうなっていない現実の比較で説
明や予測を行うということである。新古典派経済学は，合理的な存在である経済主
体のミクロな行為から出発して，需要と供給が均衡するマクロな状態を分析する立
場なのである。

　このように新古典派経済学は出発点として合理的経済主体という仮定を重視し
ているわけだが，こうした仮定の選択にはどのような含意があったのだろうか。こ
れに関しては二つ重要な点がある（瀧澤 2018: 109-111）。第一に，こうした仮定に
よって人間心理の複雑な問題を排除したということがある。人間の選択の背後にあ

る複雑性を心理学の問題として脇に置くことで，経済学は比較的素朴な人間の仮定によってマクロな市場メカニズムの解明を目的とする学問として成立することができた。そして第二に，合理的経済主体という仮定の現実性を問うことが難しくなったということがある。イギリスの哲学者である J. S. ミルは，実験によって理論の実証を行えない経済学を，帰納ではなく演繹に基づく学問としてみなした。基本的な仮定から演繹的に議論をするという方針は経済学において強い影響力をもち，理論の有用性を仮定の現実性によって評価することは軽視されてきた。

　以上の内容をまとめると，経済学の基本的なルーツの一つである新古典派経済学では，経済事象のプロセスを分析するうえで人間行為ではなく市場メカニズムの作用の解明に重きが置かれてきた（瀧澤 2018: 114）。しかし，経済分析においては，以上のような新古典派的な経済学の路線とは別に，経済行為の複雑性に着目するアプローチもある。そもそもわれわれが現実に行なっている経済行為を振り返れば，個人の宗教的動機から企業のマーケティング戦略や商品の配置の仕方に至るまで，さまざまな要素が経済行為に影響を与えていることは明らかであろう。経済社会学はこの経済行為にかかわる社会的要素を解明するべく研究の蓄積を重ねてきた学問分野であり，近年の経済社会学の動向では経済行為を可能にする重要な要素として非人間の役割が注目を集めている（渡辺 2002; cf. Swedberg 1990）。そして，モノや知識といった非人間と経済主体の相互作用に着目して分析を行なったのが，他ならぬ ANT の経済領域での応用研究なのである。

3　M. カロン「複雑性を飼いならすツールとしての文書化／書き換え装置」

　ANT の経済領域での応用研究は，科学技術社会学にルーツをもつカロンとマッケンジーによって積極的に展開された。ここではまず，カロンの経験的研究を参照して，経済事象においてモノの役割を取り上げる分析視角をみていこう。

　カロンは二つのフィールド研究を基に，経済事象における道具，とりわけ文書の重要性を提起した（Callon 2002）。カロンは文書が経済事象においてどのような作用を及ぼしているかを，1995 年と 1996 年に行なった二つのフィールド研究から論じている。つまり，フランスのセーヌ川でクルージングを企画する会社でのフィールドワーク（BC）と企業向けにミールバウチャーを開発する会社でのフィールドワーク（CR）である。

カロンによれば経済事象における文書の役割には三つのカテゴリーがある。まず，文書はサービス提供を文書化する（Callon 2002: 194-195）。サービス業において商品は必ずしも有形物の形で存在せず，それは従業員による行為の形で顧客に提供される。この性質から，商品であるサービス内容はファイルの形で文書化されていなければならない。BC の場合，どのような設備やサービスが利用可能かを示す商品ファイルがこのカテゴリーに入る。同様に CR の場合，質的誓約書（Quality Charter）がそれにあたる。質的誓約書は企業と顧客相互の義務を記した文書であり，これは企業の提供するサービス内容を明記している。

次に，文書は顧客を文書化する（Callon 2002: 195-198）。このカテゴリーは，売り手が把握しなければならない需要を明らかにする。これは電子化した顧客カードのような記録媒体の形をとり，サービスの値段や顧客からの要求に関する詳細をすべて記録している。顧客との交渉や意見交換が進むにつれて記録媒体は更新され，企業内で逐一共有される。BC においてこのカテゴリーに該当するのは，クルージングに関するアンケートである。アンケートの作成者は，食べ物の温度，音響のボリューム，スタッフの態度といったクルージングの主要な構成要素を確定すると同時に，それらの要素がゲストや顧客に与える影響をアンケートによって可視化しようと試みる。CR でも同様に，このカテゴリーの該当物としてバウチャーに関するアンケートを行うことで，現行のバウチャーに対するユーザーの意見を把握しようとする。

最後に，文書はサービスを作り上げる行為の順序を文書化する（Callon 2002: 198-199）。サービスを直接提供する従業員にやるべき指示を与える，ハンドブックあるいは聖書と呼ばれる類のものがある。BC の場合，このカテゴリーには 50 ページにわたる給仕用のハンドブックが該当する。このハンドブックでは，「あなたは……しなければならない」，「……は必要不可欠である」といった強い命令口調によって，サービスとして遂行しなければならない行為のあるべき順序を規定する。このハンドブックは単に出来事を羅列しているのではなく，必要な行為の順序を書き起こすことでサービスの内容を確定している。

経済事象においてこのような役割を果たす文書は安定することなく，絶えず書き換えを迫られる（Callon 2002: 203-205）。顧客の文書化の段落で述べたように，文書は提供したサービスに対する顧客の反応を記録している。なんらかのサービスに関して不満が寄せられた場合は，その反応に基づいてサービスの順序の文書化の役割を担うハンドブックの内容を修正する。CR において質的誓約書には合計八つの

バージョンが存在する。最初のバージョンではどの法人と契約が結ばれてどのような効力が生じるのかを淡々と述べる極めて形式的・法的口調に満ちたものであった。しかし，このバージョンに対する顧客や従業員の批判を受けてか，別のバージョンでは企業は顧客に対して良質なサービスを提供する義務を負っているという，倫理的責任を強調した口調が採用されていた。このように文書は，さまざまな関与者の要望を受けて変化を遂げていくのである。

　このように文書が変化に対して柔軟に対応することから，サービス業において需要と供給は不変のものとしてあるのではなく，現実にはさまざまな要因が絶えず提起されることでその都度修正されていくものだという知見が得られる（Callon 2002: 206-208）。BC の例を用いると，クルージング参加者の要望としての需要は，提供するすべてのサービスのなかから検討したいものがピックアップされている，アンケート設計やアンケートの統計的分析における仮説やバイアスの影響を受けて，成立する。この需要を受けて，提供していたサービスを見直し，設備設計から給仕内容を見直した新たなサービス内容を備える供給が成り立つ。そうすると BC のクルーズとは，どのような顧客の要望を前提として扱い，またどのようなサービスを再確定するかを決定する壮大な実験だと考えられるかもしれない。

　このように BC や CR の事例において，文書はサービスの需要と供給を確定する役割を果たしていた。ここでその内容を再びまとめ直すと，BC や CR の事例の文書はさまざまな外在的要求を関連づけ，それらの要求を共存可能なものにしているといえる（Callon 2002: 209）。文書は，サービスを構成する行為の順序を確定し，サービスと業績の相関関係を確立し，一定の観点における行為や成果を活用し，従業員を巻き込みながら従業員が従う指示を形成する。顧客サービスは文書を中心としてサービス関係者などの「アクター」が絶えず関係づけられる「ネットワーク」なのである。

4　D. マッケンジー「経済学は遂行的なのか」

　以上のようにカロンの経験的研究では，経済事象におけるモノの役割に着目した記述が展開されていた。しかし，ANT の経済領域での研究は文書などだけではなく，知識のような，通常であれば「無形物」とみなされるようなものの役割を焦点化した記述を行うこともできる。こうした記述の優れた例として，ここではマッケンジーによる経験的研究を取り上げてその分析視角をみていこう。

マッケンジーが議論の題材として選択したのは，金融市場におけるオプション取引の爆発的な普及に大きく貢献した，ブラック・ショールズ・マートンモデル（BSM モデル）である（MacKenzie 2007）。オプション取引とは，約束の日時に任意の商品を約束価格で売買する権利の取引である（相田・茂田 2007: 186）。原理的にはあらゆる商品が対象となるが，金融市場であれば株式や債券といった金融商品が権利取引の対象商品となる。このオプション取引は古代ギリシャ時代より存在していたが，オプション価格の算出が直感に頼るものであったため，その普及は進まなかった。このオプション価格の算出方法に理論的そして数学的基礎を与えたのが，BSM モデルであった。

BSM モデルは 1973 年にアメリカの数学者 F. S. ブラックとアメリカの経済学者 M. S. ショールズによって発表された（cf. Black & Scholes 1973; Merton 1973）。このモデルの通称には，ブラックとショールズに加えて，その経済数学的基礎の確立に貢献したアメリカの経済学者 R. C. マートンの姓が冠せられている。この功績により，ショールズとマートンは 1997 年にノーベル経済学賞を受賞する。ショールズとマートンは理論の実践として資産運用会社ロング・ターム・キャピタル・マネジメント（LTCM）の金融取引に参加したものの，1998 年に LTCM が巨額損失で破綻したことは有名な話である。

BSM モデルは，経済学における一物一価と効率的市場仮説を前提とした方程式である（城田 2017: 36）。株価の変動率を示すボラティリティ以外の変数は，オプション取引の仕様に合わせて自動的に代入でき，ボラティリティに関しては過去変動してきた株価の分析や現在のオプション価格の逆算から，その目安を設定できる。一物一価とは，市場全体の需給に基づく価格決定によって，同質の商品には同一の価格のみが成立するという前提である。そして効率的市場仮説とは，市場参加者は利用可能なすべての情報にアクセスでき，取引商品の価格には常にすべての情報が反映されているという前提である。しかし，あるスーパーと別のスーパーで同じ商品の値段が違うとか，購入する商品の状態が実はあまり良くなかったことが買った後にわかるようなわれわれの実感覚からすると，こうした仮定は現実から遠い想定のような印象を受ける。実際，BSM モデルが算出するオプション価格は，必ずしも現実を反映しない理論的前提に立脚したものであった。

BSM モデルは，世界初のオプション取引所の誕生と同時期に誕生した。1973 年4 月 26 日にシカゴオプション取引所（Chicago Borad Option Exchange: CBOE）が開設され，ブラックとショールズの記念碑的論文は『経済学研究』誌の 5・6 月

号に掲載された。CBOE の開設と BSM モデルの発表には若干のタイムラグがあったが，ブラックらの研究は一部の金融実務家にはすでに知られていた（MacKenzie 2007: 60）。BSM モデルの発表以降，BSM モデルのコンピュータ処理で算出した各銘柄のボラティリティやオプション価格を載せた，ブラックのシートが月額 300 ドルを払う購読者に毎月配信された。当時ボラティリティを概算するサービスの購読が月額 15 ドルであったことを考えると，ブラックのサービスは高額であったが，トレーダー間のコピーの融通などもあってブラックのシートは広く出回ったようである（MacKenzie 2007: 61）。

　BSM モデルの活用を通じて，現実のオプション価格が BSM モデルの算出する理論値に近づくという事態が生じた。マッケンジーはこの事態が起きた要因として 5 点挙げている。まず，トレーダーが BSM モデルを好んで活用した理由に関して，3 点ある。第一に，BSM モデルの経済学的成功である（MacKenzie 2007: 69-70）。オプション価格の算出方法に関しては，BSM モデル以外にも競合するアプローチが幾つかあったものの，BSM モデルは金融経済学者によって既存のモデルより優れたものとして高く評価された。経済学，とりわけ金融経済学は，権威づけの源泉として極めて高いステータスをもっていた。

　そして第二に BSM モデルの概念的わかりやすさである（MacKenzie 2007: 70）。無論，BSM モデルは専門家以外には極めて難解なものである。しかし，金融実務家にとっては他の競合モデルと比べて概念的理解が容易であった。特殊な概念として理解を要するのはボラティリティであるが，ボラティリティすなわち株価の変動率というのは，トレーダーにとって馴染みの薄い話ではない。対照的に，競合するモデルの一つだとたとえば，6 個の回帰係数という金融実務家にとってまったく馴染みのない概念が登場するため，計算方法だけでなく概念的把握も極めて困難なものとなる。

　第三に BSM モデルの公開性の高さである（MacKenzie 2007: 70-71）。1960 年代〜 1970 年代までのアメリカ法では，金融取引に関わる技術は特許の対象とならなかった。競合モデルの考案者は将来の特許化に備えてモデルの詳細を明かさなかったのに対して，ブラックらは自らの研究成果の細部を積極的に公開した。さらに，モデルを公開した者たちのなかでも，ブラックらは広く一般の金融実務家が扱える形で知識を商品化した。このように BSM モデルは，アクセス性に優れたものであった。

　これらに続く 2 点は，BSM モデルの選好にかかわらずこのモデルが現実の経済

へ影響を及ぼした要因である。第四の要因は，BSM モデルの理論値を受けたオプ
ション取引の競争状態の成立である（MacKenzie 2007: 71-72）。先ほど述べたよう
に，BSM モデルは，理論としては洗練されていたが，実際のオプション価格と比べ
てやや低めのオプション価格を算出する傾向にあった。このズレに直面したトレー
ダーのなかで BSM モデルの正しさを信じた者は，本来の価値より過大評価されて
いるオプションを売却してオプションの現物を購入する裁定取引を行う。この裁定
取引が一定程度行われると，供給の増加から実際のオプション価格の値下がりが起
こる。たとえ BSM モデルの信頼性に疑問を抱いていた者でも，モデル信奉者の行
為でオプションの値下げ競争が一度始まった状況では，自らが保有する当該オプ
ションの価格を値下げせざるをえなくなる。このようにして，BSM モデルに賛同
しないトレーダーや興味をもたないトレーダーでもその遂行性の実現に手を貸さざ
るをえなくなる。

　最後に第五の要因は BSM モデルの活用によるオプション取引のリスク管理への
貢献である（MacKenzie 2007: 72-73）。オプション取引でトレーダーが破産した場
合，その損失は清算会社が負担しなければならないため，清算会社はトレーダーの
オプションがもつリスクに極めて敏感であった。このリスク算出に BSM モデルが
貢献したのである。このリスクをデルタと呼ぶ。デルタは満期時点でオプションが
行使される確率を意味し，BSM モデルの N (d_1) に相当する。デルタがゼロに近け
ればリスクが少なく，デルタが大きければそれだけリスクが高くなる。清算会社が
トレーダーのオプションのデルタが低いかどうかを気にしたため，トレーダーはデ
ルタ計算のために BSM モデルやブラックのシートを活用する必要があった。こう
した事情で，BSM モデルはトレーダーだけでなく取引所関係者や規制監督者など
金融業界の関係者全体で広く話題になった。

　このようにして BSM モデルは金融実務家に広く活用されることで現実の経済へ
と強く介入し，BSM モデルによるバーンズ的遂行性の作用は株式市場が空前の暴
落に見舞われる 1987 年 10 月 19 日のブラックマンデーまで続いた。この間に生じ
た市場の変化をまとめると，BSM モデルの活用を通じて現実のオプション市場が，
このモデルの依拠する経済学的仮説へと近づいたということになる（MacKenzie
2007: 74）。BSM モデルが依拠する一物一価と効率的市場仮説に着目すると，以下
のようになる。まず BSM モデルのオプション価格と現実のオプション価格にズレ
が生じている時，割高あるいは割安という価格の歪みを利用して利ざやを稼ぐ，裁
定機会が生じている。この裁定機会に乗じて，割高なオプションを売って割安な現

物を買う裁定取引を行うとオプション価格のズレが縮小するため，同質の商品に同一の価格がつく一物一価の状態へと近づき，裁定機会が減少する。効率的市場仮説とは裁定取引がおこなえない市場を意味しているため，裁定機会の乏しい市場状態へ近づくことは，効率的市場への接近を意味する（城田 2017: 37）。このように，オプション取引の経済事象は BSM モデルという経済学的知識を起点としてトレーダー，清算会社，規制監督者といったさまざまな「アクター」が関係する「ネットワーク」として成立していたのである。

5 おわりに

　以上のようなカロンとマッケンジーの経験的研究を参照することで，ANT の経済領域への応用研究がもつ強みがみえてくる。現代の主流派経済学のルーツの一つである新古典派経済学の枠組みでは，経済事象の帰結を分析するにあたって市場メカニズムの解明が重視されている。ANT の経済領域への応用研究は，経済事象の分析において人間行為に着目し，これに関係する非人間との相互作用を記述する。具体的にはまずカロンの研究において，顧客の新たな需要の発生からクルージングやミールバウチャーといったサービスの提供までの経済事象は文書やサービス提供者といったさまざまなアクターのネットワークとして記述されていた。次にマッケンジーの研究では，オプション市場に関する経済事象が経済学的知識とその活用を受けた取引関係者という，アクターの相互作用によって形成されたネットワークが記されていた。最後に，文書や経済学的知識といった非人間に着目して経済事象を分析することに一体どのような意義があるのかについて，マッケンジーとカロンの議論をごく簡潔に整理することで本章を閉じたい。

　まずカロンの考える意義である。カロンは，社会科学者が真理の暴露に関して特権的な地位をもつという科学観に対して，批判的である（Callon 2005: 12）。つまりカロンは，観察者が観察対象者の気づくことのできない世界を暴けるという考え方に同意しないということだ。そしてカロンは，批判的であろうとする経済の人類学が研究するべき対象は，弱い立場の「アクター」が経験的世界において活用する手続きや物的装置だと述べている（Callon 2005: 12）。こうした研究の役目は，社会科学者による真理の暴露によって，たとえばホモエコノミクスのような幻想を打ち破ることではなく，現象が起こる過程の精密な記述を通じて世界が別様になりうる契機が数多くあることを，控えめに示すことにある（Callon 2005: 18-19）。つまり，

観察者がインフォーマントの見えない真理を暴露するのではなく，現象の過程を構成する個々のアクターの選択が実は極めて多様であったことを示すことで，そうした選択が少し違えば結果も全然違ったものになる可能性を示唆するのである（ラトゥールの議論における批判的あるいは政治的インプリケーションについては☞第9章）。

　次に自身の研究の意義に関するマッケンジーの見解をみてみよう。マッケンジーは，ANT の経済領域への応用研究を含めた金融社会論は単なる学術研究だけでなく広く現実世界にも実質的に貢献する公共社会科学であるべきだと主張する（マッケンジー 2013: 203）。そしてマッケンジーによれば，金融社会論は市場の本質を解明することではなく，市場を構成するデザインや配置を記述することを目指す（マッケンジー 2013: 204）。金融社会論の役目は，専門的な問題の重要性を提起し，人びとが十分にそれを理解できるよう説明することにあるので，どの媒体でどのように書くかが極めて重要になるのである（マッケンジー 2013: 206）。つまり，公共社会科学的な貢献の方針に基づいて，現代の経済に大きな影響を与える専門性の高い事柄の研究成果を一般の読者が手にとって読める媒体や文体で展開することで，学術的のみならず実践的な貢献をしていくのである。

　このように，若干の強調点の相違はあるものの，カロンとマッケンジーは共に，経済事象を規定する本質の解明ではなく，経済事象を構成するモノの作用や実践を記述することを目指している。そしてカロンとマッケンジーによれば，こうした研究は経済事象が別様の可能性に満ちていることを提起し，たとえば金融のような極めて専門的な領域に関して一般の理解を促進することができる。ANT の経済領域への応用研究は，経済学とは独立に経済の本質を新たに明らかにするのではなく，経済事象における非人間の作用や人間の実践を記述するための重要なツールなのである。

●もっと詳しく勉強したい人のための文献
①渡辺深, 2002, 『経済社会学のすすめ』八千代出版.
☞1980 年代以降の「新しい経済社会学」の展開を網羅的に検討した著作。

②國部克彦・澤邉紀生・松嶋登編, 2017, 『計算と経営実践──経営学と会計学の邂逅』有斐閣.
☞遂行性アプローチの視座を活用して経営／会計現象を分析した論集。

③北川亘太, 2019,「主体の変容を価値づける装置」『季刊経済研究』*39*(2): 33–53.
　立見淳哉, 2019,「モノのデザインと価値づけ活動──調理道具と「コンテ conte」の開発から」『季刊経済研究』*39*(2): 5–32.
　山本泰三, 2019,「なぜ経済学の行為遂行性が問題となるのか」『季刊経済研究』*39*(2): 55–70.
☞遂行性アプローチに関する理論的検討や，遂行性アプローチと非常に近い関係にある価値づけ研究（Valuation Studies）の概念を活用した事例検討を行なった特集号の論考。

④ Callon, M. ed., 1999, *The Laws of the Markets*, London: Blackwell Publishers.
☞カロンが ANT の発想を生かす形での経済社会学的研究の方針を初めて打ち出した記念碑的論集。

⑤マッケンジー, D., 2013,『金融市場の社会学』（岡本紀明訳）流通経済大学出版会.
☞カロンと共に遂行性アプローチを担ってきたマッケンジーの論文を，経験的研究を中心に集めた論集。

⑥ MacKenzie, D., Muniesa, F., & Liu, L. eds., 2008, *Do economists make markets?: On the performativity of economics*. Princeton, NJ: Princeton University Press.
☞遂行性アプローチに関する経験的研究や批判的検討を収録した代表的論集。

【付　記】

本章第 4 節の記述は金（2022: 154–157）と一部重複している。

【文　献】

相田洋・茂田喜郎, 2007,『NHK スペシャル　マネー革命 第 2 巻 金融工学の旗手たち』日本放送出版協会.
金信行，2022,「金融取引の時間論的論理はいかなるものであるか──エレーナ・エスポジトの金融システム論を中心として」高橋顕也・梅村麦生・金瑛編『社会の時間──新たな「時間の社会学」の構築へ向けて』2019-2022 年度科学研究費補助金成果報告書（19K02145），立命館大学，pp. 153–163.
城田剛, 2017,「金融理論の実践を通じた市場の形成──金融商品・戦略・政策の遂行的側面の比較分析」博士論文, 首都大学東京大学院社会科学研究科.
瀧澤弘和, 2018,『現代経済学──ゲーム理論・行為経済学・制度論』中央公論新社.
マッケンジー, D., 2013,『金融市場の社会学』（岡本紀明訳）流通経済大学出版会.（MacKenzie, D. A., 2009, *Material markets: How economic agents are constructed*. New York: Oxford University Press.）
渡辺深, 2002,『経済社会学のすすめ』八千代出版.
Aspers, P., Dodd, N., & Anderberg, E., 2015, Introduction, in P. Aspers, N. Dodd, & E.

Anderberg eds., *Re-imagining economic sociology*. Oxford: Oxford University Press, pp. 1–33.

Black, F., & Scholes, M., 1973, The pricing of options and corporate liabilities. *Journal of Political Economy, 81*(3): 637–654.

Callon, M., 2002, Writing and (re)writing devices as tools for managing complexity, in J. Law, & A. Mol eds., *Complexities: Social studies of knowledge practices*. Durham: Duke University Press, pp. 191–217.

Callon, M., 2005, Why virtualism paves the way to political impotence: A reply to Daniel Miller's critique of The Laws of the Market. *Economic Sociology: European Electronic Newsletter, 6*(2): 3–20.

MacKenzie, D., 2007, Is economics performative?: Option theory and the construction of derivatives markets, in D. MacKenzie, F. Muniesa, & L. Liu eds., *Do economists make markets?: On the performativity of economics*. Princeton, NJ: Princeton University Press, pp. 54–86.

Merton, R. C., 1973, Theory of rational option pricing. *The Bell Journal of Economics and Management Science, 4*(1): 141–183.

Pinch, T., & Swedberg, R. eds., 2008, *Living in a material world: Economic socioogy meets science and technology studies*. Cambridge, MA: MIT press.

Preda, A., & Knorr-Cetina, K. eds., 2005, *The sociology of financial markets*. Oxford: Oxford University Press.

Preda, A., & Knorr-Cetina, K., eds., 2012, *The Oxford handbook of the sociology of finance*. Oxford: Oxford University Press.

Swedberg, R., 1990, *Economics and sociology: Redefining their boundaries*. Princeton, NJ: Princeton University Press.

Zelizer, V. A., 2007, Pasts and futures of economic sociology, *American Behavioral Scientist, 50*(8): 1056–1069.

07 ANT と法

ANT は無責任な理論なのか

伊藤嘉高

　これまでの各章（とりわけ第3章）でみてきたように，アクターネットワーク理論（ANT）にしたがって私たちの直観に忠実になってみれば，万物は連関しており，行為の発生源は不確定である。しかし，そのことを認めるのであれば，行為の責任の所在はどうなってしまうのだろうか。誰が責任を取ればよいのだろうか。「自分のせいではない」という無責任が跋扈してしまうのではないか[1]。これは，ANTに対する典型的な批判であるが，誤解に基づく批判にすぎない。

　この種の批判を行う者が理解していないのは，ANTは科学であり，責任を割り当てる法とは異なることである。では，法とは何なのだろうか。裁判においても科学的な証拠がもちだされているではないか。法と科学とはどう違うのだろうか。

　まず，法とは何なのかについて考えてみよう。世間の注目を集めた凶悪犯罪に対して「甘い」判決が下された場合に，「裁判所は現実離れしている」と批判されることがある。そうした批判のなかでの法は，単なる形式的表現である。つまりは，扱われている事案に対して何らかの規則を当てはめ，一般的なカテゴリーへ分類しているものにすぎない。法にとっての現実は，法の「構造」にしかないというわけだ。

　さらに，ある種の社会学や社会批評にいわせれば，法は，社会的なもの（階級やイデオロギー）によって左右され，社会的なものによって説明できる面があるという。「法には相応の力があるけれども，そこに「社会的次元」を加えるならば，法についてもっとうまく理解できる」というわけだ（ラトゥール 2019: 11）。もっと極端な批判法学の場合には，法は社会的なものを覆い隠すためにあり，社会的なものが

---

1) 古典的な批判として，H. コリンズと S. イアリーによる「認識論的チキン」（Collins & Yearly 1992) が知られる。M. カロンとラトゥールによる反論（Callon & Latour 1992）も参照のこと（☞第2章）。

法をつくっているとみなされることにもなる²⁾。

　しかし，ANT は，そうしたかたち（すなわち，構造や社会的なものといった「メタ言語」をもちだすかたち）で法を説明しない。外部から「法について語る」のではなく，法の実践者たちが「法的に語る」ことを可能にしている条件（法の「適切性条件」☞第 10 章）を探るのである。そして，B. ラトゥールが見出すのは，法は躊躇という実践のなかにあり，むしろ法が社会ないし「社会的なもの」——ここでは，人間を含む事物の連関のことを指す——を作り上げていることである。

　どういうことなのだろうか。本章では，ラトゥールの『法が作られているとき』(2017) に焦点を当てて，ANT 流の法の記述方法をみるとともに，法と科学と責任の問題を考えてみよう。

1　法のダイナミズムを生み出す「泥臭い」法的推論

　ラトゥールは『法が作られているとき』のなかで，法の「本質」を扱っている。ただし，「本質」とは常に実践のなかにある。ラトゥールは，法に対して距離をおいて勝手な社会的説明を行なったり，形式主義といったレッテルを貼ったりすることなく，フランスの行政最高裁判所でもあるコンセイユデタ（国務院）でフィールドワークを行い，非公開の会議や業務を観察する。そして可能な限り表層的であろうとする。コンセイユデタでは，

> 「法の超越性を信じるものは，ここへ立ち入ることなかれ」と書き刻まれている。ここには天使も，悪魔も，超人もいない。ただ普通の国立行政学院の卒業生が，文章と言葉以外に何も持たずにいるだけである。ここでの作業の特質は，完全に，身体と，口と，声のなかに，作文と文書記録のなかに，規則正しく維持された会話のなかに，またグレーや黄色のフォルダに入った几帳面な分厚いファイルのなかにある。（ラトゥール 2017: 100-101, 訳文一部改変）

---

2) たとえば，批判法学第一世代は「法は政治である」をスローガンに掲げ，主流派法学が「法の支配」の名の下に，既存の不平等な階層秩序の維持にいかに寄与しているかを明らかにしようとした (cf. ケアリズ編 1991)。批判法学第二世代になると，ラカンの精神分析や生物学主義がもちだされるようにもなるが，いずれにせよ法を外部から扱う「メタ言語」に依拠している点に変わりはない。

　ラトゥールが具体的にみているのは，外国人追放やゴミ箱や自治体に関する個別具体的な事件に対する審理である。これらの事件は，審理を通して，行政法全体や憲法，人権規約などと結びつけられていく。しかし，そこでみられるのは，事実を法で取り替える形式的なプロセスではない。コンセイユデタの官僚たちによる，ためらいと躊躇，曲がりくねった筋道，あてどない内省といった泥臭い「法的」推論なのである（ここでの「推論」は，事件を論理的に分析しそれを統合して一定の結論を導くことを指す）。

　そうした推論において重要なのは，「法的言明の適切性条件」である。万物が潜在的に連関しうるならば，任意のAとBを結びつける言明はすべて成り立ちうる。しかし，それでは議論はいつまでも終わらない。何らかの結論を得るには，ある言明が適切であり，ある言明が不適切であるとされる条件がなければならず，法が自律したものであるならば，法には法の適切性条件があるはずである。

　この適切性条件は，A.グレマスの物語論（☞第3章）によれば，「価値対象」（価値のあるもの）の循環や転換によって確保されるものであり，ラトゥールもその議論を援用している。しかし，ラトゥール自身は，グレマスの物語論における「価値対象」の位置づけについて詳しく述べておらず，その理解は容易ではない。そこで，まずは，グレマスのテクストを参照しつつ[3]，ラトゥールにおける価値対象の位置づけを整理しておこう。

　グレマスによれば，物語は価値対象の獲得，喪失，移転によって進行する。差異が生まれることによって物語が進行するのであれば，物語にとって，無価値なものの差異ではなく，価値あるものの差異（獲得，喪失，移転）が重要になるからだ。

　第3章でみた勇者の物語の例でいえば，「ドラゴンを倒す力」が価値対象の典型であろう。勇者は自らが価値対象を有しているのかを確かめるさまざまな「試練／試験」（trial）を経て，その存在を確固たるものにする。村人Aの結婚といった，その物語にとっては価値のないものを語り続けても，物語は前に進まない。物語に登場するアクターは価値対象との関係でその地位が決まる。

　ラトゥールは，コンセイユデタにおける審理で交わされる職員たちの言明を，こうした価値対象の獲得，喪失，移転という点から記述していく。もちろん，ラトゥールが描き出す価値対象は，あくまでラトゥールがコンセイユデタでフィールドワークを行うなかで見出されたものにすぎず，何ら普遍性，本質性を有するもの

3）グレマスの『意味について』（1992）のとりわけ pp. 181-213。

ではない。適切な法的言明という行為（つまり、「法について語る」のではなく、「法的に語る／法を語る」）の源泉もまた「不確定」であり、ラトゥールが見出した価値対象は、そうした行為に参与するアクタンの一つにすぎない。

　では、法的推論では、どのようなものが価値のあるもの（＝法的推論を適切なかたちで前に進めるもの）とされ、議論が前に進み、議論が尽くされ、一つの決定に至っているのだろうか。ラトゥールは、審議のスクリプトを慎重に書き起こし、価値対象のシグナルとなる語を太字で強調していく。

　一例として、ある申し立てについて審議を重ねるなかで、すでに「純粋な形式」となった規則の適用を回避し、判例法（法解釈）を覆し、それでも事件を判例体系の中で調和させていくケースをみてみよう。具体的には、知事と地方自治体総合組合との廃棄物収集事業に関する契約について、（自分に税金のかたちで寄付を求められた）第三者である住民から異議申し立てがなされた事件（案件）に対する審議である（ラトゥール 2017: 227–259）。

> リュション課長官　まず、総会の事件を取り上げましょう。**難しい事件**です。1905年の判例法がありますが、そこでは、第三者はある行為の無効化を要求することはできないとされています。権限を踰越しているからです。私たちは、すでに**信頼を損ないつつある**法解釈を揺さぶることになるかもしれません。下の課では、この支柱を揺るがすことを望んでいませんでした。訴訟部長官からは「あなたがたは本当に**臆病**になっていますよ。ずっと**夢見てきた**この法解釈を揺るがす**好機**を利用してはどうでしょうか」と言われました。弁護人のいない、あるいはいないも同然のこの事件はとても**興味深い**ものです。
> デルダゴ［報告担当官］　（「調査報告書」を読み上げながら）（……）この先行する判例法はすべて、利用者の権利を拡大するものですし、あとは、契約に直接異議を唱える「**決意をする**」だけです。私は、すでに非常に形式的になった手続きを**単純化するだけでよい**と考えます。司法に関する限り、深刻な混乱は**起こらない**はずです。しかし、申し立てが増えるリスクはありますので、原告としての適格性を示す規準を作り出さなければなりません。つまり、(a) 当該行為が〔契約から〕「**分離可能**」であるかどうか、(b) 当該行為が「**行政立法的**」であるかどうか、(c) 当該行為が第三者に向かう可能性があるかどうか、です。私はこの契約を取消す草案を書き上げています。今回の事由は現行の判例法では機能しませんが、もし私たちが判例法を修正すれば、申立人が正し

いことになります！（引用部分 [　]は原文ママ）

　審議は「興味深さ」によって進められる。しかし，判例法を形式的なものとみなすと，申し立てが増大するリスクを抱えることになる。そこで，原告としての法的地位の適格性を示す規準が提案され，リスクの低減が図られるが，あくまで法解釈の変更は，申立人の「事由」が機能するかどうかがポイントとなる。そこで，審議の焦点は，当該の行政立法的行為が契約から分離できるかどうか，つまり，申し立てが受理可能かどうかに当てられ，審査裁判官は「私たちは躊躇する必要がある」と発言するに至る。その後，議論は法的安定性の確保へと進み，判例の進展が「首尾一貫」したかたちで描かれ，最後に議論の「品質」が確認される。

　こうした審理の数々の観察を通して，ラトゥールは 10 の価値対象を見出す。以下，簡単にみておこう。ラトゥールが第一に見出すのが「権威」である。多人数による議論において，同僚の発言を中断させる力，あるいは，自分の発言を中断させない力，そして同僚からの支持を得る力は，議論を行うために欠かせない。もちろん，権威は固定的なものではなく，事件を処理するなかで，絶えず「試練」（☞第3章）にさらされるものである。

　第二の価値対象は，申し立て（つまり，コンセイユデタに対する上訴）そのものであり，「申し立ての命運」である。先の例でみたように，申し立てを妨げる「障害」があった場合，そうした障害を取り除き，前進させることに一定の価値が置かれる。

　第三の価値対象は，「興味深さ」である。「法を語ること」（法的判断を下すこと）が困難な事件の場合に事件は興味深くなり，単純な作業で済むような新たな判断に裁判官は関心を示すのだ。そして，最終的に，単純な判断で済むようになると，その事件は興味のないものとなる。

　第四の価値対象は，ファイルのフローの「組織化」である。過去の同様の事件のファイルから文章がコピーできるのであれば，議論は一気に前進する。つまりは，多くのものを無駄に動員することなく効率的な議論を行うことに価値が置かれる。

　第五の価値対象は，過去の判例の「重み」である。過去の判例を取り上げる際には，その判例の堅実性や首尾一貫性を高めることになるのかどうかに価値が置かれる。

　第六の価値対象は，議論自体の「品質」である。議論の品質は，議論に参加するメンバーたちが自己の判断や役割を再帰的に自己評価することで，統制される。こ

の品質を保証するのは，「社会的・政治的文脈や権力関係から完全に独立であることにも，形式を厳密に適用すること」にもなく，意思決定を構成する「細かく分節された要素の幅広さ」である（ラトゥール 2017: 224–225）。

　第七の価値対象は，「躊躇」である。早急に判断することなく，躊躇することの価値が認められるからこそ，現実にも規則にも拘束されすぎることなく，議論を前に進めることが可能になる。「躊躇，曲がりくねった筋道，あてどない内省が取り除かれれば，「法を語る」という表現を定義することは不可能である。正義は躊躇する。躊躇しない形式主義や法律主義は，正義を誤った方向へと導く」（ラトゥール 2017: 201）。

　第八の価値対象は，事件と判決をつなぐ「事由」である。事実と法，事件と判決のあいだには必ず不連続性があり，両者のあいだに連続性を打ち立てるために不可欠なのが，この「事由」である。具体的には，法律違反，権力濫用，無資格，権限踰越などである。ただし，この事由は常に明確であるわけではないため，他の価値対象が必要になってくる。

　第九の価値対象は，法そのものの「首尾一貫性」である。世情の変化により，法解釈を修正する際には，法全体の首尾一貫性を保たなければならない。混乱や抗議を呼び込んではならない。もちろん，個々の裁判官には，この首尾一貫性をまなざす神の視点を有していないために，他の価値対象が必要となる。

　第十の価値対象は，法の「限界」である。法がいたずらに拡張されれば，裁判官の業務量は膨大なものとなり，法的予測可能性が失われ，深刻な無秩序状態が訪れるだろう。

　このように，法的な推論を進めているのは，参加者の権威であったり，事件への関心であったり，法の首尾一貫性であったり，躊躇する必要であったり，法の限界であったりする。これら，「価値対象」がぶつかり合ったり変換されたりするなかで，法のダイナミズムが生まれているのだ。

　　プロセスが終わりを迎えるのは，決して純粋な法が勝利したからではなく，こうした力関係や，異質なものからなる複合体間の衝突による内的な特性のためであり，また何らかの価値対象が実際に変更され，適切な表現の条件が本当に満たされたと，行為者自身がみなしたためである。（ラトゥール 2017: 260）

2　法と科学：「無対象的な」法的客観性

　こうした議論は，法の堅実性に対する尊重をないがしろにするものであると思われるかもしれない。しかし，ANT の見立てでは逆である。以上のような価値対象は，決して取るに足らないものではなく，科学者にとっての実験装置や同僚などと同様に，必要不可欠なもの（媒介子☞第3章）である。

　　内情を知られたくないと考える者たちはおそらく，もし一般大衆がこうした実
　　験室や法廷というふたつの超越した形式の裏側にある慎ましい内在性を見分
　　け始めれば，法の堅実性や科学の真実性への敬意が失われていくことになること
　　を不安に思っているのだろう。しかし，正確には，その反対が正しい。（ラ
　　トゥール 2017: 266）

　ここで法を科学と対比させて考えてみよう。科学的対象の場合は，本書第3・4章で見たように，抽象化／具体化に向かう明確な循環が観察されるが，法的推論における価値対象の場合，そうした明確さは認められない。むしろ，ラトゥールの記述からは，ある価値対象が満たされると，別の価値対象が現れ，議論を進めていくという動態が浮かび上がる。たとえば，過去の判例の「重み」が満たされることで，「品質」管理という価値対象が生み出され，「品質」が満たされることで，今度は法全体の「首尾一貫性」という価値対象が生み出される。そして，新たな価値対象が生み出されなくなったときに判決が下されることになる。

　したがって，そこで循環しているのは，議論を尽くして判決を下すという「義務」である。つまるところ，こうした価値対象は，言い換えれば，議論を尽くして判決を下すという行為をもたらすアクターネットワークを構成するアクタンである。したがって，議論を尽くさない形式主義や法律主義は，正義を誤った方向へと導いてしまうというわけだ。

　ラトゥールにいわせれば，法的な客観性は，文字通り「無対象的」である。もちろん，裁判官や評定官が，当の事件に対して無関心であるわけではない。その事件の社会的，政治的，経済的な意味合いであったり，申立人の属性であったり，不正の大きさであったりと，関心の源泉は至るところにある。判決に達するまでは，科学と同様に，あらゆる努力が注がれ，できる限り疑いが維持される。

> 法について話すとき，いつも法律体系全体について話しているということは，それほど驚くことではない。なぜなら，私たちが，まるで強迫観念に取り憑かれたかのような書面活動を通じて，理論的には——ある一連の署名，行為，デクレをともなって——ある特定の場所から別の場所へと導きうるような途切れのない筋道という手段に頼りながら，あらゆる時間，空間，人びとを構成するすべての継続的行為を結び上げ，絶えずつなげようとしているからである。(ラトゥール 2017: 346)

　それでもコンセイユデタでは，最終的に，その対象から距離を取ることが求められる。科学はどこまでも事実にこだわるのに対して，法的文書に登場する「事実」は，そこへ立ち帰る必要の無いものである。法的文書の目的は，事件の個別性に引きずられることなく，関係する特定の法的観点に移動し，文書間の非連続性を「形式」によってつなぎ，法的安定性のもとで異論の無い判決を下すことにあるからだ。そうした法的観点に焦点を当てる際，裁判官は事実をすっかり忘却してしまう。

　そして，論告担当官が新たな法解釈を示す際には，常にかつて存在していた原則について表現するかのように提示される。それは，「行政法体系全体を大きく変えるときであっても，「よりいっそう」かつての姿を取り戻すつもりでなされることになる」（ラトゥール 2017: 294）。

　このようにみれば，最終決定権は裁判官に戻る。この権能は，専門家の権威とも，科学者による終わりなき議論の更新とも似ていない。最終決定は，価値対象の循環によって議論を尽くした結果として得られるものである。裁判官の既判力（後の裁判への拘束力）の要は，「決定されたことが真実としてみなされるべきであること」にあるのであって，「決して真実と混同されるべきでないこと」にあるのだ（ラトゥール 2017: 320）。

3　存在様態論へ：法と科学を分別し交渉させる

　以上の議論は，法に対するシニシズムを正当化するために行われているのではない。ラトゥールが問題にしたいのは，こうした法ではなく科学の客観性によって最終決定を下そうとする現代の心性である。その背景には，法の客観性と科学の客観性との混同があり，その結果，法と科学が本来の役割を果たせなくなっているというのだ。

　まずは，科学についてあらためてみてみよう。科学の客観性とは，むしろ，モノ＝抵抗性である（☞第3章，第4章）。つまり，科学の客観的判断を担保するのは，あくまで科学者に抵抗しようとするモノの存在である。したがって，科学的判断は決して終結することなく，常に他の科学者による別の検証にさらされることになる。論争が再燃することを誰も妨げることができない。科学には「既判力」が存在しない。

　したがって，「厳然たる事実」（邦訳書では「事実問題」）によって議論を終結させるのは，科学の役割から逸脱している。そして，法的判断のありようからも大きく逸脱している。よって，ここで大切なことは，誤って科学に委託されてきた最終決定権を科学から取り除くことで，科学が，モノの参照の連鎖によって事実の実在性を高めていく絶え間ない運動を再開するよう促すことである。

　次に，法についてみてみよう。第3章でも確認したようにどこまでも「議論を呼ぶ事実」（邦訳書では「関心問題」）からなる世界のなかで（最初にみたように，ある行為の本当の責任はどこにあるのか？），法は，裁判官以外の調停人を伴わない正義の制作と法の宣告を行い，独自の秩序を作り出している。法は，あらゆるもののなかに飛び込み，「非難と義務の繊維網」を至るところへと拡張している。法は，法的安定性のもとで各事件に対して最終決定を下す「義務の鎖」[4]を構成しているのだ。

　もちろん，裁判において科学的知見が持ち込まれることもあるだろう（コンセイユデタは，最終審であるため，そうした場面は登場しない）。しかし，その際は，その専門家の発言が，判断でもその判断の証拠でもないことが確保される。あくまで証言として位置づけられるのだ。

　以上の主張は，一方の「厳然たる事実」（事実判断）と他方の「議論を呼ぶ事実」（価値判断）という近代的な二分法の反復ではない（☞第8章）。科学は，「議論を呼ぶ事実」を「厳然たる事実」に一時的に変換する力を有しているにすぎない。原発事故に典型的にみられるように，そして，この原稿を入力している PC が故障したときのことを考えれば，「厳然たる事実」は潜在的には常に「議論を呼ぶ事実」である（☞第3章，第4章）。

　そして，科学技術が日常生活のあらゆる場面に入り込んでいる今日，「厳然たる事実」がますます「議論を呼ぶ事実」となっている（☞第1章，第12章）。したがっ

4）科学が「参照／指示の鎖」によって成り立っているのに対して（☞第4章），法は「義務の鎖」によって成り立っている。「義務の鎖」は，M. セールの『自然契約』（1994）からの援用である。

て，同一の「議論を呼ぶ事実」に対して，法律家と科学者は共同して取り組まなければならない事態になっており，法と科学を慎重に区別しなければならないのである。つまり，科学は活発な論争を引き起こし，法は均衡を回復する。

> 科学の繊維が，むしろレースのように，多くの隙間を残しながら，至るところへ拡張しているのに対して，法の繊維は，完全かつシームレスにすべてのものをカバーしなければならない。それぞれが，世界全体をカバーするふたつの全く異なった方法〔存在様態〕なのである。（ラトゥール 2017: 327）

「厳然たる事実」をもちだして科学を説明することができないのと同じく，「法の構造」をもちだして法を説明することはできない[5]。一つの普遍性（唯一の客観的事実）や，さらには相対的な主観性や社会も前提にすることなく，ANT は，さまざまな連鎖を地道にたどり，諸々の存在様態のありようを突き止め，つなぎ直していく。科学であっても法であっても，こうした存在様態を捉えるためには，どこまでも表面的，皮相的，フラットでなければならない。

> 法は，あからさまに，繰り返し繰り返し，取り憑かれたように，特定の事件のなかへその全体性を効果的に動員する道を敷こうとする。手続き，規範の階層，判断，ファイル，そして私たちがこれまで多くのページを割いてきた「事由」という素晴らしい言葉でさえ，これらすべての用語が，この全体化と動員の，この支配化と強化の，この操縦と結合の，運動について説明するものである。（ラトゥール 2017: 348）

法にせよ，科学にせよ，宗教にせよ（☞第 10 章），経済にせよ（☞第 6 章），政治（☞第 8 章）にせよ，それぞれが独自の連鎖，独自の存在様態を有しており，それぞれの仕方で「人間と事物の集合体」を組み立てている。この集合体を「社会」と呼ぶならば，社会が法を作り出しているのではなく，法が社会を組み立てているの

---

5) ちなみに，ラトゥール自身は，N. ルーマンのシステム論を揶揄することがあるが（ラトゥール 2017: 351-352; 2019: 457），ルーマンの組織システム論は，組織の決定が相互に参照し合いながら新たに作り出されていくネットワークとして組織を描くものであり，佐藤俊樹が指摘するように，「ルーマンのシステム論への反証」にはなっていない（佐藤 2019: 83-86）。

だ[6]。そして、この集合体のなかでこそ私たちは議論を尽くしたり、責任を取ったりすることができる。私たちは、他者から切り離された一個の主体として、議論を尽くしたり、責任を取ったりすることはできない「準‐主体」であり「準‐客体」なのである[7]。

別の言い方をすれば、法もまた「ファクティッシュ」である（☞第10章）。ファクティッシュとは、ラトゥールの造語（ファクト＋フェティッシュ）であり、簡単に言えば、「人間が創り出した事実が、もはや人間から切り離し得ないものとなり、人間に影響を及ぼす」さまを指す。決して近代的であったことのない近代人は、そうした法との「分かちがたい結びつき」のなかで、集合的な生を生きているのだ（Latour 2012: 357–380）。

したがって、主体／客体図式にとどまる社会科学では、人間の責任（応答能力）を維持することはできない。ANTは、人間の責任を蔑ろにするものではなく、逆に、人間の責任を「ケア」するための方法である[8][9]。そして、人間の責任が生ま

---

6) ただし、ラトゥールの記述は、なぜ法が相対的に自立しており、社会を組み立てることができるのか、という問いには答えていない。とくに日本のように法外における紛争解決がことさら重視される社会においては、別様の舞台で別様の存在様態が見出されるはずである（cf. 吉良ほか 2017）。ただし、その様態もフラットに記述できるだろう。

7) 「準‐客体」（quasi-object）、「準‐主体」（quasi-subject）は、セール（1987）の用語で、簡単にいえば、ラグビー選手とラグビーボールの関係のように、「主体」も「客体」も寄生し合うことで成り立っており、その意味で、いずれも、ある程度、「主体」でもあり「客体」でもあるということ。ラトゥールの文脈では、近代における「主体」と「客体」は、近代憲法（☞第8章）によって、準客体、準主体が純化されたものにすぎないとされる。近代の二元論者がいうように「主体」と「客体」が影響を及ぼし合っているのでもなければ、弁証法的関係にあるのでもない。

8) この点は、科学に対するANTの実践も同様である。「啓蒙主義が非常に強力な記述ツールの性質、つまり、〈厳然たる事実〉の性質から主に利益を得ていたのに対して——実に多くの信念、権力、幻想の正体を暴くのに優れていたからだ——、今度は、〈厳然たる事実〉が同じ暴露の力に食いつくされるや、啓蒙主義自体が戦う力をすっかり失ってしまったのだ。その後、啓蒙の光はゆっくりと消え、ある種の暗闇がキャンパスに落ちてしまったようにみえる。私が問いたいのは次のことだ。今回〔ANT〕は〈厳然たる事実〉を扱う別の強力な記述ツールを考案できるのか。その意味はもはや正体を暴くことにあるのではなく、ダナ・ハラウェイが言うように、保護しケアをすることにあるだろう。〈厳然たる事実〉から実在性を取り去るのではなく、〈厳然たる事実〉に実在性を加える人のエートスへと批判的衝動を変えることは本当に可能なのか。別の言い方をすれば、脱構築と構築主義の違いは何なのか」（ラトゥール 2020: 206）。ANTが目指すのは「引き算の批判」ではなく「足し算の批判」である。

れる場に光を当てることで，人間の責任を維持するための条件を明らかにしようとするものである。

●もっと詳しく勉強したい人のための文献
本章で主に取り上げたラトゥールの『法が作られているとき』は正直言ってかなり読みにくい。そこで，本書の議論を他分野の法研究とどう接続できるのか，さらには ANT による法研究をいかに発展させるのかを考える際には，①②の書籍が読みやすく，参考になるだろう。また，法と科学の交渉の具体的なダイナミズムを描き出したものとして③が優れている。

① Mcgee, K., 2013, *Bruno Latour: The normativity of networks*. Routledge.
☞他分野の法研究者や実務家に向けてラトゥールの議論を紹介する体裁を取りつつ，社会法理論や批判法学との接続を図っている。

② Mcgee, K. ed., 2015, *Latour and the passage of law*. Edinburgh University Press.
☞『存在様態探究』をふまえ，ANT による法研究をいかに発展させるのかをテーマとした論集。さらには，人新世の時代において，本章でも指摘した法と科学，さらには政治という異なる存在様態間がいかなる交渉を行うべきかについても探求している。

③ジャサノフ, S., 2015,『法廷に立つ科学——「法と科学」入門』（渡辺千原・吉良貴之監訳）勁草書房．(Jasanoff, S., 1995, *Science at the Bar: Law, Science, and Technology in America*. Cambridge: Harvard University Press.)
☞道徳的価値の多元化が進むなかで，「社会を作る」法と科学への期待が不可避的に高まる米国を舞台にして，科学知識を脱構築する（つまり「厳然たる事実」から「議論

---

9) 技術が媒介するかたちで「道徳的主体」が打ち立てられるとする ANT 流の議論も同様である。たとえば，道路を少し隆起させるスピードバンプがあることで，自動車のドライバーは減速することを促され，ドライバーは道徳的存在になるといった主張がなされる（フェルベーク 2015: 20）。これに対して「技術で代替するのは純粋なありようではない」と疑義が呈されることがある。しかし，すでに明らかなように，私たちは事物とともに生きる準‐主体であり，どのような事物とともに生きるかを考えるべきなのである。「技術との関係における我々の自律性は，言語や酸素や重力などとの関係における自律性と同じである。これらのものへの依存から逃れようと考えることは馬鹿げている」（フェルベーク 2015: 265）。したがって，さまざまな事物の配置と連関をもたらす技術（☞第5章）に関してもまた，とりわけ生権力による身体への介入が進む現代においては（☞第9章），「政治」の対象とならなければならない（☞第8章）。アメリカの銃規制反対派による「人を殺すのは人であって銃ではない」という強弁は端的に間違っているのだ。

を呼ぶ事実」へと変換する）法の意義を明らかにしている。

【文　献】

吉良貴之・定松淳・寺田麻佑・佐野亘・酒井泰斗, 2017,「〈法と科学〉の日米比較行政法政策論——シーラ・ジャサノフ『法廷に立つ科学』の射程」『年報 科学・技術・社会』*26*: 71-102.

グレマス, A. J., 1992,『意味について』（赤羽研三訳）水声社.（Greimas, A. J., 1970/1983, *Du sens: essais sémiotiques*. Paris: Seuil.）

ケアリズ, D. 編, 1991,『政治としての法——批判的法学入門』（松浦好治・松井茂記訳）風行社.（Kairys, D. ed., [1982]1990, *The politics of law: A progressive critique*. New York: Pantheon Books.）

佐藤俊樹, 2019,『社会科学と因果分析——ウェーバーの方法論から知の現在へ』岩波書店.

セール, M., 1987,『パラジット——寄食者の論理』（及川馥・米山親能訳）法政大学出版局.（Serres, M., 1980, *Le parasite*. Paris: B. Grasset.）

セール, M., 1994,『自然契約』（及川馥・米山親能訳）法政大学出版局.（Serres, M., 1990, *Le contrat naturel*. Paris: F. Bourin.）

フェルベーク, P.-P., 2015,『技術の道徳化——事物の道徳性を理解し設計する』（鈴木俊洋訳）法政大学出版局.（Verbeek, P.-P., 2011, *Moralizing technology: Understanding and designing the morality of things*. Chicago, IL: University of Chicago Press.）

ラトゥール, B., 2017,『法が作られているとき——近代行政裁判の人類学的考察』（堀口真司訳）水声社.（Latour, B., 2002, *La fabrique du droit : une ethnographie du Conseil d'État*. Paris: La Découverte.）

ラトゥール, B., 2019,『社会的なものを組み直す——アクターネットワーク理論入門』（伊藤嘉高訳）法政大学出版局.（Latour, B., 2005, *Reassembling the social: An introduction to actor-network-theory*. Oxford: Oxford University Press.）

ラトゥール, B., 2020,「批判はなぜ力を失ったのか——〈厳然たる事実〉から〈議論を呼ぶ事実〉へ」（伊藤嘉高訳）『エクリヲ』*12*: 198-230.（Latour, B., 2004, Why has critique run out of steam?: From matters of fact to matters of concern, *Critical Inquiary*, *30*(2): 225-248.）

Callon, M., & Latour, B. 1992, Don't throw the Baby out with the Bath School! A reply to Collins & Yearley, in A. Pickering ed., *Science as practice and culture*. University of Chicago Press, pp. 343-368.

Collins, H., & Yearley, S. 1992, Epistemological Chicken in in A. Pickering ed., *Science as practice and culture*. University of Chicago Press, pp. 301-326.

Latour, B., 2012, *Enquête sur les modes d'existence. Une anthropologie des Modernes*, La découverte.

第1部

第2部

第3部

コラム3 日本の人類学における ANT の展開

アクターネットワーク理論（ANT）は，科学論から「人類学の存在論的転回」のような現在の理論的動向に至るまで，各分野に多くの影響を与え続けてきた。ANT の人類学における受容のあり方には，いくつかのパターンがありうるだろう。一つは，道具的な観点から ANT を利用するというパターンである。海外の伝統的村落社会へ参与観察に赴くのみならず，現代の科学技術が関わってくるようなテーマを扱う人類学的な研究の増加を背景に，そうしたテーマを民族誌的に記述する際に必要となる理論的前提として，ANT の有用性が発揮される，ということである。科学技術の関わってくる現代の複雑な現象を調査する際に，「自然／文化・社会」「人間／非人間」といったさまざまな既存の区分や二項対立を取り払い，関係を追いかけるという ANT の理論的方針が現代の人類学のフィールドワークと民族誌記述に使われていると説明できる。

こうした道具としての ANT 受容という観点以上に重要なのが，近代論としての ANT という観点である（本書第8章も参照）。この観点で重要なのは，『虚構の近代』を筆頭にしたラトゥールの「非近代」をめぐる議論である。「われわれは近代になったことはない（we have never been modern）」（ラトゥール 2008）という有名なテーゼに表されているように，われわれが近代と前近代を切り分けて自らを前者と位置づけて差異化し，社会と自然を分割して考えられない不合理な前近代人を対象化するという行為に対してラトゥールは異議を唱えた。いっけん「不合理」に見える他者の行為を対象にとって研究を行なってきた歴史をもつ人類学において，この「不合理性」が実は私たちにも備わっており，まさにこの分割が行われる近代においてハイブリッドが生まれてくるという主張が受け止められるようになったのは ANT の功績といえるだろう。

日本の人類学においては，いくつかの大学を中心として，ANT の方法論を取り入れた研究が行われてきた。最初期のものとしては，2001年に人類学者の足立明が『社会人類学年報』に発表した「開発の人類学——アクター・ネットワーク理論の可能性」という論文がある（足立 2001）。足立はスリランカの農村や開発をめぐる研究を行い，人とモノのネットワークを追いかけるための有力な理論として ANT を紹介した。

ANT に関連した人類学的研究を載せた論集をいくつか紹介しておこう。2005年には，山下晋司・福島真人の編集による『現代人類学のプラクシス——科学技術時代をみる視座』が出版されている。東京大学大学院総合文化研究科の教員と院生を中心に執筆された同書では，科学技術，医療，産業開発といっ

た幅広い分野における人類学的な民族誌の方法事例が短く紹介されている。とくに第1部「テクノサイエンスを観察する」では，ANTを含めた科学技術の社会科学の歴史をふまえて，テクノサイエンスを対象としたいくつかの調査モデルを紹介している。

　2011年出版の『現実批判の人類学』（春日 2011）は，ANTに影響を受けた人類学における「存在論的転回」の問題意識を受けとめた理論研究と事例研究が掲載された論集である。M. ストラザーンやラトゥールらが影響を与えた「存在論的転回」は，人類学者による他者表象の政治性を問題にした1980年代以降の議論を受け止めたうえで，いかにして人類学が他者について「書く」のか，そしてその書き手たる人類学者と対象である他者とはいかなる関係に置かれるのかということを問題にしてきた。この人類学者と他者の関係は，「存在論的転回」においては，比較を行う民族誌が生み出す調査者と対象との「部分的つながり」（ストラザーン 2015）として理解される。このとき人類学者は，ある特権的な外からの視点で定点的に対象を観察するのではなく，それぞれのパースペクティヴが部分的につながる内在的関係に入ることで自己と他者の双方を理解することになる。「現実が現実として構築される過程」，すなわち調査者も巻き込みながら他者が世界を構築する過程を分析することによって，観察者と観察される側を対等なアクターとして認識しながら，他者の存在構築とさらなる生成の可能性を探ろうとしているのである。「存在論的転回」に関わるさらなる論文については，大村敬一，グラント・ジュン・オオツキ，佐塚志保，森田敦郎の編集による論集 *The World Multiple*（Omura et al. 2018）を参照されたい。

　人類学的な仕事における ANT の影響は，長尺の記述的な民族誌においてより発揮されているといえるだろう。たとえば，テクノサイエンスの詳細な事例を載せた民族誌としては，森田敦郎『野生のエンジニアリング』（森田 2012），久保明教『ロボットの人類学』（久保 2015），『機械カニバリズム』（久保 2018）などが挙げられる。森田は，タイの農業機械のような「非文化的」と考えられかねない存在を取り上げる。農業機械の発展は，単に近代化に伴って世界が均一化した，という構図において考えられがちであるが，実践における人とモノのネットワークを追いかけていくと，そうした単純な構図が崩れ，道具とその使用といった細かい技術的な関係から，タイの社会経済的な状況，輸入業者までがつながっている事態がみえてくる。久保の『ロボットの人類学』（久保 2015）と『機械カニバリズム』（久保 2018）は，それぞれ日本におけるロボットの存在と人工知能の存在を中心に取り扱った民族誌的な仕事である。どちらも，「機械」が人間に対する他者として立ち現れてくる瞬間や，人間と機械との

あいだで起こるインタラクションから何が生まれているのか，そしてその結果，人間にとって機械がいかなるものでありうるかという点について分析し考察している。また，科学技術と政治の問題を扱ったものとしては，内山田康『原子力の人類学』（内山田 2019）が挙げられるだろう。人類学者が 2011 年の福島第一原発事故をきっかけに福島に通い始め，やがてフランスのコタンタン半島とその原子力発電所，実験室，運動家たちを追いかけていく様子が描かれており，ANT 的な調査の過程が明白に示されているものとして参考になりうるだろう。

　医療の問題を扱ううえで ANT 的な発想を取り入れたものとしては，モハーチ・ゲルゲイ「代謝を生きる」（ゲルゲイ 2011），山崎吾郎『臓器移植の人類学』（山崎 2015），ナターシャ・ダウ・シュールの『デザインされたギャンブル依存症』（ダウ・シュール 2018）などが挙げられるだろう。ゲルゲイは病院や疫学調査やシンポジウムなどの現場における「代謝」を追いかけて，それが単なる生体的機能にとどまらず，生命と生活の双方に関係して「共生成」するものとして描き出す。山崎の『臓器移植の人類学』は，他者の身体の部分であった臓器を自らの身体に入れることから生じるさまざまな問題について人類学的に描き出す。シュールの仕事は，ラスベガスのカジノの配置やそれによって作られる人間のネットワークが，ギャンブル依存を作り出す過程を追いかけている。こうした医療人類学における ANT の展開は，本書第 9 章で解説されている，病院のさまざまな場所における動脈硬化の多重性を探求した A. モルの『多としての身体』（モル 2016）に大きな影響を受けていることも指摘しておきたい。

（執筆者：小川湧司）

【文　献】

足立明, 2001,「開発の人類学――アクター・ネットワーク理論の可能性」『社会人類学年報』27: 1–33.

内山田康, 2019,『原子力の人類学――フクシマ，ラ・アーグ，セラフィールド』青土社.

春日直樹編, 2011,『現実批判の人類学――新世代のエスノグラフィへ』世界思想社.

久保明教, 2015,『ロボットの人類学――二〇世紀日本の機械と人間』世界思想社.

久保明教, 2018,『機械カニバリズム――人間なきあとの人類学へ』講談社.

ゲルゲイ, M., 2011,「代謝を生きる――移動性をめぐる実験的考察（〈特集〉身体のハイブリッド）」『文化人類学』76(3): 288–307.

ストラザーン, M., 2015,『部分的つながり』（大杉高司ほか訳）水声社.（Strathern, M., 2004, *Partial connections*, Updated edition. Walnut Creek, CA: Altamira Press.）

ダウ・シュール, N., 2018,『デザインされたギャンブル依存症』（日暮雅通訳）青土社.（Dow Schüll, N., [2012]2014, *Addiction by design: Machine gambling in Las Vegas*. Princeton, NJ:

Princeton University Press.）

森田敦郎, 2012,『野生のエンジニアリング——タイ中小工業における人とモノの人類学』世界思想社.

モル, A., 2016,『多としての身体——医療実践における存在論』（浜田明範・田口陽子訳）水声社.（Mol, A., 2002, *The body multiple: Ontology in medical practice*. Durham: Duke University Press.）

ラトゥール, B., 2008,『虚構の近代——科学人類学は警告する』（川村久美子訳）新評論.（Latour, B., 1993, *We have never been modern*（trans. C. Porter）. Cambridge, MA: Harvard University Press.）

山崎吾郎, 2015,『臓器移植の人類学——身体の贈与と情動の経済』世界思想社.

山下晋司・福島真人編, 2005,『現代人類学のプラクシス——科学技術時代をみる視座』有斐閣.

Omura, K., Otsuki, G. J., Satsuka, S., & Morita, A. eds, 2018, *The world multiple: The quotidian politics of knowing and generating entangled worlds*. London and New York: Routledge.

第
1
部

第2部

第
3
部

08 ANT と政治／近代

「政治」を脱・人間中心的に
組み直すための思考法

栗原　亘

1 ANT における「政治」

　本章のテーマは「政治（ポリティクス）」である。このテーマに関しては，アクターネットワーク理論（ANT）の枠組みを用いたケーススタディが数多く存在する。近年では，とりわけエコロジーと政治をテーマとする文脈で，ANT を他のアプローチと折衷する試みも多くみられるようになっている。しかし，そうした数々のケーススタディの紹介は末尾の文献案内や他の章にゆずることにして，本章では，あえて理論的な側面に着目することにしたい。具体的には，B. ラトゥールが，その「（非）近代論」との関係において提示した，脱・人間中心的な政治観について確認していくことにしたい。「（非）近代論」とそれにもとづく「政治」をめぐる思索は，ラトゥールが近年展開している「ガイア」や「人新世」をめぐる議論の基礎ともなっている（☞第 12 章）。このことからもわかる通り，ANT の今後の展開や，それを基礎に展開している議論を理解するうえで「（非）近代論」および「政治」の議論は欠かすことができないのである。

　ラトゥールはこれまでさまざまな形で「政治」というテーマに言及してきた。ただ，あまたある言明のうち，ラトゥールの政治観をもっとも端的に示すのは，「すべては（コスモ）政治的（ポリティカル）である」というものだろう（Latour 2007: 818）。ここで用いられているコスモポリティクスという語は，I. ステンゲルスに由来する（ステンゲルスについては☞コラム 1：ANT の同盟者たち）。この語こそが，ラトゥールの議論，ひいては ANT の議論の枠組みにおける「政治」の位置づけを理解するうえで鍵となる。

　おそらく，ANT の議論に馴染みのない読者は，コスモポリティクスなどという仰々しい言葉をもちだすと，かなり特殊な議論が提起されるのではないかという印

象を受けるかもしれない。つまり，わたしたちが通常思い浮かべるような「政治」に関するイメージからは，かなり逸脱した議論が提示されるのではないか，と。それはある程度は正しい。しかし，あらかじめ強調しておけば，ラトゥールは，通常わたしたちが思い浮かべるような政治的な活動——たとえば，選挙や国会での政治家たちの駆け引きなど——もまた，やはり紛れもなく「政治」であると考えている。しかしポイントは，あくまでもそれが政治的と呼ばれるべき活動の一部でしかない，ということである。つまり，ラトゥールにとって，通常の政治の捉え方は，完全な誤りではないものの狭すぎるのである。では，どう狭いのか。

　ラトゥールは，何より，通常の意味での「政治」が，人間中心的な形で捉えられ，編成されている点を問題視するのである。ためしにわれわれが通常「政治」という言葉からどんな事柄を想起するかを考えてみよう。そこには，国会での罵り合いから，静かな投票場での投票行動，街頭でのデモ行進・演説に至るまで，実に多種多様なものが含まれるだろう。しかし，その大半が，人間たちの間の価値観や利害関係の調整などに関するものである。また，その参与者として想定されるのも，やはり人間だけではないだろうか。これに対してラトゥールは，「政治」を，非人間をも考慮に入れた形で拡張しなければならないと主張するのである。そして，こうした主張を下支えするのが ANT の視点である。ANT とは，非人間を可視化し，「社会」を脱・人間中心的に捉え直して組み直す一連の試みを指す。ラトゥールは，そうした ANT の観点をもちいて，さらに「政治」を捉え直すのである。すなわち，「社会」を脱・人間中心的に捉えたうえで，さらにそれを構成・統治する手段の一つとしての「政治」もまた，脱・人間中心的な形で捉え直すのである。以上からも示唆されるように，ここで紹介するのは，具体的な「政治」実践の中身というよりは，「政治」自体を脱・人間中心的に捉え直すための発想の転換をどのように行うか，という議論である。これもまた ANT の観点を用いた応用的な議論の一つである。

　以下では，まず，ラトゥールによる「近代」に関する議論の概要を確認する。「近代」をめぐる議論は，そもそもなぜラトゥールが，「政治」を脱・人間中心的に捉えるべきだと考えているかについての論拠を提供している。「近代」に関する議論は，著作のレベルでいえば，『虚構の近代』（ラトゥール 2008）からはじまり，その後，『パンドラの希望』（ラトゥール 2007）と『自然の政治』（Latour 2004）を経て，『存在様態探求』（Latour 2013）以降の議論に継承されていく[1]。以下ではまず，とくに『虚構の近代』と『自然の政治』（そして部分的に『存在様態探求』）の議論のエッセンスを，かなりかみ砕いて要約し，紹介していく。そのうえで，ラトゥール

の「政治」をめぐる基本的な考え方を解説する。

2 「近代」へのANT的アプローチ

『虚構の近代』（英題：We Have Never Been Modern）におけるラトゥールのもっとも重要な主張は，タイトルの通り，「われわれは（近代人が思い描いたような）近代に至ったことなど一度もない」（そして，そうであるがゆえに，「ポスト近代」もない）である。ラトゥールは，同書において，現状認識を誤った近代人たちが，まさにその誤った現状認識に基づいているがゆえに，他でもない自分たちが生み出してきた世界を統治することに失敗していると論じている。

まずラトゥールは，「近代」を，2種類の実践が大々的かつ同時に行われてきた過程であると捉える。ラトゥールは，そうした「近代」を特徴づける2種類の実践のうち，一つを「純化（purification）」，もう一つを「媒介（mediation）」ないし「翻訳（translation）」と呼ぶ。これらのうち「媒介」・「翻訳」という語は，他章でも確認した（☞第3章，第4章）ように，ANTの最重要概念である。もともとは，とくに「科学」を記述するために動員されたこれらの語は，ここではまさに「近代」を読み解くためのキーワードとして用いられているのである。

ラトゥールによれば，以上の2種類の実践は，互いに互いを前提とし合っており，分かち難く結びついている。そして，近代人たちは，これらを同時に行なってきたのだという。ただし，近代人たち自身は，これらのうちの「純化」の方にばかり集中し，「媒介」・「翻訳」にはほとんど意識を向けない（ラトゥール 2008: 77）。というのは，近代人にとっては，一つ目の「純化」の実践こそが公式のプロジェクトであり，媒介ないし翻訳は，本来あってはならない非公式の実践だからである。近代人の自己像においては，あくまでも「純化」の推進と達成こそが「近代化」なのであり，成功の証である。順を追ってみていこう。

まず，「純化」とは，世界や領域を同質的な要素の集合としてみなし，かつそのように編成しようとする諸々の実践のことである。それは，要約すれば以下の二つのことを指す。

---

1) 『存在様態探求』やそれ以降の議論については，第7章や，第3部の諸章を参照のこと。なお，政治という主題そのものについて論じたものとして重要なものとしては，『モノを公的なものとする』（Latour & Weibel eds. 2005）に収められた論稿「Realpolitik から Dingpolitik へ」（Latour 2005）などがある。

　「純化」の一つ目は、世界を人間のみから成る「社会」と、非人間のみから成る「自然」に分離・分断する認識にもとづく実践である。つまり、いわゆる社会 – 自然の二元論にしたがった認識・実践である。重要なのは、この分離・分断にあわせて、「政治」と「科学」もまた明確に分離・分断されることである。「政治」は「社会」の側で人間たちが生み出す価値観や文化の間の調整を行い、他方、「科学」は「社会」の側の価値観や文化とはまったく関係のない「自然」について探究するといった形に、である。

　「純化」の二つ目は、各「領域（domain）」が同質的な要素から成るという認識にもとづく実践である[2]。そこにおいては、「法」「経済」「宗教」そして「科学」などといった各「領域」は、相互に関係しているが（interrelated）、あくまで別個（distinct）のものとされ、一度に扱ってはならないものとされる（Latour 2013: 29）。すなわち、それぞれの領域は「法的なもの」「経済的なもの」「宗教的なもの」そして「科学的なもの」といった同質的な要素から成っていて、混ぜあわされてはならないとされるのである。たとえば、上述した「科学」と「政治」との関係がその典型である。そこにおいては、とくに「科学」に「政治」の要素が混入することは、是が非でも拒絶される。人間たちがどんな価値観を持ち、文化を生み出すにせよ、「科学」が探究する「自然」こそが、唯一無二の事実としての「自然」である。それは、単なる「信仰」や「世界観」とは関係なく存在するとされるのである。ラトゥールはこれを、多文化主義（multiculturalism）と単一自然主義（mononaturalism）のセットと呼ぶ（e.g. Latour 2004: 33, 48, 245）。

　ラトゥールによれば、近代人とは、以上のような「純化」の実践を完遂してきた（と思っている）ものたちである。彼らは、以上のような「純化」こそが、自分たちの進歩の証であると考えている。つまり、近代化とは、前近代人や他の生物（非人間）たちとは異なり、「自然」に制約された世界からますます自由になり、自分たちの独立した秩序であるところの「社会」を作り上げていくことである。それは、人間とそれ以外の存在をはっきりと区別し、人間以外の存在を対象化し、時にそれに対して介入する活動、すなわち科学知の生産や科学技術を構築する活動によって可能となった。そしてさらに、「社会」をさまざまな領域（法、経済、政治、宗教、科

2）正確にいうと、ラトゥールは、こちらに関しては「純化」の言葉を用いて説明を行なっているわけではない。ただ、以下でみるように、「純化」と呼んで差支えのないものである。

学等々）に整然と切り分け，分業体制を敷く（つまり，専門分化を進める）。そうすることで，合理的な世界を生み出してきた。その分業体制において，たとえば「政治」は人間たちから成る「社会」の側のあり方を管理・運営し，他方，「科学」だけが「自然」に真の意味でアクセスできる。このように近代人たちは，二つの世界と各「領域」から成る整然とした世界を生み出すことで，成功してきた。少なくとも，近代人たちの自己像ではそうなっている。

　しかし，実際はどうであったか。ラトゥールは，以上のような近代人たちの自己像を否定するのである。上述したような「純化」の諸実践は，実際には近代人たちが想定したような仕方では決して達成されてはこなかったというのである。どういうことか。

　ラトゥールは，近代人たちは，ただひたすら「純化」を進めているようにみえて，実のところ，同時に別のことをしていたと論じる。すなわち，「媒介」や「翻訳」をいまだかつてない規模で実行し，人間と非人間との連関（association），すなわちハイブリッドを生産し，領域横断的かつ異種混成的なネットワークの形成を進めてきたのだと論じるのである。つまり，近代人たちは，「純化」の実践とは矛盾するようなことをしてきたのである。

　「媒介」や「翻訳」を不断に行い，いわばハイブリッドの生産工場として機能してきたのは，科学知識や科学技術を生み出す現場である。科学知識や科学技術は，「近代」の図式からすれば，「社会」を「自然」から分離・分断してきた立役者である。それは，人間たちの世界である「社会」とは無関係に存在し，人間の手ではどうすることもできない「自然」を可視化すると同時に，われわれを「自然」の制約から自由にするものでもあった。

　ところが，まさに ANT が明らかにしてきたように，科学は事実を構築するために，科学者や科学者同士から成るネットワークだけではなく，さまざまな実験器具・動物，筆記具，さらにまさにその研究対象といったさまざまな非人間アクター（ないしアクタン）を動員する。すなわちそれは，人間と非人間から成る連関が，積極的に，次々に形成されることによって成立している。たとえば，L. パストゥールは微生物と一対一で向き合っていたのか。そうではなく，実際には，数多くの人間と非人間を動員し，試験（☞第３章）を繰り返し課すことで，微生物という実在（reality）を構築してきたのである（ラトゥール 2007）。つまり，そこには，「社会」と「自然」の分離・分断などではなく，ただひたすら人間と非人間とから成る異種混成的ネットワークの束が存在している。

　また加えて，科学的な活動に動員されているのは，いわゆる「科学的なもの」だけでないことも明らかである。「サンプルはどこから採取するのか」「許可はどこから得るのか，実験器具はどこの企業のものを，どこから得た資金で購入するのか」「必要な論文雑誌の流通経路はどうなっているのか」など，少し具体的にその活動を追いかけてみれば，人間と非人間から成る異種混成的なネットワークは，経済から法その他に至る，多種多様な領域を横断して広がっていることがわかる。そして，それによって，「近代」の虚構性が浮かび上がる。相互に排他的に独立したような「世界」と諸「領域」があるのではなく，まさに異種混成的なネットワークの網の目の束が存在しているのである。

　近代人は，科学知識や科学技術を用いて，自分たちがひたすら「純化」をすすめてきたと信じてきた。それは，人間と非人間とを分離・分断し，両者の距離を引き離していくことであるはずだった。人間は，科学知識を生み出し，それに基づき人工環境を構築し，自然環境からどんどん遠ざかっていく。そして，その距離から生まれる空隙を埋めようとして，緑あふれる郊外へと逃げ込んだりしてみる。ところが，ANT 的な観点を採用するラトゥールからすれば，実際に行われているのは，多様な領域に存在している人間と非人間とを結びつけること，つまりそうした意味での「媒介」ないし「翻訳」という実践なのである。

　考えてみれば，木々生い茂る緑豊かな郊外よりも，多種多様な人工物に囲まれた世界の方が，ある意味で人間と非人間との関係は多様かつ複雑であるとすらいえる。考えてほしい。近代的な都市には動物がおらず，植物が存在しないだろうか。否。むしろ，飲食街や病院，実験室を結び目にして，それらは確かにわたしたちと強固に結びついている[3]。かつてとは異なる，ある意味で複雑化した他のネットワークがそこにはある。

　以上からも明らかであるように，近代人の成功は，「社会」と「自然」とをうまく切り分けたことに由来するのではない。たしかに，人間と非人間とを区別して，非人間を効率的に対象化する数々の手段（すなわち科学や科学技術）を生み出したことは，近代人たちの繁栄の礎を築くうえで必要なことであった。しかし，それは人間と非人間とを完全に分離・分断することを意味するわけではなかったのである。むしろ，人間と非人間とから成るハイブリッドを，かつてない規模で，大量に生み出すことを意味したのである。近代人の成功は，まさにこうしたハイブリッドの生

3）とくに「動物」との関係の複雑さに関しては，本書の第 11 章も参照。

産を強力に推進してきたことに由来する。

　問題は，近代人が以上のような事情を捉え損ねてきたことである。つまり，近代人たちは，「政治」と「科学」をそれぞれ「社会」と「自然」とに振り分けてしまうことで，本来，統治すべきハイブリッドが生み出される中間地帯をうまく可視化することに失敗し，ろくに統治も行わず，無法地帯にしてしまったのである。この無頓着さは，近代人たちの「成功」の条件でもあった。というのも，目を向けなかったがゆえに，自由気ままにハイブリッドを形成できたからである。しかし，いまや近代人たちは，あまりにも増えすぎたハイブリッドに対する対処法をもたずに途方に暮れているのである。たとえば，アスベストやプラスチックのような便利な素材を次々に生み出しては，向こう見ずな仕方で社会の隅々へと組み込んできた結果，さまざまな問題が引き起こされているのである（☞第12章）。

　というわけで，中間地帯をまさに統治の対象とすることができるような仕方で「政治」を捉え直し，編成することが必要となる。人間中心的にデザインされた「政治」を，もう一度組み直さなければならない。そのためには「近代」の枠組みから自由になる必要がある。つまり，非近代的（amodern）な，脱・人間中心化された「政治」観を構想しなければならない。これがラトゥールの「政治」に関する立場である。

3　「政治」の組み直し

　ラトゥールは，「社会」と「自然」という分離・分断された二つの世界や，綺麗に切り分けられた「領域」の併存状態ではなく，人間と非人間とが織りなす異種混成的なネットワークがひたすら広がっているような地続きの世界を見出す。ラトゥールは，そうして捉え直される人間と非人間から成るネットワークの集積を指示するために，しばしば，人間中心的なイメージがつきまとう「社会」という語ではなく，「集合体（collective）」という語を用いる。そうして，ラトゥールは，脱・人間中心的な社会観を提示するのである。そして，こうした社会観にあわせて，「政治」もまた，脱・人間中心的に拡張し，組み直そうとするのである。

　そもそも「政治」とは，われわれの住まう「社会」を構成（compose）するための方法の一つである（cf. ラトゥール 2019）。それは，通常の意味でいえば，誰にどのような権利が与えられるべきなのか，誰の声を，誰が，どのような手続きを経て代表し，何を実現するのかといった一連の事柄をめぐる実践の集合である。われわ

れは今日，それを，議会制民主主義であるとか，共和制であるとかいったさまざま
な言葉で呼び，理解している。あるいは，汚らしい欲にまみれた政治家たちによる，
権謀術策が飛び交う権力ゲームの世界といったようなイメージを付与する場合もあ
る。

　しかし，ANT 的な観点から捉え直される社会観を採用するラトゥールにとって，
「政治」は，もはや，人間だけによってなされるものにも，人間のカテゴリー化や
人間と人間との間の関係だけに携わる特定の活動にも，人間同士の利害関心の調整
や権力ゲームにも限定されるべきではない [4]。そこには，たとえば，太陽系の外に
新しい惑星が発見されるようなことや，新しい技術が発明されることまでもが含ま
れなければならないのである（Latour 2007: 816）。なぜなら，そうした活動もまた，
まぎれもなくわれわれが住まう地続きの世界の中に，新しい構成子（メンバー）を受け入れてい
く活動に他ならないからである。「科学的発見」も「技術的発明」も，まさしく（「集
合体」という意味での）「社会」へとメンバーを加え，位置づけていく活動に他なら
ない。

　こうした拡張された意味での政治を射程にいれる語が，本章の冒頭で紹介したコ
スモポリティクスなのである。それは，コスモス（＝われわれが住まう世界）その
ものを形作ることに関する政治（ポリティクス）である。こうして，「（ほとんど）すべては（コスモ）
政治的（ポリティカル）である」というラトゥールの主張の意味するところが明らかとなる。つまり
ラトゥールにとって「政治」とは，「集合体」へと何らかの新しい存在体（entity）
を収集（collect）する活動を広く指示するものなのである。それは存在論的な政治
（ontological politics）と言い換えられるような次元にかかわるものであり，科学を
含むあらゆる活動が政治的な活動として包括される。

　ラトゥールは，「集合体」への存在体の収集を，命題（proposition）の分節化
（articulation）とも表現する（e.g. Latour 2004）。これは，「実在（reality）」の構築
とも言い換えられる。

　まず，ラトゥールの議論において，命題とは，通常の「真偽が判断できる文」な
どという意味では用いられない。それは，「川，象の群れ，気候，エルニーニョ，市
長，街，公園」（Latour 2004: 83）など，ありとあらゆるものを指す。しかし，注意

───────────

4）付言しておけば，そもそも，ANT の観点からすれば，あらゆる活動は，徹頭徹尾，領
　域を横断して広がる人間と非人間から成る異種混成的なネットワークによってなされ
　る。あたかも人間同士の間で完結しているようにみえる権力闘争もまた，そもそも異種
　混成的なネットワークの所産と捉えられるべきなのである（☞第 3 章）。

が必要なのは，これらは，ただ世界を指示するためにつくられただけの，その指示
対象からは切り離された記号列ではないという点である。ラトゥールの議論におい
て，命題とは，そのまま，存在体やモノ（thing）と互換的に用いられる術語なので
ある。

　こうした命題＝存在＝モノという術語の関係については，ラトゥールの用語一
覧における「命題」の項目における記述をもとにしている（Latour 2004: 247-248）。
ラトゥールがこうした捉え方をする理由についてであるが，とくにモノ（thing）の
意味をオブジェクト（object）の意味との対比で捉えると，その意図がわかりやす
い[5]。あらかじめ確認しておこう。

　ラトゥールが thing という語を使用するときに念頭に置いているイメージは，こ
の語が古英語において有していた意味や，さらにその語源となったラテン語の res
が持っていたニュアンスである（Latour 2005: 22; Latour 2004: 54）。要約すると，
ラトゥールはモノ（thing）を，いわゆるオブジェクト的なモノ，つまり個的な物体
としてのモノではなく，その周囲に集まり（assembly）が形成されていくような出
来事を指す語として用いる。すなわち，ラトゥールは，thing に，モノゴト的な意
味をもたせるのである。このことをふまえ，ラトゥールの議論の語彙を用いてさら
に適切に表現するなら，つまりモノ（thing）という語は，その周囲に人間と非人間
とから成る異種混成的なネットワークが形成されていくような出来事を指す。

　モノと存在体とをイコールで結ぶことでラトゥールが示唆しているのは，つまり，
あらゆる存在体は，人間と非人間とから成る連関によって，はじめてある特定の仕
方で実在するに至る，ということである。そして，このことをふまえると，命題の
分節化というのは，存在体がある仕方で実在するために必要とされる異種混成的な
ネットワークの構成素（アクター）とその働き（アクション）が明確化され，安定
化していくことを意味する。ラトゥールは，このような見方を採用することで，い
わば，一般的な意味でのモノ，すなわち客観的な実在であるところのオブジェクト

5）なお，thing と object の訳し分けには注意が必要となる。ラトゥールは，これらの語に
　対し，著作・論稿によって異なるニュアンスを付与しているからである。たとえば，
　『社会的なものを組み直す』（ラトゥール 2019）においては，基本的に，thing の訳には
　物事，object の訳にはモノがあてられている。ただ，ここでは，ラトゥールが，thing
　という語のもつ通常の意味（物体的なモノ）を読者にあえて想起させたうえでその意味
　を拡張するという，一種のパフォーマンスに込めたニュアンスを表現するために，あえ
　て thing にモノという訳語を当てて話を進めていくことにしたい。

が，そもそものようなものとして成立していく過程自体を主題化しようとしている[6]。

以上が少し抽象的過ぎてわかりにくければ，たとえば，パストゥールによる細菌の「発見」やどこかの企業の研究チームによる新素材の「発明」などがなされる過程を思い浮かべてみればいい。問題はそれをどう捉えるか，である。まずはじめの段階において，それは誰かの頭の中のぼんやりとした仮説やアイディアでしかない。つまり，それがどのような性質をもち，どのような応用可能性をもつものなのか，それを特定するためにはどのような機器・機材が必要なのか，それはどういった資金で，どのような場所から購入すべきなのか，どのような（明示的ないし暗黙的な）知識・技能が必要なのか，そしてそれはどこの機関からどのような許可を得たりする必要があるのか等々の，あらゆることが不明確な状態にある。しかし，探究や開発を進め，いくつもの試行錯誤を経ていくなかで，以上のような人間と非人間の双方を含む雑多な諸要素の間の関係が，徐々に確定し，定まっていく。必要な論文をみつけ，どのような装置を用いるべきなのかが確定し，その資金の調達先との関係が形成され，その操作に必要な技能を自分で獲得するか，あるいはそうした技能の持ち主に協力を要請するなどし，さらにその研究・開発を継続するための法的手続きを済ますなどしていく。そして最終的に，ある明確な存在体が，それを取り巻くネットワークとともに姿を現す。つまり，その当の研究対象・開発の対象を含む多種多様な人間と非人間から成る領域横断的な異種混成的ネットワークの点（アクター）と線（アクション）——すなわちアクターネットワーク——が同時に浮かびあがってくる。これが，「命題の分節化」という表現の意味するところである。

こうした過程は，新しい存在体が集合体の中における居場所を獲得していく過程そのものであり，実在がわたしたちの世界の中でのあり方を獲得していく仕方である。つまり，細菌にせよ，新素材にせよ，それらははじめからある特定の本質（essence）をもった完成された姿で，いきなりわたしたちの世界の中に放り込まれてくるのではない。それは，実験室や開発室をはじめとする具体的な現場においてぼんやりとした姿で立ち現れ，さらにすでにわたしたちの住まう集合体の中の多様な場所に存在していた，これまた多様な存在体と連関していくなかで実在になっていくのである。そして，あたかも固定的にみえるほどにまで安定したときにやっ

---

6) 以上からもわかるように，ここでの thing と object の区別は，「厳然たる事実（matter of fact）」と「議論を呼ぶ事実（matter of concern）」（☞第3章）の区別に相当する。

と，その存在体は本質を獲得した状態，つまり当たり前のコト（＝厳然たる事実）（matter of fact）となる[7]。気球のように浮遊しているものに，いくつものアンカーをつけて，地面へと近づけていくイメージを想起するのが良いだろう。それは，存在体を，・地・に・足・の・つ・い・た・も・の・にしていく過程なのである。

　この観点からすれば，存在体は，集合体内における他の存在体とのネットワークを増やせば増やすほど，より強固で安定的なものとなっていく。逆に，つながりが少なければ少ないほど，その存在体は頼りない，根無し草のようなものとなるわけである。したがって，集合体による存在体の収集が成功するためには，できる限り集合体の他の存在体との間に結びつきをうまく作り出していく必要がある。別様にいえば，事実をより広範なアクターを巻き込む形でより強固なものとして構築していく必要がある。

　しかし，近代的な科学の事実制作の仕方は，以上のようなネットワークの構築活動としての分節化の過程を明らかにしないまま，最終生産物である事実をあたかも他の何とも結びついていないようにみせる。つまり，自らが構築した存在体を，それ自体で存在しており，何物もそれに影響を及ぼさない・つ・る・つ・る・した表面のものとして提示する。本来はネットワークで・毛・む・く・じゃ・らであるにもかかわらず，それらのネットワークはブラックボックスのなかに隠されてしまう。そして，科学者たち以外は，「自然」の世界，ないし事実の名の下に「口を閉じていろ」と恫喝される（e.g. ラトゥール 2007; Latour 2004）。

　つまり，あくまで科学者たちが（はじめからどこかにあった）「事実」を提示し，それ以外の人びとは，「事実」それ自体には何の影響も及ぼさない価値づけをしたりすることしかできないとされる。言い換えれば，科学者以外にできるのは，第一性質（primary qualities）に関係の無い，第二性質（secondary qualities）にかかわることしかできないとされる（Latour 2004）。

　ラトゥールは，これを誤りであるとする。事実と価値とを分けること自体，ラトゥールはナンセンスであると考えるのである。すなわち，どのように評価するのか（論理的な説明を加えるような場合から，何らかの感情を呼び起こされることま

---

7) そして，この本質は常に失われる可能性がある。たとえば，アスベストは，当初，「奇跡の鉱物」や「魔法の鉱物」として分節化され，さまざまな建築物の中に盤石な形で居を置いていった。ところがそれは，後に「静かな爆弾」として分節化され直し，「排除」の対象となった。しかし，もちろん，たとえばそれを無害化するような新技術（＝新たな存在体）が収集される中で，ふたたび分節化されなおす可能性も常に存在している。

でをも含む）は，出来合いの「事実」に関する二次的な付加物のようなものではなく，「事実」を構築する過程，すなわち分節化する過程そのものの一部とすべきと主張するのである。

　少し立ち止まって考えてみよう。わたしたちは，客観的な事実というのは，抽象化され，「解釈」や「感情」やそのほかのものを捨象された何かとして捉えようとする。しかし，実際の，わたしたちがまさに生きている世界におけるその事実（存在体）はどうしようもなくさまざまな関係の中に在る。その関係には，価値観や感情のようなものも不可避に含まれる。それを余分なものとして「捨象すべきだ」と主張する科学者がいたとしても，実際には，彼が何も感じずにその対象と向き合う，ということはできないだろう。それは，自分の人生をかけたテーマかもしれないし，その発見を誰かに先を越された苦々しい思いの対象かもしれない。そもそも，だからこそ，わざわざ「捨象しなければならない」などという必要も出てくるのである。これは，本来そこに在るものを，後から切り捨てようとしているのである。

　このように考えてみればわかるように，「何の価値とも結びついていない状態」という方が，実際のわたしたちの集合体内に在る仕方としては不自然であることがわかる。状況を素直に受け入れればいいのである。「事実」とは，人間，非人間，主観性と客観性，経済や法，あるいは宗教その他さまざまなものが絡みついているものなのであり，その絡みついたものを含めて事実は事実として在る。それが，事実という実在のあるがままの姿である。

　これは，科学的な事実は常に人間である科学者の心情によってその内容を左右されている，というような主張とは異なる。すべては主観的であるという議論とも異なる。先に用いたメタファーを用いていえば，価値や感情のようなものもまた，アンカーの一つという意味である。そして，ラトゥールは，このことを直視したうえで，分節化をより広範な仕方で行なっていく必要があると考えるのである。ある存在体をよりはっきりと集合体内に位置づける，つまり真正な意味で，わたしたちにとっての事実として成立させるためには，それにかかわるあらゆる要素を明確にする作業を，実験室や学術雑誌のなかで終わらせるのではなく，集合体内の関係するあらゆる存在体がそれぞれの立ち位置において継続していかなければならない。捨象するのではなく，付加していく。抽象化するのではなく，具体化していく。

　そうしなければ，何が起きるだろうか。一方で，科学の現場において分節化され，その本質が確定した存在体が次々と「輸出」される。他方で，その「輸出先」では，その本質はすでに明々白々であると喧伝されながらも，実際には関わり方のわから

ないさまざまな存在体があふれかえることになる。本来，存在体の在り方は，具体的な場所におけるさまざまな別の多種多様な存在体との関係で決まる。そうでしかありえない。ところが，とくに科学的な現場で分節化が開始されたような存在体については，専門家たちだけが語ることできるとされ，他のものたちは，意識を向けられないし，向けてはならないとすらされる。しかし，実験室以外の場における在り方は，実験室内での分節化だけでは確定していない。こうして，結局，科学者を含め，だれにもその在り方がわからない存在体で満たされた場所がいくつもできていく。これこそが近代人たちのしてきたことである。ラトゥールは，これを根本から変えようとしているのである。

4　モノたちの議会と争点指向的な政治観：民主主義を脱・人間中心化する

　ラトゥールの主張を要約すれば，以下の通りとなる。すなわち，存在体の分節化は，科学者のような専門家たちだけが行うべきではない。それには，関わり得るあらゆるアクターが参与すべきである。それを受け入れる現場ごとに，誰が関係するのか，どのように関係するのかについて一から問い直す作業が必要となる。ここであらためて注意を促しておけば，これは，大衆を科学的な分節化そのものに参与させよ，という主張ではない。そうではなく，分節化をできる限り継続して，そこにさらに多くのアンカーを打込んでいく必要がある，ということである。

　このようにいう際，ここでいうアクターには，人間だけではなく，非人間も含まれることになる。くりかえし強調しておけば，そもそも，科学的な分節化は科学者たちだけによってなされているわけではなく，人間と非人間とから成るネットワークによってなされており，このネットワーク自体もまた，常に明示化される必要がある。このことをふまえたうえで，ここで最後に，「モノたちの議会（parliament of things）」という発想について確認することにしたい。

　「モノたちの議会」というアイディア自体は，『虚構の近代』の末尾にてはじめて提起された。そして，『自然の政治』の議論は，その全体がこの着想を展開したものとなっている。あらかじめ注意しておけば，これは何らかの具体的なカンファレンスの設計図のようなものではない。ここまでのラトゥールの議論同様，われわれが現に生きている世界の捉え方を変えるための術語である。それは，人間も非人間も，交渉のテーブルにつくことができる，という発想の転換を促すためのものである。

　ここで，「人間も非人間も」といったが，この表現は正確ではない。より正確に

は，その名の通り，モノ同士が交渉するのである。すでに確認してきたように，ラトゥールの議論において，存在体は，すべからく人間と非人間との連関，ネットワークによって成り立っている。この点において，たとえば，「私個人」という存在体と「細菌」という存在体は，いずれも同等のものとされる[8]。そして，「モノたちの議会」とは，要するにこうした「私個人」のような存在体と「細菌」とが同じテーブルで交渉することが可能になるという，いっけん奇異極まりないことを，まったく問題なく思考可能にすることを目指したものなのである。

　「モノたちの議会」という発想を理解するためには，まず何より，脱・人間中心的に拡張された representation の概念について理解しなければならない。通常，representation という語は，「代表する」という意味にも，「表象する」という意味にも捉えられる。すなわち，まず狭い意味での「政治」において，この語は「代表する」という意味にとられるだろう。他方，科学においては，「表象する」などといった意味にとられるだろう。前者は個人ないし集団の利害などが正当に代表された時に成功したとされ，他方は，何らかの対象を，それが何であるかを正確に表象した時に成功したとされる（Latour 2005）。このように，これらは通常は別の事柄を指すとされる。しかし，ラトゥールは，本来これらは，別の手段を用いているだけで，実際には同じことを指しているのだと主張するのである。

　ラトゥールは，representation の意味が二つに分裂してしまっているのもまた，「近代」の枠組みのもとで，人間のみから成る「社会」に関わる政治と，非人間のみから成る「自然」に関わる科学という二分法が成立しているせいであると考える。ラトゥールは，この枠組みを取り外して非近代的な思考へ至ることで，政治家が誰かの利害を代弁することも，科学者が何らかの非人間の性質等について発話することも，いずれも適切な手段を用いて，誰／何かの声を代表／表象する営みであるという点で同等のものとして捉えようとするのである。そうすることで，人間も非人間も交渉のテーブルにつくことができると主張するのである。

　こういった発想は，実のところ，ANT のごく初期の段階からすでに存在していた。たとえば，ANT の主唱者の一人であるカロンによるホタテガイに関する議論である（Callon 1986）（☞第4章）。そこにおいてカロンは，ホタテガイを，声をもち，自らの利害関心について発話する一人前のアクターとして提示した[9]。こうし

8）ここでいう「同等」とは，「違いがない」という意味ではない。あくまでも，何らかの仕方で構築されているという意味で同等という意味である。

た主張は，いっけんかなり奇異なものであり，実際，一部の論者たちの批判（ない
し嘲笑）の的ともなってきた（☞第2章）。

　もちろん，ホタテガイは人間たちと同じような形で利害関心をもったり，意図を
もったり，そして何よりおしゃべりすることはない。カロンはそのようなことを主
張したわけではない。ただ，次のことを想起させたかったのである。すなわち，人
間にせよ，非人間にせよ，あらゆる存在体が，存在体として自らを示し，相互行為
を行なっていくとき，そこでは常に何らかの「代表／表象」がなされているという
ことを，である。

　これについてはおおげさに考える必要はない。ただ，われわれが常日頃行なっ
ていることを思い浮かべればよいのである。たとえば，会社同士の交渉について考
えてみよう。会社などという非人間はどのように交渉を行うことができるだろうか。
答えは，代理人（ないしスポークスパーソン[10]）を立てることである。つまり，わ
れわれは，＊＊＊＊社の代理人として，その利害について，同じように代理人を立
てている他社と交渉したりする。つまり，そうすることで，A社というアクターと
B社というアクターは，まさに交渉を行うのである。

　ここで，「いや，何を言っている。それはおかしい。実際に会話し，交渉している
のは人間ではないか」という異論が提起されるだろう。もちろんそうであるが，で
は代理人たちは，自分たちの意見を勝手気ままに述べあっているのだろうか。そう
ではない。彼らは，一定の適切な手続きを経てやっと代理人となる。しかも，常に
何らかの形で罷免されうる。すなわち，利害関心をどのように「翻訳」し，それをい
かにして明示するのか。何をもって，その利害関心が達成されたとするのか。こう
いった一連のことは，いくつもの手続きを経て決定される。そしてその決定は常に
覆されうる。ANT的な観点からいえば，そこには人間と非人間から成る膨大な連
関が必要となる。そうした連関によってはじめて，あらゆる存在体は，実在し，互
いに交渉することができる。そうすることで，人間とされるモノも非人間とされる
モノも，代理人を通じて対等に対話することができるとされるのである。

　ラトゥールは，こうした発想に基づいて，新たな存在体の収集を，それと関連す
る多種多様なモノをできるだけ多く集め，それとの間の連関を可能な限り多く形成

---

9) 以下で述べられる「発話」（＝「話す行為」）と実在の構築との関係は，第10章でも扱
　われる。
10) 第11章では動物のスポークスパーソンに関する事例を取り上げる。

148

するような仕方で行うことが必要であると考えるのである。

　ここで描かれているのは，すでに存在しているモノ（thing）（＝人間と非人間の連関）たちが，新しいモノ（＝人間と非人間の連関）たちを受け入れていく過程である。どのようなモノが集められるのか，具体的にどのような仕方で交渉がなされるのか。それらはすべて，その都度，具体的なそれぞれの場において決まる。つまり，コスモポリティクスという次元で捉えられる脱・人間中心的な「政治」においては，あらかじめ「政治」のカタチを定めることができないし，定めてはならないとされる。なぜなら，そうすることは，存在しうるモノの幅とそれに関係しうるモノの幅をあらかじめ限定することにほかならず，近代人がはじめた，常に新しい存在体を生み出し，受け入れていくような集合体の構築活動を正確に捉え，統治することが不可能となるからである。

　ラトゥールは，こうした自らの政治観を「争点指向的（issue-oriented）」と形容しもする（Latour 2007; cf. Marres 2007）。これは，ある特定の「争点」の周囲に公衆（public）が形成されることをもって政治の成立の契機とみる J. デューイや W. リップマンらの議論をふまえたものである。ラトゥールの政治観は，いわば，それを脱・人間中心的に徹底したものである。すなわち，ある特定のモノ（＝争点）の周囲に人間と非人間とのネットワークが形成されていくことをもって「政治」の成立の契機と捉える [11]。実験室で，あるぼんやりとした存在体の姿を特定しようとするネットワークが形成されるようなことも，ある特定の技術の導入をめぐって，政府や運動家や社会科学者やその他の人びとが論争を繰り広げるようなことも，いずれも「政治的なもの」と捉える。

　そして，ANT 的な観点とは，いわばこうして，さまざまなローカルな場において形成されていくネットワークを記述し，たどっていくことで，関係するアクターたちを見出し，その都度の政治のありようを一から考えていくことに貢献しようとするものである。それは，記述し，さまざまなつながりを見出すことで，その間の交渉の場を整えるような外交的な役割（diplomatic role）を果たすものである（☞第 12 章）。人間・非人間という二分法を超えた交渉を可能にし，より地に足のつい

11）先に確認した通り，モノ（thing）という語は，元来，その周囲に集まりを形成する何かといった意味をもつ。それが命題と言い換えられることもすでに確認した。この争点という語は，まさにそうした議論をふまえたうえで，よりそのニュアンスを強調したものとして，ここでは採用されている。

た存在体をつくること。それが，ANT が自任する役割なのである。そうした意味で，まさに記述することによって，ANT 自体もまた，政治性を帯びるものであるといえるのである。それは，ある特定の政治的な立場をあらかじめ採用したうえで，批判的な言説を展開するのとは別の仕方での「政治実践」であるといえよう。

5　おわりに

　以上，ANT 的な政治観を，ラトゥールの「（非）近代」論との関係から確認してきた。彼の議論は，自身とその周辺の ANT およびサイエンス・スタディーズの論者たちの成果をふまえたうえで，「政治」という語そのものの捉え方を転換することを目指したものである。それは，とくに，ますますわたしたちの生活と切り離せなくなっていく，科学・科学技術関連の諸活動とどのように関わっていくのかという点を，概念レベルで考察する試みであった。

　しかし，概念的なレベルでの議論が展開された一方で，実際にはどのようなことが可能となったのか。新しい思考を手にしたうえで，何が実際になされてきたのか，あるいはなされうるのか。こうした点について，ラトゥール自身は，現段階では多くの事を示してくれてはいない。彼の議論は，基本的にはメタレベルにとどまっているのである。

　以上でみてきたような観点を用いて，どのような実践が可能なのだろうか。こうした点については，エコロジーという主題を取り上げながら，第 3 部の第 12 章で考えてみることにしたい。また，「もっと詳しく勉強したい人のための文献」にその手がかりとなる文献も挙げているので確認して欲しい。

　しかし，何より強調しておかなければならないのは，ラトゥールの思考実験的な議論自体をどう評価するかも含め，何より読者自身の積極的な思考が求められるということである。脱・人間中心化された「政治」という争点そのものを，まさに争点化すること自体が，ラトゥールの議論の目的でもあることは，もっとも重要な点といえる。

※本章の第 3 節と第 4 節は，栗原（2020）の一部を本テキスト用に加筆・修正し，再構成したものである。また，本章の一部は，JSPS 科研費（課題番号：19K13924）の助成を受けた研究成果である。

◉もっと詳しく勉強したい人のための文献

参考文献に挙げた文献以外では，以下のものが参考になるだろう。必ずしもANTを掲げる論者の仕事ばかりではないが，いずれも脱・人間中心的な仕方で「政治」を捉えようとする具体的な試みである。本章で取り上げたラトゥールの議論が，メタレベルのものであったのに対し，以下にはかなり具体的な事例研究の展開可能性を示してくれるものもある。

なお，「政治」という主題は，今日，エコロジーという主題と関連づけられて論じられている。エコロジーについては第12章で取り上げるので，そちらも参照してほしい。

① Braun, B., Whatmore, S. J., & Stengers, I., 2010, *Political matter: Technoscience, democracy, and public life.* U of Minnesota Press.
☞さまざまな分野の論者たちが，非人間ないし物質（matter）の観点から政治について論じている論集。②で挙げるマレスや，ラトゥールに多大な影響を与えたI. ステンゲルなどの論稿も収録されている。

② Marres, N., 2012, *Material participation: Technology, the environment and everyday publics.* Palgrave Macmillan.
☞今日のANTを代表する論者の一人であるマレスによる著作。日常のなかに存在するさまざまなデヴァイスがどのようにして政治的な「参加」とつながっているのかを論じている。

③ Mitchell, T., 2011, *Carbon democracy: Political power in the age of oil.* Verso Books.
☞民主主義が，化石燃料という非人間的な条件のもとでいかに成立してきたかについて論じている。

【文　献】

栗原亘, 2020, 『異種混成的な世界における知のポリティクスを考える――H. コリンズの専門知論とB. ラトゥールのアクターネットワーク理論の比較検討を通して』博士論文, 早稲田大学.

ラトゥール, B., 2007, 『科学論の実在――パンドラの希望』（川﨑勝・平川秀幸訳）産業図書.（Latour, B., 1999, *Pandora's hope: Essays on the reality of science studies.* Cambridge, MA: Harvard University Press.）

ラトゥール, B., 2008, 『虚構の近代――科学人類学は警告する』（川村久美子訳）新評論.（Latour, B., 1993, *We have never been modern* (trans. C. Porter). Cambridge, MA: Harvard University Press.）

ラトゥール, B., 2019, 『社会的なものを組み直す――アクターネットワーク理論入門』（伊藤嘉高訳）法政大学出版局.（Latour, B., 2005, *Reassembling the social: An introduction to actor-network-theory.* Oxford: Oxford University Press.）

Callon, M., 1986, Some elements of a sociology of translation domestication of the scallops and the fishermen of St Brieux Bay, in J. Law ed., *Power, action and belief: A new sociology of knowledge?* Keele: Sociological Review Monograph, pp. 196–229.

Latour, B., 1988, *The Pasteurization of France* (trans. A. Sheridan & J. Law). Cambridge, MA: Harvard University Press.

Latour, B., 2004, *Politics of nature: How to bring the sciences into democracy* (trans. C. Porter). Cambridge, MA: Harvard University Press.

Latour, B., 2005, From Realpolitik to Dingpolitik, or how to make things public, in B. Latour & P. Weibel eds., *Making things public: Atmospheres of democracy*. Cambridge, MA: The MIT Press, pp. 14–41.

Latour, B., 2007, Turning around politics: A note on Gerard de Vries' paper, *Social Studies of Science, 37*(5): 811–820.

Latour, B., 2013, *An inquiry into modes of existence: An anthropology of the moderns.* (trans. C. Porter). Cambridge, MA: Harvard University Press.

Latour, B., & Weibel, P., eds. 2005, *Making things public: Atmospheres of democracy*. Cambridge, MA.: The MIT Press.

Marres, N., 2007, The issues deserve more credit: Pragmatist contributions to the study of public Involvement in controversy. *Social Studies of Science, 37*(5): 759–780.

第
1
部

第
2
部

第
3
部

コラム4　都市

　アクターネットワーク理論（ANT）は，ある出来事の原因を説明するものとして，ミクロなものもマクロなものももちださない。あらゆるものをフラットに並べて，その連関のなかから諸々の出来事が生まれ出ていると考える（連関の社会学☞第3章）。したがって，都市についてもまた，「都市」という容器が外在しており，「そのなかで」私たちが生活しているとは考えない。以下，B. ラトゥールと E. エルマンの『目に見えない都市パリ』（Latour & Hermant 1998）に依拠しながら，ANT 流の都市論の意義について考えてみよう。

　私たちが「都市のなかで生活していない」とは，なんとも奇妙だと思わないだろうか。Google Earth を開けば，都市全体を表示させることができるし，ズーム機能を使えば，自分が住んでいる家の屋根を見ることだってできる。私が「都市のなかに」住んでいるのは自明ではないか。しかし，ANT は，ズームはあくまで見せかけに過ぎないと考える。というのも，現実に，都市全体を視野に入れたかと思えば，次には一軒一軒の屋根を見ることができる人（視点）はどこにも存在しないからだ。

　そもそも，Google Earth の画像はリアルタイムの画像ではない。仮に Google Earth の画像がリアルタイムで更新されるとしても，私たちは，あらゆるものを余すところなく，同時にまなざすことはできない。都市の全体を余すところなく捉えることができるという発想は幻想に過ぎない。もしも，都市をリアルに捉えようとするならば，もはや（一望的にあらゆるものが監視できるとされる）パノプティコンのなかにいるわけにはいかない。

　とはいえ，私たちは，さまざまなかたちで都市の全体を把握しようとしている。ラトゥールの用語を用いれば，そうした把握は，パノプティコンではなくオリゴプティコン（あるいは「計算の中心」）を通してなされている。オリゴプティコンのイメージをつかむためには，鉄道駅の改札口がわかりやすい。鉄道会社や営利企業は，Suica などの交通系 IC カードを通して乗客の数や動きを把握することができる。しかし，いったん何らかのシステム障害が発生すれば，何も見えなくなるし，そもそも，そうしたシステムをすり抜ける動きや，システムの外側でどう動いているのかは，まったくわからない。

　このように，衛星写真や地図，ガイドブック，監視カメラ，人口などの統計調査など，都市全体を把握しようとするものは，すべてオリゴプティコンであり，見えるものはよく見えるが，見えないものはまったく見えない。オリゴプティコンは，したがって，相互に共約不可能な断片にとどまる。そして，ラトゥールにいわせれば，こうしたオリゴプティコンは，パノプティコンを愛する社会科学者の誇大妄想を高めるには小さすぎるが，見えるものについては，よく見

える場である。

　「パノプティコン」，つまり，ジェレミー・ベンサムが十九世紀初頭に構想した囚人の全面監視を可能にする架空の刑務所は，空想的な計画にとどまっている。つまり，パノプティコンは，全面的な偏執症と全面的な誇大妄想という二重の病気を増長させる空想の場所である。しかし，私たちが探し求めているのは，空想の場所ではなく，しっかりと特定できる地上の場所である。オリゴプティコンは，パノプティコンとは正反対であるために，まさに，そうした場所だ。つまり，オリゴプティコンの場合は，調査者の誇大妄想ないし被調査者の偏執狂を増長させるには小さすぎるように見えるが，見えるものについては，よく見える［略］。オリゴプティコンによって可能になるのは，（結びついた）全体についての揺るぎないがひどく狭い見方である——結合が保たれている限り。パノプティコンの絶対主義的なまなざしを脅かすものは何もないように見え，それゆえに，ベンサムの刑務所の中心を占めることを夢見る社会学者に，パノプティコンはかくも愛されているのだ。しかし，他方で，オリゴプティコンの視界を遮るには，この上なく小さなバグで十分なのである。（ラトゥール 2019: 348–9）

　しかしながら，ある種の人びとは，数値化や地図化の上に成り立つオリゴプティコンの「抽象性」を批判し，都市を遊歩する者のまなざしこそ，現実的で生きられており，真正性を有しているのだと称揚し，都市の物質的構造を等閑視する。逆に，都市の物質的構造が都市に住まう人びとを規定しているのだなどといった議論をする者もいる。しかし，いずれの主張にせよ，パノプティコン的であり抽象的である点では，同類である。

　遊歩者は，都市のインフラに沿って遊歩する。都市のインフラがなければ，遊歩者は存在しない。したがって，主体的な遊歩者という発想そのものが抽象的である。都市のインフラもまた，遊歩者によって形づくられる面がある。したがって，遊歩者と切り離された都市のインフラもまた存在しない。そもそも，他と切り離された遊歩者と都市のインフラそのものが抽象的な存在なのだから，両者の弁証法的関係を描こうとするのも不毛である。人間と非人間のさまざまな連関によって，さまざまな遊歩者が生まれ，都市のさまざまな事物が生まれるのであって，それぞれを上下関係のなかに位置づけたり前提視したりする必要はない（アーリ 2015）。こうして，ANT 流の都市論は，一切の臆断を排して，都市の万物をフラットに位置づけるのである。

　確かに，「資本主義的な都市構造」などと「一括りにして」呼べる事物の連関

もあるだろう。社会学者であればそれを「社会的なもの」と呼ぶだろう。しかし，そうした構造を何かしらの変化や変革の説明に用いることはできない。そうした構造はどこにも実在しない以上，そうした構造にたどり着く道筋を明らかにしえないからだ。構造に抗いたいのであれば，抽象的な構造をもちだすことなく，具体的な連関を見定めなければならない。Google Earth は見せかけのズームをもたらすが，「社会的なもの」からズームしていくことはできない。

　私たちを超えるものを「社会的なもの」と呼ぶのであれば，それは，どこにも実在しない社会構造ではなく，具体的な存在の連関を指すべきである。人間だけがエージェンシー（行為を生み出す力）を有しているのではない。人間・非人間の連関（ネットワーク）こそが行為を生み出すのである。したがって，アクター＝ネットワークなのである。

　そうした意味で都市における「社会的なもの」を研究しようとするならば，やはり，パノプティコンを離れなければならない。研究者だけでなく，さまざまなアクターが，さまざまなかたちで社会的なものを組み立て，そして組み直そうとしている。たとえば，企業や役所，政治家，一般市民など多くのアクターが，新聞，カフェ，SNS などを通して，都市を総体化しようとする「収集型の言表」をさまざまに発している。「私たちの街は○○だ」「私たちの街に××はいらない」「この都市には△△が必要だ」……。そうした言表が，都市をかけめぐり，形式化＝共通化を進め，都市の秩序を成立させている。そして，そうした「収集型の言表」（ラトゥール 2019: 424–42）は，いかにグローバルな言表であろうとも，その発信と流通は（理屈の上では）ローカルに位置づけることが可能である。

　しかし，都市論において，収集型の言表をローカルに位置づけることにどのような意味があるのだろうか。ラトゥールが指摘するように，ズームという幻想は都市を窒息させる。部分から全体へ，全体から部分へと連続的に移行できるのであれば，どこにも隙間はなく息がつけない。しかし，部分と全体の関係はあくまで政治的な連関の問題である（☞第 8 章）。部分を収集して全体を成り立たせ，全体が全体であるためには，常に部分との循環運動がなければならない（☞第 3 章）。しかしながら，この問題に対して，従来の社会科学は「社会的なもの」を外から持ち込んで「客観的に」解決しようとしてきた。総体的なものをもちだす従来の社会科学もまた，収集型の言表の一つにすぎないことを認める必要がある。

　都市を具体的に見せてくれるものは，すべてオリゴプティコンであり，オリゴプティコンの視野の外には広大な不可視の後背地ないし隙間――「プラズマ」（ラトゥール 2019: 462–4）――が広がっている。このプラズマを重視する

ならば，「社会」や「自然」をもちだすことなく，さまざまなアクターに従うべきである。そうして初めてこの不可視の都市空間に光を当てることができる。

　大都市シカゴを創り出した諸行為もまた，W. クロノンが描き出したように，「自然的」とされるものを含めたヒトとモノの連関によって生まれた。人間が都市を創り出したのではない。都市をもたらすものは，「社会」の外部へと広がっている。そうであるならば，今日の都市論に求められているのは，それまで社会の構成員とみなされてこなかったモノを射程に入れ，そうしたモノとの新たな共生を促すような記述である。

　こうして政治が再び社会的なものを組み直せるようになる。これが ANT 流の都市論の有する政治的意義である。目に見えない都市であるからこそ，常に組み直されなければならない。

（執筆者：伊藤嘉高）

【文　献】

アーリ, J., 2015,『モビリティーズ——移動の社会学』（吉原直樹・伊藤嘉高訳）作品社.（Urry, J., [2006] 2007, *Mobilities*. Cambridge: Polity.）

ラトゥール, B., 2019,『社会的なものを組み直す——アクターネットワーク理論入門』（伊藤嘉高訳）法政大学出版局.（Latour, B., 2005, *Reassembling the social: An introduction to actor-network-theory*. Oxford: Oxford University Press.）

Cronon, W., 1991, *Nature's metropolis: Chicago and the Great West*. New York: Norton.

Latour, B., & E. Hermant, 1998, *Paris ville invisible*. Paris: La Découverte.

第1部

第2部

第3部

第 3 部

展望編

ここでは，ANT 的な研究をふまえたうえで，さらにどのような発展・展開可能性があるのかを紹介していく。

　第 9 章では，「身体」に対する ANT 的なアプローチの可能性について論じている。初期 ANT の問題点を指摘・修正しつつ，自らも ANT 的な研究を展開してきた A. モルの『多としての身体』の議論を出発点に，「身体」をめぐる現代的なトピックに対して ANT がどのように切り込むことができるのかについて展望を示している。

　第 10 章では，B. ラトゥールが ANT の議論の射程と限界をふまえたうえで提起している研究プロジェクト「存在様態探求」（AIME）を取り上げる。とくに，「宗教」を実在させうるような連関の様態を記述するにあたって，「存在様態論」がどのような仕方で貢献するものであるかを検討し，その射程と可能性について論じている。

　第 11 章では，「動物」をテーマとして取り上げる。ANT 的な理論観の特徴を，「動物の解放」についての議論で知られる P. シンガーや，E. E. エヴァンズ＝プリチャードを起源とする人類学的牧畜論，あるいは小説家 J. クッツェーらの仕事と比較検討するなかでつまびらかにする。さらに，D. ハラウェイを嚆矢として展開された，近年の「マルチスピーシーズ・エスノグラフィー」と呼ばれる関係論的動物論の流れも概観する。そうすることで，動物との関係を記述し，そのあり方を構想していくための視座を提示している。

　第 12 章のテーマは「エコロジー」である。とくに，具体的な対象として「海洋マイクロプラスチック問題」を取り上げる。「グローバル」や「構造」といった概念の使用を忌避する ANT は，まさにグローバルな社会構造が関係しているようにみえる問題をどのように記述しうるのかを問う。なお，この章には，第 8 章の「政治」に関する議論の応用という面もある。

第2部

09 多重なる世界と身体

媒介子としての身体のゆくえ

伊藤嘉高

　私たちにとって身体とは何か。身体を本質的なかたちで定義するのではなく，「私たちは身体についてどのように語っているのか」から議論を始めるのがアクターネットワーク理論（ANT）のやり方だ。最もハードなのは，身体の異常を訴える場合であろう。体に痛みを感じたり，逆に何も感じなかったりと，世界と正しく向き合えなくなった場合に，身体の異常を訴える。身体は，世界とつながり，世界の影響を受け，行為を行うための媒体（メディア）をなしているのだ。

　しかし，身体もまた事物の一つにすぎず，事物の連関のなかで身体も「構築」（☞第4章）される。とすれば，身体もまた単一の実在（厳然たる事実）ではありえないし，身体の異常についても同様である。とはいえ，第2部までの議論と同様に，ANT は身体や疾病に対しても反実在論を唱えるものではない。

　そこで，本章では，まず，身体に対する ANT 流の実在論的態度のあり方を検討するために，医療の実践を扱った ANT の著作を取り上げたい。オランダの人類学者である A. モルの『多としての身体──医療実践における存在論』（モル 2016〔2002〕）である。

　さらに本章では，今後の展望として，モルの議論をふまえ，身体を扱う科学にとって ANT の有するポテンシャルを考えてみたい。具体的には，実在と身体の関係について検討し，世界の分節化の媒体である身体の多重性こそが人びとの自由と世界の実在性を高めるうえで鍵を握っていることを明らかにしたい。

1 動脈硬化は実在しない？

　モルが記述しているのは，1990 年前後のオランダの大学病院における下肢（脚部）の「アテローム性動脈硬化症」（以下，「動脈硬化」とする）の「実行」

（enactment）である。「実行」は「構築」とほぼ同義と考えてよい。モルは動脈硬化の外的実在性を外から持ち込まない。あくまで，病院で行われるさまざまな実践に近視眼的にこだわるのである。

　もちろん，モルは理由なく，「構築」ではなく「実行」の語を採用しているのではない。構築のメタファーでは，構築されるものが一つの明確なかたちをとってできあがってしまうという印象を与えるからである。そうしたメタファーでは，これからみるように，ANT が問題にしている実在の多重性が見失われるのである。「構築」にせよ「実行」にせよ，ANT がみようとしているのは，絶え間なく行われている実践である。そうした不断のプロセスのなかで科学的事実が立ち現れ，人間を含む事物を媒介しつなぐさまを，モルは「実行」の語で捉えようとしているのだ。

　では，動脈硬化はどのような不断のプロセスによって立ち現れているというのだろうか。アテローム性動脈硬化は，「病理学的」には，動脈内壁に LDL コレステロールや脂肪が沈着し動脈の内腔が狭くなり最終的には血管の閉塞に至る状態を指す。そして，その結果として，場合によっては間欠性跛行（一定距離を歩くと，下肢に重たさや痛みを感じ歩行不能になるが，少し休むと症状が収まり歩けるようになる）がみられるようになり，さらには，下肢の切断までもが必要になってしまう。

　こうした血管の狭窄や閉塞は，客観的に実在していると私たちは考えている[1]。動脈硬化が病院内で実行されるものであるというならば，病院で受診するまで，患者には動脈硬化は実在していないという話になるのか。それでは，奇妙キテレツではないか。

　そうした批判を時折耳にするがそれは誤解にすぎない[2]。ここでは，モルの著作に対して，B. ラトゥール流の ANT にひきつけて，誤解のない明解な読み方を示したい[3]。順番にみていこう。まず，病理部の専門研修医から「足を手に入れた」との連絡を受けたモルは，後日，その研修医とともに，顕微鏡の二組の接眼レンズをそれぞれのぞき込む。そして，研修医が動脈硬化について教えてくれる。

---

1) ここでの「客観的」とは，一般的な用語法であり，「純粋な客体として」といった意味合いである。
2) ANT に対する誤解の一つにも，「ANT は，常識に反した反実在論を主張している」というものがある。たとえば，ラトゥールによる「パスツール以前に細菌は存在していなかった」という言辞を素朴に受け止め，「でも，パスツール以前に細菌で亡くなった人は無数にいるではないか！」と主張してしまうのだ。しかし，本章でも確認するように，科学の実践に忠実になるならば，ANT の主張はきわめて常識的である。

「これが内腔だ。［略］それから，内腔の周囲の最初の細胞の層が内膜だ。厚い。おお，わぁ，厚いな！　ここからここまでだ。見て。あなたの探していた動脈硬化だ。これだ。内膜の肥厚。これがまさにそれだ」。それから，少し間をおいて，彼はつけ加えた。「顕微鏡の下に」。（モル 2016: 60）

　ここから，モルは，病理学的な動脈硬化は，あくまで，死亡解剖の後で，「顕微鏡を通して」存在するものであるという。「いや，おかしい」と思われるかもしれない。顕微鏡などのモノがなければ，動脈硬化は存在しないことになるのか？　しかし，そう思うのであれば，なぜ，顕微鏡がなくても，動脈硬化が元々「存在している」といえてしまうのかを考えてほしい。あなたは，客観的に確定的に実在する〈自然〉をひそかに持ち込んではいないだろうか。
　まだ納得できなくてもよい。さらに，動脈硬化の実行は，病理医と顕微鏡だけでなされるのではない。さまざまなモノが媒介している。

　　　内腔の可視性は顕微鏡に依存している［略］。同じ意味で，たくさんのものにも
　　　依存している。ポインター。スライドを作る二つのガラスシート。検査技師が
　　　血管の薄い横断面を作るのを可能にする脱灰も，たとえ十分な長さではなかっ
　　　たとしても，忘れてはいけない。検査技師の仕事もある。ピンセットとメス。
　　　いろいろな細胞組織をピンクや紫に染める染色液。病理医が血管壁の肥厚した
　　　内腔を見ようとするなら，これらすべてが必要になる。（モル 2016: 61-62）

　では，外来診察室に場所を移すとどうなるだろうか。そこでは決して動脈硬化を直接，目で見ることができない。生きた患者の足を切断するわけにはいかないからだ。にもかかわらず，患者の訴えや身体所見などにより，動脈硬化の診断が下される。診察室で言及された痛みと顕微鏡の下で可視化された肥厚した内膜が関連づけられているのだ。
　医師をはじめとする医療者たちは，病理部と外来診察室で行われているそれぞれの実践を括弧に入れて，二つの実践が一つの実在，一つの疾病を「指示」している

---

3) 実際に，ラトゥールは，モルの『多としての身体』を「ANT の入門書とみなせるかも
　　しれない」としており，「実行」の発想も自身の「構築」概念に組み込んでいる（ラト
　　ゥール 2019: 23）。

と考えている。患者の痛みは「症状」の一つとされ（間欠性跛行），肥厚した血管壁はその疾病の「基礎的実在」とされる。動脈硬化は確固たる単一の実在性を有しているとされる（他の実在性があるならば，それは主観的ないし社会的な実在性であるとされ，非科学的なバイアスともみなされる）。

しかし，診察の場面においては，まったく症状を訴えなかった患者が，検死後に重篤な動脈硬化であったことがわかることもある。さらには，患者による症状の訴えと，身体所見と，さらには，超音波検査の結果と，血管造影検査の結果とが一致しないこともある。

ところが，それでも，単一の動脈硬化を相手にしているとみなされている。「病院には異なる複数の動脈硬化が存在しており，それらは差異があるにも関わらず，複数の動脈硬化はつながっている。［略］したがって，問われるべきなのは，これがどのようにして達成されているのかである」（モル 2016: 92）。

では，どうして，さまざまな実践の不一致を乗り越えて，単一の動脈硬化が実在しているとみなされるようになっているのだろうか。そこでモルがみたのは，「調整」，「分配」，「包含」といったさまざまな「翻訳」（☞第3章，第4章）の実践である。これらの実践によって，「目に見えない」個々別々の動脈硬化が断片化（多元化）することなく，単一のものとして実在しているようにみえるのだ。

2 単一の動脈硬化を成り立たせる実践

まず，複数の動脈硬化を取りまとめる「調整」は，「加算」と「較正」の二つのパターンからなる（モル 2016: 第3章）。加算からみていこう。たとえば，歩行中に痛みが認められるにもかかわらず，血圧には異常がないときなど，二つの動脈硬化（検査結果）が一致しないことがある。このときには，実践の括弧が外され，実践の詳細が検討され，いずれかの検査結果が正しいとされる（ラトゥールの用語でいえば「内向推移」☞第3章）。たとえば，血圧測定について再検討がなされ，「血管が石灰化しすぎていて適切に圧迫できなかったために測定値が不正確だったのだ」とされ，痛みとしての動脈硬化だけが正しいとされるのである。

あるいは，動脈硬化に対する治療法として，歩行療法と経皮的血管形成術（血管内でバルーンを膨らませて内腔を拡張させる手術）があるが，前者は歩行距離を改善するものの血圧の改善効果はなく，後者は血圧を改善するが歩行距離は改善しない。この意味で，歩行距離と血圧は，臨床において，異なる「客体」（異なる「動脈

硬化」）として扱われることになる。

　しかし，ここでも単一の動脈硬化として取りまとめる方法がある。治療結果を評価する「ラザフォードの成功の基準」である。この基準によって，歩行距離と血圧の改善度合いを組み合わせて（加算して）評価することができる。たとえば，「＋1」の改善度の場合，血圧と歩行距離のいずれかが改善すれば，治療に効果があったとされる。こうして，動脈硬化が二つあることは認められながらも，単一の動脈硬化が成立するのだ。

　さらに治療方針を決定する場面では，血圧と歩行距離だけでなく，患者の日常生活や希望に対する支障（「社会的動脈硬化」）も加算される。こうしたパッチワークにより，一つの複合的な動脈硬化となり，侵襲的に治療すべき対象かそうでないかが決定されるのだ。

　次なる調整のパターンは「較正」（複数の異なるものを照合可能にする調整）である。たとえば，侵襲的治療が適応となる症例において，動脈硬化の場所と規模を確認するために侵襲的な血管造影検査によって血管の幅（内腔の減少率）が測定されるが，非侵襲的な超音波検査により血流速度を測る方法もある。しかし，両者は異なる客体を扱っている。ここで，両者の結果を比較可能にするのが較正である。

　モルが観察した病院の場合，血管造影検査を標準として，超音波検査のうち収縮期最高血流速度の値と，血管造影検査の結果との相関関係が調べられ，基準が設けられている。こうして超音波検査の結果が内腔の減少率へと翻訳されるのである（他方で，これに対して，血管造影検査の限界を指摘し，超音波検査の優位性を説く者もいるが，そうした声は排除されている）。

　さらには，二つの検査が異なる結果を示した場合には，血管造影検査で得られる画像が「実際」を表しており，超音波検査はそのように「見える」ようにしているだけであるとされる。こうして共約不可能性は取り除かれ，単一の動脈硬化が成立する。

3　動脈硬化を断片化させない実践

　ただし，病院内の実践においては，常に「客体」としての動脈硬化が一つに取りまとめられるわけではない。それでも，病院内では，「分配」によって，個々別々の動脈硬化が断片化することなく共在することが可能になっている（モル 2016: 第4章）。

　たとえば，動脈硬化に対する侵襲的治療には，三つの種類がある。すべて動脈硬化を動脈の狭窄として実行するものだが，方法が少しずつ異なる。「動脈内膜切除術は血管の侵食を剥ぎ取り，血管形成術は〔バルーンで〕わきへ押しやり，バイパス手術は迂回する」（モル 2016: 148）。それぞれに異なる動脈硬化が実行される。では，どの方法が最も良い方法なのだろうか。

　普遍的な答えはない。異なる動脈硬化であるから，異なる治療法がある。実践においては，目の前の特定の患者にとって最善の治療法が探られる。そして，治療法の分配は，適応基準によって支えられている。たとえば，10cm 未満の病変に対しても，血管形成術の失敗率は動脈内膜切除術よりも高くなる。それでも血管形成術が適応となる。なぜならば，非外科的な血管形成術の方が死亡率は低く，入院期間も短くて済むからである。繰り返しになるが，動脈硬化は単独で存在するものではない。

　動脈硬化の異なる実行は，内科医と外科医のあいだでもみられる。徐々に悪化するプロセスとしての動脈硬化は内科で実行され，現在の悪い状態としての動脈硬化は外科で実行されている。ここでは，異なる動脈硬化が，単に内科と外科に分配されているだけではない。内科医にとって，血管が侵食された状態は，侵食プロセスの後期のステージに位置づけられ，外科医にとって，侵食のプロセスは，患者の悪い状態の基礎をなすレイヤーになる。そして，内科医も外科医も互いに話す際には，「動脈硬化」という言葉を用いる。こうして断片化は避けられる。

　このように，不一致や不整合が，異なる場所へと「分配」されながらも，同じ「動脈硬化」という言葉で連結されることで，動脈硬化の断片化が防がれている。「分配は，身体とその疾病を増殖させるが，それらはやはりまとまっている」（モル 2016: 170）。

4　痛み，血圧，患者，人口，外科医，メス……：万物の連関のなかの動脈硬化

　こうした ANT 流の議論に対しては，次のような異論が予想される。確かに，個別の症例は，他の変数の違いによりそれぞれに異なる姿を見せるものの，すべての症例を包含する全体に共通する動脈硬化の「構造」があるのではないかという異論である。

　しかし，すでに明らかだと思うが，全体の構造は，常に事後的に人間によって見

出されるものである。全体が部分を規定するのではない。部分を包み込む全体は存在しない（☞コラム 4）。これが ANT の核心の一つをなすといっても間違いではないだろう。「包含」に関するモルの議論はこの点を見ている（モル 2016: 第 5 章）。

　もちろん，動脈硬化の実践において「全体の構造」がもちだされることはある。たとえば，人口集団（population）である。一般に，個別の患者の合計が人口であり，人口が個別の患者を包含していると考えられているが，実際には，以下にみるように，人口と個別の患者は横に並び合っている。つまり，個々人に起こる出来事は，個々人を包含する人口に左右され，変化する。いわば，個人が人口を包含しているのだ。

　たとえば，ある疾病の検査は，たとえば若年男性の跛行に対する足関節血圧測定の場合のように，その疾病がまれな人口集団においてはあまり役に立たない（偽陽性になる可能性が高い）。したがって，個人に対する検査は，その人口集団によって異なることになる。あるいは，検査結果を評価する基準そのものが人口集団から導き出される場合，どの人口集団を採用するのかによって，個人の検査結果の評価が変わってしまう。このように個々人と人口は相互包含の関係にある。

　　こうして，個人の動脈硬化と，個人が包含されている人口の動脈硬化が，循環性に捕らわれるのである。それはループする。そして，らせん状になる。（モル 2016: 193）

　ここまで，動脈硬化の多重性をみてきたが，多重的なのは動脈硬化に限られない。外科医もまた多重的である。外科医は，手術室のなかで，メスを手にして，動脈の内膜肥厚を削り取っているが，診察室では，ファイルやカルテを見ながら，動脈硬化を歩行時の痛みとして実行している。したがって，動脈硬化を実行するアクターを固定的なものとして扱うことはできない。「メス，質問，電話，用紙，ファイル，画像，ズボン，技師，といった多くの存在者が関連している。しかし，このなかのどれも，固定的な登場人物ではない」（モル 2016: 204）。

　痛みも，患者も，外科医も，人口集団も，メスも，放射線技師も，すべてはフラットに並びあっており，互いに連関し合い，その結節点として動脈硬化は位置している。他の「アクター」も同様である。このように捉えることで，私たちは，誰があるいは何が動脈硬化を実行するアクターなのかをオープンにしておくことができるようになるのだ。

第1部　第2部　第3部

　まとめよう。単一の動脈硬化が先に実在するのではない。多重的な動脈硬化が事物の連関のなかで実行されている。いわば，複数形の実在性が認められる。「医療実践における存在（オントロジー）は特定の場所や状況に結び付いている」（モル2016: 92）。そして，それでも病院内では，さまざまな翻訳によって，単一の動脈硬化が実在するかのように実践がなされている。冒頭の問いに戻れば，したがって，受診前に「単一の」動脈硬化は実在していないといえるのである。

　病院内の実践の結果として，単一の動脈硬化が実在しているようにみえるのであって，その逆ではない。ストラザーン流にいえば，「一つは少なすぎるが，二つは多すぎる」のであり，それぞれに「部分的なつながり」があるということだ（ストラザーン 2015）。動脈硬化の多重性は，客体の多元論でもなければ，主体の解釈の複数性でもない。

5　医療実践における ANT の意義

　従来の社会学においては，「疾病」（disease）と「病い」（illness）を区別するのが常道であった。疾病は生物医療の対象であり客観的に実在するものであるのに対して，病いは患者の主観的なものである。そして，かつての医療者は前者の単一性に傾倒し，後者の多様性・複数性を等閑視してきたとされるなかで，社会科学者は後者の重要性を訴え，とりわけ，患者にその疾病の意味を問うことのない医師の権力性を問題にしてきた。

　しかしながら，ANT においては，客観／主観の区分自体が無効化され，したがって，患者の主観や解釈が医療批判の根拠になることはない。むしろ，客観的（オブジェクティブ）なものこそが多重的である。ただし，この点は，医療者もまた「一人として同じ患者はいない」という言葉で理解していることである。「多重性を強調することで，本書は臨床医学を支持している」（モル 2016: 252）。

　したがって，大切なことは，上記のような専門家のパターナリズムを問題視して，自律的な患者の選択の多様性を認めることではない（モル 2020）。解釈の複数性を説けば説くほど，実在の複数性が遠ざかる。解釈や選択を支える中立的なデータセットは存在しない。データセットこそが政治的なのである。

　　客体を様々な視点の焦点として理解することから，様々な実践において客体がどのように実行されているのかを追うことへの移行は，科学がいかに表象する

のかという問いから，科学がいかに介入するのかという問いへの移行を示唆している。(モル 2016: 214)

　知識は，外在する実在を指示するものではない。知識は，他の実践に干渉する一つの実践である。医療実践の真実を明らかにするのが ANT の目的ではない。ANT もまた，他の実践に干渉する一つの実践である。

　　むしろ本書は，今日の臨床医学の，十分に評価されていない重要性を強調する。〔モルの観察した〕Z 病院の外科医は，結局は，患者の日々の生活に善い結果をもたらす可能性が高いときに限って，動脈を開く。治療法の決定のために，臨床的な考察は不可欠である。(モル 2016: 253，強調引用者)

　こうしてモルは，医療の合理化に疑問を投げかける。病理学であれ，病態生理学であれ，臨床疫学であれ，いわゆる科学的合理性が，実践に持ち込まれた場合，医療を貧困化することはあっても，改善することはないという。しかし，これは言い過ぎだと思われるかもしれない。たとえば，診療ガイドラインもまた，医療を貧困化することはあっても，改善することはないというのだろうか。

　2015 年には，ヨーロッパ血管外科学会，アメリカ血管外科学会，世界血管学会連合が揃って，「下肢アテローム硬化性閉塞性動脈疾患に対する診療ガイドライン」の最新版を定めている。当時は，心臓内科医が，治療基準が不明瞭な下肢動脈領域に次々に進出して，十分に適応を評価しないまま，間欠性跛行を訴える患者の不安に基づき，何らメリットのない「予防的な」血管内治療を行なっていることが問題にされていた (*The New York Times*, 2015 年 1 月 29 日付)。

　そこで，このガイドラインでは，無症状や間欠性跛行症状の動脈硬化症に対しては，保存的治療をまず行うこと，そして，保存的治療でも改善しない重症例に限って血管内治療や外科治療などの侵襲的治療を行うことが力説されている。たとえば，

　　IC〔間欠性跛行〕の自然経過では通常，疼痛発現までの歩行距離は次第に短縮するが，進行は緩徐である。集学的な保存的治療を行えば，虚血性安静時疼痛や組織欠損などの重症の虚血となるかまたは最終的に肢切断となる患者は 5%未満である。この比較的良好な IC の自然経過を，日常生活や職業および QOL に歩行機能喪失が及ぼす影響と比較検討しなければならない。その結果，侵襲

的治療を行うかどうかは，これらの因子と非侵襲的治療に対する臨床結果を考慮に入れ，更に潜在する治療リスクと期待できる患者の機能的利益とを勘案して，個別に決定しなければならない。(邦訳版，日本血管外科学会 2015: S20，強調は引用者による)

したがって，ガイドラインは，治療に対する信頼を高め，害悪しかもたらさない治療を減らすことには資するだろう（外科医が，「結局は，患者の日々の生活に善い結果をもたらす可能性が高いときに限って，動脈を開く」ことを善いことと捉えるならば！）。

しかし，やはり，ガイドラインは「善いケア」を最終的に保証するものではない（Mol 2006）。それは，患者の日常生活において「動脈硬化」を実行する事物との連関のなかで，「個別に」決定されることである。ただし，このことは，ほとんどの医療者が承知し，実践していることだろう。その意味で，ANT は空理空論のたぐいでもなければ，イデオロギー的な医療批判の道具でもなく，まっとうな医療者の仲間であるといえよう。

6 身体と自由

　以上の議論は，ハードな医療の実践を超え，ANT が「身体」そのものをどう扱えるのかについても多くの示唆を与えてくれる。まず，多重的な身体はさまざまな認知の媒体（媒介子）になっていた。本節では，香りをどう認知するのかというソフトな話題に目を向けてみよう（Teil 1998）。世の中には香りの専門家がいるが，彼・彼女たちは自身の「鼻」によって自動的に香りが嗅ぎ分けられるようになるわけではなく，芳香のキットを使って訓練をすることによって嗅ぎ分けられるようになる。

　ここで，普通の人はこう考えるだろう。さまざまな香りは最初から客観的に外在していて，その一つひとつの香りを科学的な成分分析によって探り当て，それを瓶の中に封じ込めキットを作り，それを人間は嗅ぐことによって香りの差異を認知するのだと。

　しかしながら，すでに明らかなように，外在的な実在は，暫定的に成り立っているものにすぎない。一切の余談を抜きにして観察をしてみると，医師と同様に科学者もまた，クロマトグラフなどの化学分析化学合成装置を用いて香りを検出していることがわかる。そうした化学者はまたそうした装置がなければ香りを認知できな

いのである。さらに，用いる装置が変われば見解が変わるし，そもそも，どのようにして香りを認知しているのかはいまもなお議論が続いている。

ANTでは，こうした事態は「命題の分節化」として整理される（Latour 2004）。まず，分節化とは何か。世界は本来的には「議論を呼ぶ事実」の集まりであり（☞第3章），そもそも混沌としているなかで，プラグマティックに生きるためにさまざまなかたちで分節化している。昆虫が見る世界と私たちは見る世界はまったく違うのは，いうまでもないだろう。

しかも人間の場合は単に人間の器官を通しているだけではなくて，上述のキットのような道具や装置を使って，認知を行うことができる。認知をもたらすものを身体と捉えるならば，私たちは身体を大きく拡張させて物事を認知しているといえよう（逆にいえば，身体の複雑さを低減させているともいえる（☞第11章））。

では，「命題」（proposition）を分節化しているとはどういうことか。ここでの命題は真偽が定かになる言明を指す語ではなく，私たちに働きかけてくるあらゆる事物を指す（☞第8章）。原語のプロポジションには事柄といった意味もあり，さらにはプロポーズの名詞形であり，プロポーズをするものを指している。つまりは，自分の目の前で自らを提示しているものを指す。

したがって，命題は以下の3要素を接合したものとして定義される（Latour 2004: 212）。第一に「ポジション」（position）であり，確かな位置を占めて「ある」ことは間違いない。けれども，第二に，あくまで「プロポーズ」（propose）しているにすぎず，第三に，事物の連関に「コンポーズ」（compose）されることで，いかようにも姿を変える可能性がある。客観的に外在するものであるならば，それを指示参照すれば済むが，命題の分節化には終わりがない。

そして，分節化は人間主体が恣意的に行うものではなく，身体やさまざまな道具や装置を媒介して行われるものである。つまり，身体もまた媒介子（☞第3章）であり，身体や事物を介して，世界は分節化され，また人間も変わるのである（たとえば，さまざまな香りに対して異なった反応を示すようになる）。

ここで，「さまざまに世界を分節化するポテンシャルを有する身体の多重性を擁護する」といえば，「やはりANTはポストモダン的な多元論の亜種か」と思われるかもしれない。しかし，そうではない。ANTが依拠するI. ステンゲルスの議論をふまえれば，ANT流の科学もまた一般化を求めるが，それはあくまで「部分的なつながり」による一般化を求めるのであって，他の分節化を「余計なもの」として消去する還元主義的な一般化ではない（Stengers 1997）。つまり，ANTが目指す一

般化とは，予期せぬ差異に目を向けさせてくれるものであり，少数の媒介子をさらに多くの生に関わらせるような一般化でなければならない。

　たとえば，遺伝子研究における遺伝子決定論ないしその亜流について考えてみよう。昨今，さまざまな人間の特性や行動について，遺伝子レベルでの説明が行われるようになっている。皆さんのなかにもこう考える方がいるのではないだろうか。「遺伝子が規定しているとまではいわなくても，ある程度，方向づけているのは確かではないか。統計学的に見れば，遺伝子が学力の60％を決定しているといわれている」。

　しかし，これは，遺伝子を「厳然たる事実」として扱った粗雑な議論である。遺伝子を取り巻く事物の連関（実験環境）が変われば，40％の環境要因が変わるだけでなく，遺伝子の振る舞いが変わる可能性を消去しているからである（cf. ケラー 2001）。このように遺伝子を別のかたちで分節化する事物（媒介子）を見出し，本章でみたように，そうした事物が多くの生に関わる潜在性をあくまで担保するかたちで，さまざまな翻訳を行うのが実践的な科学でなければならないのである。

　このように，身体（さらには遺伝子）の多重性ないし複雑性を擁護するのが ANT であるといえるが，今日では，さまざまなデジタル監視（1/0 の組み合わせによる「複合的」な判断☞第 11 章）の進展により，人間がスコア化され評価されるようになっている。つまり，デジタルな分節化が，人びとの身体・装置（認知の媒介子）にますます侵食している。そうしたなかで，還元主義的な科学観は，デジタルな分節化の手先になりかねない。

　このデジタル化に抵抗しようとするならば，もはや，「主体」や「客体」や「文化」や「社会」に還元した説明を行なってはならない。それらは，近代特有の分節化にすぎないからだ（☞第 8 章）。さまざまな事物の連関によるさまざまな分節化をどこまでも保証することで，人びとは「身体の自由を手放さずにすむ」ようになるだろう。

　私たちに求められているのは，単一の客観的実在に依拠することでもなければ，

---

4) この点については，タルドの経済心理学に対するラトゥールらの解説も参照してほしい（ラトゥール＆レピネ 2021）。タルドの経済心理学は，当時の経済学に対してさらなる数量化を促すものであるが，それは今日の行動経済学と異なり，既存の経済学で説明できる「利害」（interest）から外れた人間の「非合理的な」経済行動を心理学等で補おうとするものではなく，「利害／関心」をさまざまな事物や人の連関（情念，愛着，ファクティッシュ☞第 7 章）にまで拡張し，それぞれをフラットに数量化していこうとするものである。

複数の主観的解釈を確保することでもない。数量化して一元化することで満足することもなく，数量化しえない「生きられた世界」に耽溺することもなく，実在の根源的な多重性を認め，「どの実在と生きるのが善いことなのか」を忍耐強く探求しながら生きるためのさまざまな媒体（メディア）を提供すること[4]。ANT もその一員である「科学」の新たな規準がいま求められている。

◉もっと詳しく勉強したい人のための文献
　主体／客体の二元論に囚われていると，身体とは最も両義的な存在にみえる。つまり，身体に焦点を当てると，ANT のもつポテンシャルが最も明確にみえてくる。

① *Body & Society*, *10*(2-3), 2004, Sage.
☞ ANT 流に身体を記述する際に常に参照されてきたのが，*Body & Society* 誌の本号である。本号では，主に医療の対象にされる身体に焦点を当てて，主体／客体図式を乗り越える「科学的な」記述がさまざまに展開される。

②美馬達哉, 2012, 『リスク化される身体――現代医学と統治のテクノロジー』青土社.
☞本章でみたようなフーコーの生政治流の身体への介入はさまざまなかたちでなされている。今日ではさまざまなかたちで数値化される「リスク」の低減を求めるかたちでの介入が進んでいる。こうした状況を丁寧に掘り起こす本書は，「選択の自由」を拠り所とすることなく，不確定性のなかを生きるための「医療倫理」を展望させてくれる。

③ケンダール, G., ＆ ウィッカム, G., 2009, 『フーコーを使う』論創社.
☞身体の訓育をテーマに，フーコーからラトゥールに至る議論を理解する際に参考になるのが本書である。フーコーやラトゥールについて学ぶ学生の対話形式で構成されており，とりわけ，フーコーによる「現在性の歴史」研究を ANT を介して，非歴史研究へと応用する方法が丁寧に解説されている。

【文　　献】
ケラー, E. F., 2001, 『遺伝子の新世紀』（長野敬・赤松眞紀訳）青土社. (Keller, E. F., 2000, *The century of the gene.* Camblidge, MA: Harvard University Press.)
ストラザーン, M., 2015, 『部分的つながり』（大杉高司・浜田明範・田口陽子・丹羽充・里見龍樹訳）水声社. (Strathern, M., 2004, *Partial connections* (Updated edition). Walnut Creek, CA: Altamira Press.)
日本血管外科学会, 2015, 『下肢アテローム硬化性閉塞性動脈疾患に対する診療ガイドライン』
モル, A., 2016, 『多としての身体――医療実践における存在論』（浜田明範・田口陽子訳）

水声社.（Mol, A., 2002, *The body multiple: Ontology in medical practice*. Durham: Duke University Press.）

モル, A., 2020,『ケアのロジック——選択は患者のためになるか』（田口陽子・浜田明範 訳）水声社.（Mol, A., 2008, *The logic of care: health and the problem of patient choice*. London: Routledge.〔原書は 2006 年〕）

ラトゥール, B., 2019,『社会的なものを組み直す——アクターネットワーク理論入門』（伊藤嘉高訳）法政大学出版局.（Latour, B., 2005, *Reassembling the social: An introduction to actor-network-theory*. Oxford: Oxford University Press.）

ラトゥール, B. & レピネ, V., 2021,『情念の経済学——タルド経済心理学入門』（中倉智徳 訳）人文書院.（Latour, B. & Lépinay V., 2008, *L'Économie, science des intérêts passionnés: Introduction à l'anthropologie économique de Gabriel Tarde*. Paris: La Découverte.）

Latour, B., 2004, How to talk about the body?: The normative dimension of science studies, *Body & Society*, *10*(2–3): 205–229.

Mol, A., 2006, Proving or improving: On health care research as a form of self-reflection, *Qualitative Health Research*, *16*(3): 405–414.

Mol, A., 2008, *The logic of care: Health and the problem of patient choice*. London: Routledge.

Stengers, I., 1997, *Cosmopolitiques - tome 7: pour en finir avec la tolérance*. Paris: La Découverte.

Teil, G., 1998, Devenir expert aromaticien: Y a-t-il une place pour le goût da Cussinns les goûts alimentaires? *Revue de Sociologie du Travail*, *40*(4): 503–522.

10 存在様態論と宗教

ラトゥールは宗教を いかにして記述しうるのか？

小川湧司

1 ANT と存在様態論

　本章では，『存在様態探求――近代人の人類学』（Latour 2013a，以下『探求』と略記）をはじめとする近年の B. ラトゥールの議論における，存在様態（modes of existence）として宗教を考えるやり方に対し批判的に焦点を当てる[1]。ラトゥールが宗教を直接に扱った著作はそれほど多くないうえ，現状ほとんど評価されてもいない[2]。とはいえ，「「あなたの主の御名をみだりに唱えてはならない」――宗教的発話の躊躇いについての説教の試み」（Latour 2001），「「フレームを凍らせることなかれ」あるいは科学と宗教の論争を誤解しない方法」（Latour 2005），『近代の〈物神事実〉崇拝について』（ラトゥール 2017a），『探求』（Latour 2013a〔2012〕），『歓び――あるいは宗教的発話の苦悩』（Latour 2013b〔2002〕）などの著作がある。本章では，これらの仕事を参照しながら，ラトゥールにとって存在様態として宗教を研究するとはいかなることであるのか，そして実際ラトゥールが宗教を記述しようとする方法はいかなるものなのか，という点を検討していきたい。

　はじめに，近年のラトゥールが宗教のみならず，科学や法や政治などさまざまなものを扱う際に使っているところの「存在様態」（mode of existence）とは一体何かという点に触れる。存在様態という概念には，その前段としてアクターネットワーク理論（ANT）と，そこから導かれる構築と実在のあいだにある一つの関係性が関わっている。まず，この構築と実在の関係性について整理しておきたい。

1）ラトゥールの宗教に関する著作のリストは本人のウェブサイトを参照されたい〈http://www.bruno-latour.fr/taxonomy/term/21（最終確認日：2022 年 4 月 7 日）〉。

2）ラトゥールの宗教論を扱った数少ない論文としては，（Geraci 2005; Holbraad 2004; Schmidgen 2013; Smith 2016）などが挙げられる。

　ラトゥールや M. カロンの初期の研究をはじめとした ANT はサイエンス・スタディーズから生まれてきた（☞第 4 章）。科学が重要なポイントであった理由は，「構築されている事実が実在性を得る」という，ある意味では常識的に理解可能なはずのラトゥールらの科学に対する見解が，社会構築主義的科学論においては「構築されているならば実在しているとはいえない」という形で否定され，しかもそうした議論が科学者との論争を呼んでいたためである（ラトゥール 2019: 88-99）。

　「うまく構築されれば実在になる」というラトゥールのこうした見解に従って，構築と実在を両方とも扱おうとした時に，「科学的事実」と同じく問題となりかねないものの一つは，いわゆる宗教的な言明だろう。彼は『近代の〈物神事実〉崇拝について』（ラトゥール 2017a）においてこの問題に取り組んでいる。たとえば，「神が実在する」と「神が構築されている」という二つの言明は，一見互いに全く矛盾しているように見える。ラトゥールは 17 世紀のギニア沿岸で，ポルトガル人の商人が初めて黒人たちに会った時，この白人たちは，人間が作った像が神（物神＝フェティッシュ）であるということを黒人たちが平然と認めるのを知って驚き非難した，という事例を提示している（ラトゥール 2017a: 第 1 章）。この白人の商人たちが，キリスト教の神は人間が作ったものではなく人間を作ったものである，つまり人の手で構築されているのではない存在であるという意味で実在しているものだと考えていたからである。一般化すると，人工物であるところの像は自然に存在する事物ではないのだから，完全な意味で実在しているわけではない，というのである。この白人たちのパースペクティヴにおいて，キリスト教の神は構築されているのではないからこそ実在している。この点で，キリスト教の神が現地の「構築された」神像＝物神（フェティッシュ）と対比されているのである。今でもこの種の対比は形を変えて継続されている。たとえば現在のわれわれも，宗教的言明に対する疑いとして「宗教（あるいは神）は人間によって作られた」と考えうるだろう。その含意は，ポルトガル人が黒人たちに向けたのと同じく「人の手によって作られたのだからそれは本物ではないに違いない」ということである。そして，宗教がもつこの構築性を担保するために，その構築行為あるいは構築物であるところの宗教に課せられた社会的機能や目的が説明される。たとえば悩む人を安心させる社会的受け皿としての役割や，お金儲けのためのビジネスや，教祖の自己神格化など，さまざまな事柄を付与して説明や批判的検討がなされる。そして，その目的が良いものもしくは他人に害をなさないものであれば，宗教は「本当ではない」けれども，それに社会的な価値を認めてもよいものとして扱われることになるだろう。この発想に対し，ラトゥールは

うまく構築されれば実在になるという立場を取り，われわれが科学的言明を「厳然たる事実」として扱い科学的事実の構築プロセスをたたみ込んで隠してしまう（☞第４章）にもかかわらず，他者が神を構築しているという過程（物神を作ること）をあげつらって物神を破壊しているという二枚舌を批判する。つまり，神は構築されている（＝本当は神などいない）ということを科学に基づいて指摘していながら，当の自分たちが大切にしている科学的事実が構築されている過程についてはさっぱり忘れてしまうという「近代人」のダブルスタンダードがここでは問題にされているのである。このような批判的態度に基づいて，近年のラトゥールの著作では，「構築されたから実在しない」のではなく，「構築がなければ実在もない」のだという立場が一貫して主張されている[3]。すなわち，構築されることによって何かが実在するようになるのだ。したがって，構築される過程は実在を強めていく過程でもある（☞「強度の試験」を参照，第３章）。ラトゥールはこうした前提に従って，実在化過程つまり構築過程と，それがうまくいく条件に注目すべきだという提案を行う。

　ラトゥールが提起するこのような構築と実在の関係は，うまく話すことと真実を作ることの関係と同義であり，言い換え可能なものであるとされている[4]。ある言明が真実になる（実在するようになる）ためには，うまく話さなければならない（構築しなければならない）。この際も構築と実在の関係に関するラトゥールの議論と含意は同様であり，うまく話をすることとその結果何らかの真実が生まれることの間のプロセスを記述し検討しなければならない，と主張しているのである。とくに『探求』および『歓び』では，J. L. オースティンの発話行為理論から借りた「適切性条件／不適切性条件（felicity/infelicity condition）」（Austin 1962）を改変しながら使って，真実を話すための実際的プロセスの条件（「真実のレジーム（truth-

3）「構築されているならば（本当の意味で）実在していない」という主張は，本来物神だけでなく科学的事実に対しても向けられうるはずだが，近代人は「（科学的）知識」と「信仰」という弁別のための概念を用いてまったく別々のものとして捉えていた。そこでラトゥールは事実（facts）と物神（fetish）の語を掛け合わせて物神事実（ファクティッシュ，factish）という語を作り出し，事実と物神どちらも同じように，どのように構築されるかによって生み出されるものの実在性が問題になるという議論を行なっている（ラトゥール 2007: 第９章 ; 2017a: 第１章）。
4）ここでいわれている「真実」とは，ある発話に含まれた情報の真実性を指しているのではない。むしろオースティンの発話行為論における「適切であること（felicity/infelicity）」（Austin 1962）に近い含意をもたされており，発話によってなんらかの実在がうまく構築された場合にその発話に付与される性質である。

regime)」）がどのようなものか考察されている（Latour 2013a）。ここで断ってお
かなければならないのは，この「話す（speak）」という語は，単に口から言葉を発
する行為のみを指しているのではないということだ。ここでラトゥールが「話す」
という言葉で指しているのは，アクター間で行われるあらゆる種類の（言葉を使っ
た）やりとりと理解して特段問題はない。

　上で引用した例に限らず，「構築されたからといって実在しているのではない（＝
それは作られたものにすぎない）」あるいは「うまく話したからといって真実とはな
らない（＝それはどこか嘘や意図が含まれている）」という語り口は極めてありふれ
ている。それがなんらかの目的の元に「作られている」と認めるとき，そこにある意
図がなんらかの真実をゆがめているという考えと容易に接続しうるからである。そ
して，任意の集団がその実在性／真実性を認める存在は，外部の人間からすると，そ
れは「作られたもの」で嘘の部分を含んでおり本当に存在するのではない／真実で
はないとみなされる。この立場に立つと，あるものが「作られている」ということ
を知っているけれども，それが誰か他の人にとっては「自然に存在している／まぎ
れもない真実である」という事態に直面した場合には，「あなたが「それは存在して
いる／真実である」と信じていることは認めます」という文化相対主義的な言明が
可能になる。より過激に，相手が存在していると認めているものは「実在しない／
話がうまいだけ」という立場をとった場合は，相手と口論に突入するほかはない[5]。

　このような立場を避けるためにラトゥールが提出する問いは，彼がいう「実在性
を得る構築のあり方」，「真実を得る話の仕方」はただ一つしかないのだろうか，と
いうものである。このあり方が複数あるとしたらどうだろうか。たとえば，科学実
験から生まれた事実が誰しも認める教科書の一ページになるまでの軌跡と，ある宗
教集団での祈りが誰かを救済するまでの過程は，まったく同じやり方で理解できる
のだろうか（Latour 2001; 2005; 2013a; 2013b）。実際にそれはほとんど不可能な試
みであろう。文化相対主義的立場と，一つの「真実のレジーム」から他の真実のレ
ジームを批判することとの双方を避けるためにラトゥールが行なったのは，実在や
真実を作る方法を複数提示することだった。こうしてラトゥールの『探求』が目指
したのは，近代人には，科学や技術や法や宗教などでそれぞれ異なったアクター間
の連関（association）のあり方とそれに伴う存在の様態（mode）があるという前

5）ラトゥールの文化相対主義批判については，『虚構の近代』（ラトゥール 2008: 第4章）
　を参照。

提のもと，それら複数の存在様態を，個々のアクターネットワークに参与している
もの自身の視点において適切な仕方で提示し，異なった連関同士の関係を考察す
ることであった[6]。このように存在様態が複数であること[7]を提示する意味は，彼
が「外交（diplomacy）」と呼ぶ各存在様態間の対話を可能とするためである。ラ
トゥールは，複数の存在様態——たとえば科学と宗教——が互いに混同されたり，
存在様態のうち一つだけが跋扈して他の存在様態の存在する余地をなくしたりする
結果として近代人が自身の可能性を狭めているという事態を改善する必要があると
考えており（☞たとえばエコロジーの例を参照，第12章），そのためには，それぞ
れの存在様態をまず切り分けてから，それらが出会う「交差地帯（crossing）」を考
えることが必要であると主張している[8]。

　『社会的なものを組み直す』（ラトゥール 2019）に代表される ANT 的な発想と，
『探求』における存在様態の思考は，前者が後者を可能にするという関係にある。ま
ず，ANT の方法に基づいて，所与の「社会的」説明をアクターに当てはめること
をやめ，アクターを追跡することに集中する（ラトゥール 2019）。その後で，アク
ターの連関のあり方をみて，うまく実在を作ったり真実を話したりする方法を事後
的に提起する。続いて研究対象の実践を，連関の複数のあり方（複数の存在様態）

---

6) ここでいう「科学」「技術」「法」「宗教」は，一般的に想像されるような「科学の領域」
（すなわち科学者と技術者の世界），また「法の領域」（すなわち法曹や原告・被告の登
場する世界），といったような切り分けられた個別の領域を指しているのではなく，ど
の場にも存在しうるが異なったネットワークの連関の特徴を指している。したがって，
一般に「科学」と呼ばれている領域の中に別の存在様態が入り混んでいることもある。
このようなラトゥールの「非領域的」な考え方が，彼の科学論において徐々に前景化し
てきたといえる。このことは，神経内分泌学の実験室という典型的な「科学の領域」と
いえる場所における科学的事実の構築（ラトゥール & ウールガー 2021）から，科学の
ネットワークの連関，つまり「科学の存在様態」の特徴である「参照の連鎖」（ラトゥ
ール 2007）へと著作の主題が移行している点からうかがえると筆者は考える。

7) ここから帰結するラトゥールの多元的な存在論には詳しく立ち入らない。

8) この存在様態の切り分けや比較や交差地帯の提示は『探求』（Latour 2013a）で大々的に
取り上げられるが，それ以前にもいくつかの論文や著作で論じられている。「「フレーム
を凍らせることなかれ」あるいは科学と宗教の論争を誤解しない方法」（Latour 2005）
および『歓び』（Latour 2013b）などでは科学と宗教の関係が，『法が作られているとき』
（ラトゥール 2017b: 第5章）では法と科学の関係が論じられている。具体的にはさまざ
まな交差地帯が可能であり，AIME のウェブフォーラム〈http://modesofexistence.
org/（最終確認日：2022年4月7日）〉でいくつもの交差地帯についての事例等を見つ
けることができる。

第
1
部

第
2
部

第
3
部

が交差している場所として捉え直すことになる。つまり，まずアクターを追いかけ，そのうえで（複数の）連関のあり方を特徴づけ，その特徴に基づいて対象を複数の存在様態の交差する場所として説明するという大変なタスクを行わなければならない。したがって，ラトゥールの提起した「存在様態」を扱う困難さは，存在様態論がANT同様，そのまま何らかの現象に適用するための議論や理論的概念ではなく，それが一つの研究の（あるいは間違った研究をしないための）プログラムであるという点にある（ラトゥール 2019）。

分析者が初めから社会的な説明を付け加えないというANTの教条（ラトゥール 2019）に加えて存在様態の議論が必要となるのは，ラトゥールによると，ANTを表現する際によく使われる「人ともののネットワークを実践者たちが作っている」という結論を示すだけでは，科学や法や宗教や政治が一体何なのか，どのような価値をもつのかという点を一切説明できないからである（Latour 2013a: 35-37; 久保 2019: 207-208）。また，存在様態論は，ANTあるいは構築主義的科学論が単なるマキャベリズムやアクター集めの「戦争」にしかみえないという批判（たとえば，Haraway 1997: 34）に対して提示されたものともいえる [9]。つまり，単に大量のアクターを動員して強いネットワークを形成し実在を作ればどのような場合においても勝ちということではなく，そのつなげ方にも条件があり，その条件のセットが科学や法や宗教などによって複数あるということを示さなければならない，ということである。

方法としての存在様態論は以上のように要約できるが，実際に複雑な実践の中から一つひとつの存在様態（ラトゥールが『探求』において示した存在様態は合計15に及ぶ [10]）をより分けて特徴づけることなど果たして可能なのだろうか [11]。本章で扱う「宗教」の場合も，実践レベルにおいては政治や権威や象徴システムや信念や儀礼といった，さまざまなものの混合した様相を呈している。そうすると，たと

---

9) この論点については，久保明教氏（一橋大学）からご教示いただいた。また，ANTに対する批判については，本書第1部全体を参照されたい。

10) すべてここで示す必要はないが，たとえば次のような存在様態が提起されている：参照（＝科学，[REF] ERENCE），再生産（[REP] RODUCTION），変態（[MET] AMORPHOSIS），テクノロジー（[TEC]），フィクション（[FIC] TION），政治（[POL] ITICS），法（[LAW]），宗教（[REL] IGION），慣習（[HAB] IT），付着（[ATT] ACHMENT），組織（[ORG] ANIZATION），倫理（[MOR] ALITY）。詳しくは『探求』（Latour 2013a）および『ブルーノ・ラトゥールの取説』（久保 2019）を参照。

えば宗教と政治権力の絡み合いが起こっている中で宗教を政治から切り離すことは，T. アサドがいうように，「宗教を（他のいかなる本質とも同じく）超歴史的で超文化的な現象として定義する」ことにつながり，結果として「（世俗的リベラルにとっては）宗教を閉じ込めてしまう戦略に，（キリスト教系リベラルにとっては）宗教のガードを固める戦略に，同時に資する」だけのようにも思える（アサド 2004: 33）。このような批判は，宗教と政治権力の弁別に限らず，呪術や科学や宗教を「聖なるもの」と「（世）俗的なもの」へ弁別する古典的な宗教の規定方法に対しても行われうる（デュルケム 1975; タンバイア 1996）。「宗教」という概念を何らかの仕方で政治や科学や法から切り離して規定することは，政教分離や科学的思考から宗教の「非合理的」思考を排除すると同時に，「宗教にはそれ自身の価値がある」という仕方で護教論を展開させるという二重の効果をもたらすといえなくもない。手短にいえば，こうした批判では，一般概念としての「宗教」を使用することがもたらす表象の粗さと，その「一般」性に埋め込まれた政治性の双方が問題にされているのだ。そうなると，前節で示したラトゥールの方法論それ自体は筋が通っていても，わざわざ何らかの複雑な実践を記述した後で，「宗教の存在様態」あるいは「宗教的発話の真実のレジーム」なるものを使って説明してしまうのであれば，結局概念の一般化をもたらし ANT から理論的に後退するうえ，宗教の囲い込みと護教論的主張につながりかねない身振りだと感じられるかもしれない。本章ではこの疑問から，ラトゥールの議論をラトゥール自身の存在様態論の方法論以外の場所からみたときに，「様々な混同と誤解にさらされた」宗教を存在様態として規定することによって「回復（instauration）」[12]させるのだと宣言するラトゥールの宗教論の意義は何なのか，という点に着目する。このため，以前の「宗教」概念規定に対する批判とラトゥールが（直接的にではないにせよ）これに対して示す身振りを参照したうえで（第2節），彼が実際にどのような仕方で宗教論を展開しているのか（第3節）を検討する。

11）上述の ANT 的前提に基づく記述の必要性にもかかわらず，ラトゥール本人もしくはラトゥールが参照する詳細な記述が存在する存在様態は多くない点は批判に値すると筆者は考える。彼が行なった科学研究の仕事（ラトゥール & ウールガー 2021; ラトゥール 1999; とくにラトゥール 2007）において記述された科学の参照の連鎖［REF］，および法［LAW］（ラトゥール 2017b）については経験的研究がなされているが，他の存在様態についても記述に基づいた提起が必要であるはずだ。この点が存在様態論で宗教を扱う際の今後の課題であろう。

2 「宗教」概念批判論に対するラトゥールの身振り

　一般概念としての「宗教」を規定する行為に対する批判[13]の代表例としては，ア
サドの『宗教の系譜』(2004) を挙げることができる。アサドは次のように主張す
る。宗教をめぐる人類学者の前提──(1) 宗教は本質的に象徴的な意味に関わる，
(2) その象徴的意味は一般的秩序の観念と結びついている，(3) 宗教全般に共通す
る機能や特徴がある，(4) 宗教を個々の歴史的／文化的形態と混同してはならない，
など──はすべて，キリスト教固有の歴史に基づいている（アサド 2004: 47）。17
世紀にローマカトリック教会の統一と権威がやぶれさって，また植民地世界が知ら
れるようになった頃，あらゆる社会に存在する至高存在への信仰としての「自然宗
教」がE. ハーバート卿やJ. ロックといった人びとによって定式化されることによ
り，こうした宗教の本質抽出や普遍化が始まり，I. カントによる「多くの歴史的宗
派があるがあらゆる時代のあらゆる人間に有効な宗教は，ただ一つのものがあり得
るのみである」(『永遠平和のために』第 2 章原注，カント 2006: 209) という主張へ
とつながったのだとアサドはいう。ここから，宗教は元々「個々の権力ないし知識
の働きと結びついた一組の具体的な実践的規則」であったが，それが抽象化と普遍
化の経緯をたどったとされている（アサド 2004: 43-47，強調原文）。

　アサドは，このような普遍化の中で，「世間に受容された実践的習慣が実在の根
本的性質について何事かを確言しており，それゆえ明らかなナンセンスではない何
らかの意味をいつでも言明できる」という仕方で宗教が規定され，実践の背景にあ
る実在を意味づけることが宗教理論の役割であるという見方が生まれたとする（ア

---

12) 「回復 (instauration)」は，ラトゥールが「存在様態」の語を借りたエティエンヌ・ス
　ーリオの用語。ここでいう宗教の回復とは，世俗化の後で信仰や宗教実践が再び増加
　したり，あるいは重要視されたりしていることを意味しているのではないし，またユ
　ルゲン・ハーバーマスの仕事にインスパイアされた「ポスト世俗 (postsecular)」の概
　念とも関係がない (cf. Beckford 2012; Cannell 2010)。そうではなく，宗教の存在様態
　が別の存在様態と混同されながら軽蔑の対象になっていることに対して，宗教の存在
　様態を正しく規定することが指されているのである。この「回復」の仕事によって宗
　教的存在様態を持つものが増加することも，あるいは宗教実践が「再興 (resurgence)」
　することも期待されてはいない (Latour 2013b: 200)。なお，世俗化論に関する筆者の
　理解は，坪光生雄，谷憲一，丹羽充ら諸氏に多くを負っている。
13) 宗教をなんらかの一般概念として定義する社会学における潮流の理論的レビューにつ
　いては (諸岡 2011) などを参照。

サド 2004: 47–50, 強調原文）。この一例として，C. ギアーツの論文「文化システム
としての宗教」（ギアーツ 1987）における，実践の背景に実在する存在の一般的秩
序（＝世界の事象を支えるなんらかの秩序）に対して宗教的象徴と信仰が事実性を
与えるという議論[14] が槍玉に挙げられている。アサドにしてみれば，「権威をあら
かじめ受容する」行為を行う「信仰」がまずあって，それによって実践の背景にあ
る存在が変容する（事実性を与えられる）というギアーツの発想には，「信仰」と
「実践」（アサドはここで実践を「世界内の構築行為」と呼んでいる）を分割し，信
仰を存在変容の原因となる一種の精神状態として規定してしまうという問題がある
（アサド 2004: 50–52）。このような信仰の定義から導かれる宗教理解，つまり「知ろ
うとする者はまず信じなければならない」[15] という傾向を示すギアーツの「宗教的
パースペクティヴの公理」観念は，近代的キリスト教護教家のものであるとアサド
はいう。さらにアサドは，中世の修道院の事例を紹介することで，キリスト教内部
においてさえ「宗教的パースペクティヴの公理」は多様であったことを示す。する
と，この「公理」の一般性は消え去ってしまい，ギアーツが行おうとしていた宗教
的パースペクティヴと非宗教的パースペクティヴは明確に分節化しうるものではな
くなる（アサド 2004: 53–57）。

　こうしたアサドをはじめとする「宗教」概念の一般性・普遍性に対する系譜学的
批判や，または宗教の実践面が信仰を立ち上げ維持させるという実践論的な傾向を
もつ宗教論の視点からすると，ラトゥールが宗教を実践の記述から引き出しうる存
在様態として扱おうとしても，結局一般化に潜む問題——表象の粗さと，その「一
般」性に埋め込まれた政治性——から逃れられていないように映りかねないだろう
（このあたりが存在様態論を理解しにくい要因である）。というのは，実践論からす
ると，ある種の実践が信仰や宗教的観念を立ち上げるプロセスの方が重要なので

14) ギアーツによる「宗教」の定義は以下。「(1) 象徴の体系であり，(2) 人間の中に強力
　な，広くゆきわたった，永続する情調（mood）と動機づけを打ち立てる。(3) それは，
　一般的な存在の秩序の概念を形成し，(4) そして，これらの概念を事実性（factuality）
　の層をもっておおい，(5) そのために情調と動機づけが独特な形で現実的であるよう
　にみえる」（ギアーツ 1987: 150–151）。
15) この点は次の引用から明白である。「この問題に対するどんなアプローチも，宗教の信
　仰は，ベーコン風の日常経験からの機能ではなく——それではわれわれが皆不可知論
　者にならなければならないから——その経験を変形させる権威の最初の受容を含んで
　いることを率直に認めることから始めるのが最もよいように私に思われる」（ギアーツ
　1987: 182）。

あって，一度現れた「宗教」の性質についてあたかもそれが実在しているかのように語り始めるのは論理的順序が逆転しているということになるし[16]，系譜学的批判からすると，そもそも「宗教」という言葉を利用すること自体が，誤りではないとしても問題含みであるからだ。

ANT に基づく記述を超えて「宗教」を存在様態として捉えることは，事例に注力する実践論やアサドの系譜学が批判した「宗教一般」という特有性について語ることにならないのだろうか。つまり，アサドらの批判をふまえても，宗教の存在様態（以降『探求』の記法にならい［REL］と記す）を引き出すことは本当に可能であり，正当化しうるものなのだろうか（cf. Holbraad 2004）。この点に関しラトゥールは「「フレームを凍らせることなかれ」」と題した論文の中で次のように述べている。

　　　［略］宗教とは，私が書いている伝統――つまりキリスト教の伝統――においては，説教や叙述や，ある特定のやり方で真実を語る際の一つの方法です。［略］宗教は，文学的，専門的，神学的に，あるニュースつまり「良い知らせ」の形式なのです。ギリシャで「エヴァンゲリオス」と呼ばれていたもので，英語では「福音（*gospel*）」と訳されてきたものです。ですから，私は宗教一般について語ることはしません。つまり「宗教」と呼ばれる普遍的な領域・テーマ・問題があり，それが，パプアニューギニアからメッカ，イースター島からヴァチカンまで神々や儀礼や信仰を比較できるようにするとは考えません。子供には一人の母親しかいないのと同じく，誠実な信者はただ一つの宗教しか持ちません。異なる宗教を比較しながらも宗教的仕方で話せるような視点などありません。おわかりのように，私の目的は宗教について話すことではなく，みなさんに宗教的に語ることです。（Latour 2005: 29，強調原文）

16）こうした印象は，ラトゥールがほとんどの宗教に関する論文で，宗教の存在様態における実在構築／発話を実際にやってみせようとの目論見のもと，自ら宗教の存在様態／宗教的発話を行うものとしての立場から講演式に語っているということのために，より顕著にみえてしまっているように筆者には思われる。「「あなたの主の御名をみだりに唱えてはならない」――宗教的発話の躊躇いについての説教の試み」（Latour 2001），「「フレームを凍らせることなかれ」あるいは科学と宗教の論争を誤解しない方法」（Latour 2005）を参照。この二つの論文において，ラトゥールは実際に［REL］を実践する試みとして，自ら説教師の役割を演じるという体裁で論じている。

　この引用部では二つの点が注目に値する。第一に，ラトゥールはキリスト教，とりわけカトリックからみた「宗教」を扱うという点を明言することで，19世紀の社会科学から連綿と続く一般概念としての宗教をめぐる議論に参与しないことを強調している[17]。第二に，一般概念としての宗教を定義はしないが，キリスト教（カトリック）において「カトリック的にうまく話す方法」は規定することができるのであり，その特定の仕方で話すことによって「福音」を伝えることができる。以降，このラトゥールの主張が，［REL］をはじめとした諸存在様態を扱う『探求』の方法によって導かれていることを示したい。

3　存在様態［REL］を規定する二つのステップ

　ラトゥールは『探求』において，何かがそれ自体存在様態の地位を与えられるかどうかを決定し，それぞれの特徴を評価するために，ある一連の方法を使うことで対処している。この方法とは，（i）いくつもの種類の存在様態が混同されている「カテゴリエラー」を発見し，「宗教はXでない」（e.g. 政治ではない，科学ではない，法ではない）というモーメントを考えて各存在様態を示すという否定的な仕方で分類を行い，次に（ii）「適切性条件／不適切性条件」を用いて実定的に各存在様態を／において「うまく構築する／話す」方法を定義することである（Latour 2013a: Chapter 1, Chapter 2）。

　（i）における，ラトゥールが宗教の存在様態［REL］を提起する際の否定的な方法はどのように進むのか[18]。たとえば，「宗教は科学ではない」という否定的命題，つまり宗教と科学を同じ類のカテゴリとして捉えてしまうカテゴリエラーについては次のように議論される。まず「科学的に」話すには，参照文献をつけ，どの情報

17）この点に関して，ラトゥールがこのキリスト教的概念を「宗教」と命名したことは，当然批判的に受け止められるべきだろう。このラトゥールの身振りにはいくつかの理由があると思われる。まず，ラトゥールはもともと聖書釈義学に関心を抱いており，トゥール大学でブルトマンの神学についての論文を書いて哲学博士号を授与されているという背景がある（Latour 2010を参照）。また，『探求』においては，その対象となっている「近代人」（『探求』の副題は「近代人の人類学」である）は概念的存在ではあるが，実際上おおよそキリスト教徒の多い現代西洋社会に生きる人びとのことを指しているためであるとも考えられるが，ラトゥールが近代におけるキリスト教的なアクターネットワークを自ら「宗教」と呼ぶ正当な論拠は見当たらない。

18）この点の詳細な議論については（Latour 2001; 2005）参照。

がどのソースに関連づいているのかを示し，その情報をゆがめることなく伝えることが不可欠である（「科学について」話す際はその必要はない）。このことによって，論文上の図表から一次資料や実験室に戻っていくことができるからであり，この系列がなければ科学的言明の事実性は雲散霧消する（ラトゥール & ウールガー 2021: 第 2 章；ラトゥール 2007: 第 2 章）。ところが，「宗教的」発話にはそのような参照の連鎖は必要なく，ゆがみなく情報を伝える仕方で神父は説教をしていないとラトゥールは考える。

　たとえば「説教学」というものを考えてみる。説教学では，聖書をただ朗読するだけではなく，目の前にいる会衆にキリストの教えを伝えるためにはどうすればよいかという点が問題になる。しかし，説教に含まれた情報を，聖書のどこにそれが書いてあったのかが明確にわかる仕方で注釈したり引用したりする必要性は薄いし，またそうした手続きによって説教の内容が立証されるわけでもない。こうした意味で，科学の実在構築のやり方と「宗教」の発話が効力をもつやり方は明らかに異なっている。

　このカテゴリエラーがもたらす帰結として，「宗教的」発話を「科学的に」検証しようという試みはすべてうまくいかないとラトゥールは考える（Latour 2005）。たとえば，処女懐胎という現象を科学的に語ろうとしても，マリアが神から受けた祝福についての物語を「福音」として効果的に伝えることができないため，物語の意味は改変されてしまう。こうしたカテゴリエラーのために，宗教も科学もどちらも勘違いされてしまうとラトゥールは主張する。この勘違いは，それぞれがもつネットワークの連関のあり方が無視されることにより生じる。ラトゥールはこの勘違いを，マウスをダブルクリックすればすぐに結果にたどり着くというイメージを使って「ダブルクリック」と呼ぶ。たとえば，「マリアとは実は誰だったのかと尋ねたり，彼女は本当に聖処女だったのか確かめたり，彼女を精子の光線で妊娠させた通路を想像したり，ガブリエルは男か女かを決めたりする」ことはダブルクリック的問いである（Latour 2005: 32–33）。というのは，これらは科学的な問いではないし——参照や引用や情報のゆがみなき伝達を使っていない——，宗教的な問いでもない——この問いは福音を伝えることにならないどころか，福音とまったく関係ない——からだ。こうしたダブルクリックは，科学（の存在様態）がもつ参照のネットワークや宗教（の存在様態）がもつ「福音」の特徴を見逃す。つまり科学者の微細で大変に労力のかかる実践も，宗教者が伝道と救済のために話す説話も，どちらも正当に扱わず，両方とも台無しにしてしまう。ダブルクリックの結果として，科学は事実構築の中間プロ

セスを剥奪された「当たり前の事実」へ，宗教（あらためて強調するがキリスト教のこと）は「役立たずの神秘」へと堕落させられてしまうというのである。このダブルクリックという落とし穴を避けて，それぞれの場合におけるネットワークの連関のあり方を検討したならば，科学と宗教はそれぞれ別の存在様態として提起される。

　（ii）における［REL］の実定的な提示は，オースティンの発話行為に倣い，その適切性／不適切性条件，つまりうまく構築する／話す条件とその失敗の条件を設定することによって行われる（Latour 2013a）。『歓び』において，［REL］の適切性条件が五つ提示されている。ラトゥールによると「宗教的に」うまく話し実在を生み出すには，①救済の言葉はわかりやすくなければならず，②「いま・ここにいる私たち」に向けられたものでなければならず，③科学のように参照を利用した情報伝達をしてはならず，④（対象を）一時的ではあれ再び取り戻すという効果をもたなければならず，⑤調和や一致，同一性や人格が刷新されなければならない（Latour 2013b: 54-55）。これらの条件のすべてに同じ重みが置かれているわけではない。①は理解可能性，③は［REL］の独自性の強調，④⑤は効力を問題にしている。そして④⑤の効力は，②「いま・ここにいる私たち」という発話対象をもたなければならないという条件によって担保されているように思われる。

　ラトゥールは，②④⑤を，［REL］の「再‐現前化（re-presentation）」という性質へと集約させる。ここでいう「再‐現前化」とは，たとえば過去のキリストの死が「いま・ここ」にいる私たちに対して意味をもつという時間性，およびそのことで人間が神や他の人間との関係を「新たに作り直す・提示する」という効力の双方を表している。この議論は，過去が現在に凝縮された仕方で現れ，そして作り直された関係は，かつての関係と構成要素がまったく同じであっても，それは「新たにされた（renewed）」関係となる[19]という点で，W. ベンヤミンが近代の「均質で空虚な時間」に対して提示した「メシア的時間」と似ている（Benjamin 1999）。

　「再‐現前化」は，メッセージが常に変化し続ける（新しくなる）にもかかわらず，それが聞き手を変える限りにおいて，オリジナルに忠実で同一なものとして受け取られるような発話の特徴であると言い換えられている。たとえば，ある日曜日の朝，皆が教会に集まって讃美歌を歌い，説教師が話し出し，祈りを捧げていると，

---

19) こうした「回心」的経験についての事例は，W. ジェイムズの『宗教的経験の諸相』第9章，第10章において多く紹介されている（ジェイムズ 1970 上 : 287-388）。

「いま・ここ」において，キリストは誕生し十字架につけられ三日後に復活し，使徒ペテロは裏切りを赦されて聖霊に満たされる。当然，キリストが2000年前に発した発話のメッセージは説教師や宗派や教理や政治的力により形を変えるにもかかわらず，それが聞き手を「新しくする」のであれば，かつてキリストが発したのと同じ言葉として受け取られることになる。そしてその礼拝の参加者は「聖霊に満たされて」，神との関係や隣人との関係を「新たに」する。2000年前のエルサレムで起きたキリストの死によって現在の私が「すでに救われている」という時空間を超えた救済を，罪を犯す度にそして悔い改めの祈りをする度に，キリスト教徒は何度も思い出すことになる[20]。また別の例として，ラトゥールは恋人たちが交わす愛の言葉を挙げている（Latour 2013b）。たとえば「私はあなたを愛している」という言葉は，いかにも陳腐で，何度も繰り返されれば口先だけの嘘とも取れる。しかし，その言葉がある適切な仕方や条件下で発話された場合は，最初に愛を告白した時と同じ力をもつものとして受け取られ，人間間の関係を新しく作り直しうる。

　ここまで，ラトゥールが［REL］を導き出す手段をみてきた。短くいうと，(i) では存在様態の切り分けがなされ，(ii) ではキリスト教的な存在様態／真実のレジームの規定がなされている。つまり，(i) では「宗教的な発話というものは存在するがそれは科学とは関係がない」という切り分けがなされ，(ii) ではその特徴が「再－現前化」という効力であってこれを発揮するようなネットワークが［REL］であるとされるのである。ANTから存在様態論への動きは，宗教一般の概念を使わないながらも宗教的に語る方法を提起することを可能にしている。それはラトゥールが言っていたように，「宗教について語るやり方」ではなく，宗教をなんらかの変換を伴うネットワークにおける実在や真実の構築として捉えることによってその特徴を評価しようとする手段なのである。

4 おわりに

　ラトゥールは［REL］を提示する際に，「宗教的パースペクティヴの公理」，「権威をあらかじめ受容する」行為としての「信仰」という概念や，古典的な「聖／俗」分類や「象徴」などの宗教を説明する理論的前提を取らず，キリスト教的なアクターネットワークの性質がどのようなものなのかということを描き出そうとする。それ

---

20) たとえば，ヨハネの福音書3章1-15節，コロサイ人への手紙3章9-10節を参照。

を可能にする方法が「存在様態探求」のプロセスであった。当然ラトゥールが使った記述と理解の方法は，キリスト教だけのために考え出されたわけではないのだから，この方法によってキリスト教以外の宗教をどう記述し理解できるようになるのかという点について経験的な研究がなされる必要がある（cf. Holbraad 2004）。

　ラトゥールの宗教論は，世俗化（それとポスト世俗化論）をめぐる議論の問題（cf. Beckford 2012）——現代まで続く世界が宗教的ではなくなり世俗的になっているのかという問題をめぐる議論群（e.g. M. ヴェーバーの脱魔術化）——を超えて，宗教がそもそもなんらかの「信仰」ではないと示すことによって世俗化論の前提となる「合理的な近代人」の概念を崩し，そのうえで宗教をいかにして提示することができるのかという野心的な問いをかけている。そのうえで彼は，宗教（キリスト教）はうまく発話（構築）されたとき再‐現前化の効力をもつと主張している。しかし，この説明が完全にアクターたちの視点において正当な説明となり続けうるかという点はわからない。彼自身が「フレームを凍らせることなかれ」と言っているように，宗教の存在様態や適切性条件も必ずしも常に当てはまるものとして捉えられるべきではないし，ネットワークの追跡なくして適用されるべきでもない。したがって，この［REL］の議論も簡単に応用できる説明ではない。しかし，何かを探求し存在様態を抽出し記述するということはなんらかの応用可能な説明を編み出したりすることではなく，動き続けるネットワークをとるフレームを常に一時的に作り出し続けながら別の存在様態と付き合っていくことなのだとラトゥールは考えているのではないか。したがって，彼の抽出して見せた［REL］も，交差地帯の中で起きる実践の中で新しく変化しうるのかもしれない。そういった可能性を常に捨てられない，むしろ捨てないような記述を求めるのがラトゥールのいう存在様態の探求なのであるといえるのではないだろうか。

●もっと詳しく勉強したい人のための文献
① Latour, B., 2005, "Thou shall not freeze-frame," or how not to misunderstand the science and religion debate. in J. D. Proctor ed., *Science, Religion, and the Human Experience*. Oxford: Oxford University Press, pp. 27-48.
☞ラトゥールが「宗教的に話す」やり方を自ら実践しているスピーチ形式の論文。本章では全体を取り上げきれていないため，原著に当たることをお勧めしたい。

②アサド, T., 2004〔1993〕,『宗教の系譜』（中村圭志訳）岩波書店.
☞系譜学的批判によって宗教の一般概念を批判する。一般概念と思われているものを
　人類学的分析に不用意に使うことへの批判の一例である。

③ジェイムズ, W., 1970〔1902〕,『宗教的経験の諸相』上・下（桝田啓三郎訳）岩波書
　店.
☞ラトゥールのいう「再 - 現前化」が回心経験といかに関係しうるかという点について
　考察するための比較に使える記述が含まれている。

④久保明教, 2019,『ブルーノ・ラトゥールの取説――アクターネットワーク論から存
　在様態探求へ』月曜社.
☞ラトゥールの ANT と存在様態論の双方を射程に入れた入門書。

【文　　献】

アサド, T., 2004,『宗教の系譜』（中村圭志訳）岩波書店.（Asad, T., 1993, *Genealogies of religion: Discipline and reasons of power in Christianity and Islam*. Baltimore, MD: Johns Hopkins University Press.）

カント, I., 2006,『永遠平和のために／啓蒙とは何か 他三編』（中山元訳）光文社.〔原書は 1795 年〕

ギアーツ, C., 1987,「文化体系としての宗教」『文化の解釈学〈1〉』（吉田禎吾ほか訳）岩波書店, 第 4 章.（Geertz, C., 1973, Ideology As a Cultural System After the Revolution, *The interpretation of cultures: Selected essays*. New York: Basic Books.〔原書論文初出は 1966 年〕）

久保明教, 2019,『ブルーノ・ラトゥールの取説――アクターネットワーク論から存在様態探求へ』月曜社.

ジェイムズ, W., 1970,『宗教的経験の諸相』上・下（桝田啓三郎訳）岩波書店.〔原書は 1902 年〕

タンバイア, S. J., 1996,『呪術・科学・宗教――人類学における「普遍」と「相対」』多和田裕司訳. 思文閣出版.（Tambiah, S. J., 1990, *Magic, science, religion, and the scope of rationality*. Cambridge: Cambridge University Press.）

デュルケム, E., 1975,『宗教生活の原初形態』上・下（古野清人訳）岩波書店.〔原書は 1912 年〕

諸岡了介, 2011,「世俗化論における宗教概念批判の契機」『宗教研究』85(3): 1–20.

ラトゥール, B., 1999,『科学が作られているとき――人類学的考察』（川﨑勝・高田紀代志訳）産業図書.（Latour, B., 1987, *Science in action: How to follow scientists and engineers through society*. Cambridge, MA: Harvard University Press.）

ラトゥール, B., 2007,『科学論の実在――パンドラの希望』（川﨑勝・平川秀幸訳）産業図書.（Latour, B., 1999, *Pandora's hope: Essays on the reality of science studies*. Cambridge, MA: Harvard University Press.）

ラトゥール, B., 2008, 『虚構の「近代」——科学人類学は警告する』（川村久美子訳）新評論.（Latour, B., 1993, *We have never been modern*（trans. C. Porter）. Cambridge, MA: Harvard University Press.）

ラトゥール, B., 2017a, 『近代の〈物神事実〉崇拝について——ならびに「聖像衝突」』（荒金直人訳）以文社.（Latour, B., 2009, *Sur le culte moderne des dieux faitiches: suivi de Iconoclash*. Paris: La Découverte.）

ラトゥール, B., 2017b, 『法が作られているとき——近代行政裁判の人類学的考察』（堀口真司訳）　水声社.（Latour, B., 2010, *The Making of law: An ethnography of the Conseil d' Etat*（trans. M. Brilman et al.）. Cambridge: Polity Press.）

ラトゥール, B., 2019, 『社会的なものを組み直す——アクターネットワーク理論入門』（伊藤嘉高訳）　法政大学出版局.（Latour, B., 2005, *Reassembling the social: An introduction to actor-network-theory*. Oxford: Oxford University Press.）

ラトゥール, B., & ウールガー, S., 2021, 『ラボラトリー・ライフ——科学的事実の構築』（立石裕二・森下翔監訳）ナカニシヤ出版.（Latour, B., & Woolgar, S., [1979]1986, *Laboratory life: The construction of scientific facts*（2nd ed.）. Princeton, NJ: Princeton University Press.）

Austin, J. L., 1962, *How to do things in words*. Oxford: Clarendon Press.

Beckford, J. A., 2012, Public religions and the postsecular: Critical reflections. *Journal for the Scientific Study of Religion*, *51*（1）: 1–19.

Benjamin, W., 1999, Theses on the philosophy of history, in *Illuminations*（New Edition）. Pimli-co: Vintage Books.

Cannell, F., 2010, The anthropology of secularism. *Annual Review of Anthropology*, *39*: 85–100.

Geraci, R. M., 2005, Signaling static: Artistic, religious, and scientific truths in a relational on-tology. *Zygon, 40*（4）: 953–974.

Haraway, D., 1997, *Modest_Witness@Second_Millennium.FemaleMan_Meets_OncoMouse ™: Feminism and technoscience*. New York: Routledge.

Holbraad, M., 2004, Response to Bruno Latour's "Thou shall not freeze-frame." 〈https://web.archive.org/web/20150224003645/http://nansi.abaetenet.net/abaetextos/response-to-bruno-latours-thou-shall-not-freeze-frame-martin-holbraad（最終確認日：2022 年 4 月 20 日）〉

Latour, B., 2001, "Thou shalt not take the Lord's name in vain": being a sort of sermon on the hesitations of Religious speech. *Res: Anthropology and Aesthetics*, （39）: 215–234.

Latour, B., 2005, "Thou shall not freeze-frame," or how not to misunderstand the science and religion debate, in J. D. Proctor ed., *Science, religion, and the human experience*. Oxford: Oxford University Press, pp. 27–48.

Latour, B., 2010, Coming out as a philosopher. *Social Studies of Science, 40*（4）: 599–608.

Latour, B., 2013a, *An inquiry into modes of existence: An anthropology of moderns*（trans. C. Porter）. Cambridge, MA: Harvard University Press.〔原書は 2012 年〕

第1部

第2部

第3部

Latour, B., 2013b, *Rejoicing, or the torments of religious speech* (trans. J. Rose). Cambridge: Polity. 〔原書は 2002 年〕

Schmidgen, H., 2013, The materiality of things? Bruno Latour, Charles Péguy and the history of science. *History of Human Sciences, 26*(1): 3-28.

Smith, B. H., 2016, Anthropotheology: Latour speaking religiously. *New Literary History, 47*: 331-351.

11 人間 - 動物関係とラトゥール

動物の「非 - 還元的な」記述とは いかなるものでありうるか？

森下　翔

1 「非 - 人間」概念と「動物」概念

　「動物」は，「非 - 人間」という言葉から想起されるもっとも典型的な対象の一つであるように思われるにもかかわらず，ANT の主題としては正面から取りあげられてはこなかった。この事実は，単に歴史的に ANT の論者が動物に興味をもってこなかったということではない，と筆者は考える。そうではなく，ANT の議論の仕方の性向として，「動物」という概念は ANT にとってあくまでも「経験的な対象」として取り上げられるべき概念であって，理論的な概念としては適切に取り扱うことができない，ということを意味しているように思われる。すなわち ANT が理論的概念を扱うやり方には一定の傾向があり，「非 - 人間」という概念の取り扱われ方はその傾向に合致しているが，「動物」という概念はその取り扱われ方にはそぐわない，ということである。

　では，ANT における理論的概念とはどのような特徴をもっているのか。ラトゥールは次のようにいう。「非人間という表現それ自体は，ANT が選ぶ他のすべてのインフラ言語と同じく，無内容である。非人間という表現が指し示しているのは［略］分析者が何らかの相互作用の持続と広がりについて説明するために目を向ける準備をするべきものであるにとどまる」（ラトゥール 2019: 136）。ここで彼がインフラ言語と呼んでいるのは，私が先に理論的概念と呼んだものと同じと考えてよい。「非 - 人間」の語は「無内容」で「目を向ける準備」をするためのものであると彼はいう。

　別のところでは，ラトゥールは，ANT は「否定形の論議」であり，「アクターが自らを表現する余地を残しておく方法」についての理論だといっている（ラトゥール 2019: 268-269）。「アクターが自らを表現する余地」を残すとはどういうことか。

それは，ANT におけるカテゴリーは，書き手の記述の前に，特定の存在者の種類の本質を定義するものとしては用いられない，ということを意味する。「非 - 人間」という概念もまた，この傾向を共有している。

ラトゥールはまた，「非 - 人間にはっきりとした役割が与えられているかどうか」が，ある研究が「ANT 的」であるかどうかの重要な判断基準であると書いている（ラトゥール 2019: 24-25）。ラトゥールの「目を向ける準備」という言い方があらわすように，この概念は，従来「アクター」としては注目されていなかった人間以外の存在に注意を向け，その記述を促すための概念である[1]。

抽象的であいまいな言い方をいくら重ねられても一向にどういうことかわからないという感触をもつ読者もいるかもしれない（私自身そう思う部分がないわけではない）。好意的に解釈すれば，ラトゥールは具体的な記述によってこうした含意を補完させるために，理論的概念の位置づけをあえてあいまいなままに残していると考えることもできるかもしれない。

では，動物（と経験的に措定される対象）についてのどのような記述が，「ANT 的な」記述でありうるのか。本論では，まず，ANT における「非 - 人間」の記述を取り上げ，「ANT の代表的研究」とされる著作における非 - 人間の記述は実際に主唱者がいう意味において「ANT 的」であるかどうかを吟味する。次に，比較する対象として，代表的な動物論における「動物」の記述を取りあげ，そうした記述がどのような点において ANT 的であるか（ないか）を，主として ANT の「非還元の原理」に照らして検討する。

2 ANT 論者による「非 - 人間」の記述：乳酸菌とヒヒ

ANT の主唱者による「非 - 人間」の取り上げ方は，それ自体一つの方針に還元できるものではないし，歴史的にも変遷してきた。ラトゥールは，ANT の初期の研究が，微生物，ホタテガイ，岩，船といった，人間以外の存在を取り上げていることで特徴づけられるとしている（ラトゥール 2019: 24）[2]。ホタテガイについては

1）この点について，たとえばラトゥール（2019: 208）を参照のこと。
2）ただし研究は三つしか挙げられておらず，とくに「岩」についての研究というのが具体的にどの研究を指しているのかは判然としない。ラトゥール（2019）において岩について触れられている箇所では，J. A. McKenzie らの研究（McKenzie & Vasconcelos 2008）が，Hacking（1999）を介して孫引きされている。

すでに触れたので（☞第4章），ここではとくに理論的に重要な含意をもつものとして微生物，そして彼のリストには挙がっていないが，主唱者らによってしばしば言及されるヒヒについて，まずは簡単に概観し，そのあとでまとめて考察する。

■ 2-1　ANT と乳酸菌

ラトゥールは，初期の著作においてはパストゥールを主役とする論述を行なっていたが（ラトゥール 1988），次第に微生物を主役とする記述の可能性について模索するようになる。ANT に限らず，当時の科学論において注目されていた科学の諸実践の一つに，エスノメソドロジストのガーフィンケルらが「自然化」と呼んだもの，すなわち観察された現象が，何らかの自然の対象に帰責される実践がある（Garfinkel et al. 1981）。ラトゥールはパストゥールがこうした帰責の名手であったと考える。『科学論の実在』において，ラトゥールはパストゥールの論文をリービッヒらにより支持されていた発酵が無機的現象に由来するとする説を覆し，発酵が乳酸菌のエージェンシーであることを肯定する一つの物語であると理解する。

ラトゥールによれば，パストゥールの論文は，彼が論文を執筆した当時の科学研究において，発酵現象が無機的な現象として理解されているという認識を提示することから始まる。「われわれが考察している現象の原因として有機組織体や生命からのなんらかの影響を認めるという考えを拒絶するという点でこれらの研究〔同時代の発酵現象に関する研究の意〕はすべて一致している」（ラトゥール 2007: 148）。しかしパストゥールは不敵にも「私はまったく異なった観点に到達した」（ラトゥール 2007: 149）と宣告する。

ラトゥールは，パストゥールの記述において，発酵現象に与えられている存在論的身分の推移に着目する。パストゥールは当初，発酵現象を「人間に知覚される現象」として記述する。「通常の乳酸発酵を注意深く調べてみるならば，白亜と窒素含有物の沈殿の上に灰色の実体の点々が存在するのを見いだすことができる場合がある」。「それが凝結すると，通常の圧縮乾燥された酵母とまったく同じように見える」（ラトゥール 2007: 150–151）。ラトゥールは，そこではまだこれらの現象が「実体の属性」として記述されてはいないと述べる（ラトゥール 2007: 151）。「人間の知覚」として表現されたそれらの現象は，次の段階では，日常的な言い回しでいうところの「他の対象に変化をもたらす作用」[3]，あるいは，ラトゥール自身のいささか論点先取的な言い回しを借りれば，「〔何らかの実体の〕能力の定義〔としての述定〕に先行する」「一連のパフォーマンス」（ラトゥール 2007: 151）として記述され

るようになる。「それは発酵の引き金を引くし，液体を濁らせるし，白亜を消失させるし，沈殿を形成するし，気体を生じさせるし，粘性を有するようになる」（ラトゥール 2007: 152）。

さらにこうした「パフォーマンス」の全体は，すでに生命とみなされている（醸造）酵母のアナロジーによって，「生命」によってもたらされるものとみなされるようになる。「そこには醸造酵母の一般的特徴のすべてが見いだされるし，これらの実体は，おそらく自然分類において隣接する属ないしはふたつの結びついた科に位置する有機的構造を有しているのだろう」。「この新しい発酵素を醸造酵母と比較できるようにするもうひとつの特徴が存在する」（ラトゥール 2007: 153-154）。そしてこの生命に乳酸菌（lactic ferment; 直訳すれば乳酸酵母）の名が与えられる。一連の記述をつうじて，無機的な発酵の世界観のなかで記述されていた一連の「人間の知覚」は，「乳酸菌の作用」という新たなアスペクトのもとで捉え直されることとなるのだ [4]。

■ 2-2 ANT とヒヒ

ラトゥールは 1980 年代に霊長類学者シャーリー・ストラムとともに論文を執筆している（Strum & Latour 1987）。この共著論文の論旨は，人間の社会とヒヒの社会を，行為者の積極的な役割を認める「パフォーマティヴ」な社会概念のもとで捉えつつ，両者の社会のあり方を区別することである。

ストラムらによれば，従来の社会概念はアクターに積極的な役割を認めてこなかった。伝統的な社会観では，アクターはいわば社会という水槽の中の金魚のようなものであり，社会そのものを客観的に把握することが原理的にできない。パフォーマティヴな社会概念では社会はアクターによって定義され遂行されるものとして捉えられる。ストラムらはこうした社会概念を用いて，ヒヒを人間と同様社会を遂行する存在とみなす。霊長類研究は，社会生物学の登場による遺伝決定論を経て，サル自身による社会形成の能動的な手段，すなわちヒヒによる交渉や評価について研究するフェーズに進んでいるという。パフォーマティヴな社会概念の提起は

---

3) カロンならば，こうした文脈では「非 - 人間」に向けてア・プリオリに非対称的にわりあてられた「作用」という概念は好まず，人間との対称性を重視してこれもまた「行為」と呼ぶであろう。

4) より詳細な解説は，久保（2019: 110-118）を参照されたい。

このような霊長類学の変化，すなわちサルの社会を所与の客観的実在として捉えるのではなく，サル自身によって構築されるものとして捉える霊長類社会観の移行に対応するものであるとストラムらは捉えたのであった[5]。

　さらに，ストラムとラトゥールは，ヒヒの社会は相対的に複雑であるが複合的ではなく，人間の社会は相対的に複合的ではあるが複雑ではないという。ラトゥールのヒヒの議論における社会の「複雑性」と「複合性」についての差異は，本書の執筆者のひとりである伊藤が簡潔に要約している（ラトゥール 2019: 504）。社会が「複雑」であるとはその社会性を規定する変数が多数あることを指す語であり，「複合的」社会とは単純な変数の組み合わせによって大きな空間的スケールの社会を実現している社会を指す。ストラムらが「複合性」の典型例として提示するのはコンピュータである。詳細な説明はないが，おそらく０と１の組み合わせを膨大につなぎ合わせることによって，きわめて多様な意味を表現することができるということを指しているのであろう。

　彼女らはヒヒの社会から狩猟採集・農耕・工業化社会へと至る，準単線的な複雑→複合への進歩史観を描いてみせる。霊長類の社会では社会を構成するリソースが身体しかないのに比べると，人間は実に多くの物質に囲まれて暮らしている。ヒヒの他個体との関係は不安定であり，その維持には実に複雑な社会的スキルが必要とされる。ヒヒには群れのメンバーを同定する単純な方法はないし，ある群れの中で重視しなければいけない個体を決定するための単純な方法もない。それに比べると人間の社会関係は実に形式化され安定化している。人間の場合，たとえばある社会集団に特定の人が属しているかどうかは，名簿や契約書といった文書に記述されることで，つねに簡易に確認できるものとなっている。そうした社会関係の象徴化・単純化によって，人間は大規模な社会をつくりあげることを可能にしている。

■ 2-3　「非 - 人間」の「はっきりとした役割」とはなにか

　さて，これらの非 - 人間の扱いが，どのような意味で「非 - 人間にはっきりとした役割」を与えているといえるのだろう。かれは「はっきりとした役割を与え」るということの意味について，「伝統的に見られる自然的な因果関係よりも開かれた——しかも，象徴面での因果関係にとどまらない——エージェンシーを非人間に与える」

5）こうした社会概念の理解は，その後の自らのヒヒ研究の出発点となるものであったとストラムはのちに回顧している（Langwitz 2017）。

ことであると，抽象的な言葉で敷衍している。

　乳酸菌の物語においては，まさにパストゥールこそが乳酸菌という「非‐人間」に「はっきりとした役割」を与えている。さまざまな現象を引き起こした「真犯人」を探し当てていくさまは，さながら探偵小説のようである。パストゥールは単に発酵現象を発見したのではない。現象そのものは断片的な形ではあれ以前から知られていたからである。彼は証拠を集めて自殺を装う他殺を見抜く探偵のように，そもそも存在しないと思われていた対象の存在を浮かび上がらせている。「非‐人間」の作用は人間が解釈を施す対象としての「データ」に還元されるのではなく，「黒幕」の役割を演じている。

　ヒヒはどうか。ストラムらによるヒヒと人間の社会の違いを複雑性と複合性という差異に求める議論が妥当であるかは措いておくとしても，ANT の主唱者がヒヒについて触れるとき，彼ら自身が主張する「非‐人間」の取り扱いに適合しているかどうかを慎重に問わなければならない。ここでヒヒの行動には「はっきりとした役割」が与えられているのだろうか。後知恵的な理解になってしまうのかもしれないが，ヒヒの研究は社会の概念を問い直す貢献のために用いられているというよりは，あらかじめ導入された，新たな「パフォーマティヴ」な社会の定義の有用性を確認し，また人間との差異を確認するために用いられている。

　その後の著作，たとえば『社会的なものを組み直す』においても，ラトゥールはヒヒの社会性の特徴を人間の社会性と「区別」するために用いている。あたかもヒヒの社会はア・プリオリに人間の社会のあり方とは異なっているかのようにラトゥールは書く。社会を形成するリソースが限定されているヒヒの社会は，本質的に人間の社会とは異なっているかのように。「チンパンジーにはいくつかのツールがあるが，ヒヒには「社交のツール」しかない。つまりは，絶えざる性的誘惑や毛づくろいや共同生活によって長い年月をかけてゆっくりと変化してきた体しかないのだ。ある意味では，ヒヒの群れは，社会関係が社交スキルに厳密に制限されている場合にどうなるのかを確かめるのに理想的な自然実験の場になるかもしれない［略］。ヒヒは，私たちよりもいっそう複雑な社会的相互作用で社会的なものをくっつけている一方で，私たちの用いる相互作用は，ヒヒほどに社会的ではなく，ある意味，ヒヒほどに複雑ではないが，ヒヒよりも複合的であり，つまりは，もっと多くの襞でできている」（ラトゥール 2019: 380–381）。

　ラトゥールの，ヒヒの社会を，リソースが身体に限られているという一つの理由によって，その実践を記述することなく「複雑性」という特徴へと執拗に還元し，人

間の「複合的」な社会と区別しようとする傾向は，科学理解において乳酸菌をはじめとする「非－人間」の権能を解放し，科学の理解を豊かにしようとする傾向とは対照的であるように筆者には思われる。パフォーマティヴな社会概念を採用している限りにおいて「アクターが自らを表現する余地を残して」いると解釈することもできるかもしれないが，ラトゥールの記述からはヒヒの行為によって「社会」概念があらたに更新される可能性が示唆されているようにはみえない。

　このように，ANT の主唱者たち自身による「非－人間」の取り扱いの仕方自体が多様であり，また経時的に変化してきたものであり，ラトゥールによる事後的な「ANT 性」の規準にしたがえば，彼らの「非－人間」の取り扱いには「ANT 的」な面も「非－ANT 的」な側面もある。ある「非－人間」の取り扱いが「ANT 的である」とは，「非－人間」の役割が問題となっている「科学」や「社会」といった，従来の概念を拡張する場合であるといえるかもしれない。

3　『動物の解放』と ANT：非還元と還元のあいだで

　「伝統的に見られる自然的な因果関係よりも開かれた──しかも，象徴面での因果関係にとどまらない──エージェンシーを非人間に与える研究であれば，たとえその著者が ANT のアプローチに結び付けられることをまったく望んでいなくても，ANT の目録に加えることができる」（ラトゥール 2019: 25）というラトゥールの（いくぶん押し付けがましい）言葉を真に受けることにしよう。本節では，従来の動物論に対してそれがどのように「ANT 的／非 ANT 的か」を分析することで，ANT という視点からみた動物論への貢献の可能性について考える端緒とする。

　ここでは代表的な動物論として，倫理学者ピーター・シンガーの主著『動物の解放』をあつかう。『動物の解放』は，1970 年代以降の動物の権利にかんする社会運動を活気づける契機となり，いまやアニマルライツ運動の古典としての地位を確立している（伊勢田 2008）。シンガーは，『動物の解放』を執筆した動機を次のようなエピソードを交えて語る。『動物の解放』を書き始めた頃，彼はある女性にお茶会に招待され，飼っているペットについて尋ねられたと書いている。彼女はシンガーがペットを飼っていないと話すと，驚いた様子で──意識することもなく，豚肉を挟んだハムサンドウィッチを頬張りながら──「動物に興味をおもちではないのですか？」と尋ねた，という。

このエピソードには，『動物の解放』を執筆していた当時に，社会で共有されている（と彼がみなしていた）「動物」理解のあり方が象徴的に描かれている。「動物の福祉」について考える人という言葉からは，犬猫が好きで，実際にペットとして飼っている人物がイメージされる。他方，彼女の食べているサンドウィッチの具材になる豚は配慮される「動物」の中には含まれていない。そこでシンガーはいう。「本書はペットについての書物ではない。動物を愛することは猫をなでたり，庭で鳥にエサをやったりすることにすぎないと考えている人たちにとっては，本書は愉快な読み物とはいえないだろう［略］動物の扱いに関心をもっている人は「動物愛好者」にちがいないという想定そのものが，人間に適用されている道徳基準を他の動物にも広げようという気持が少しもないことを示しているのだ」（シンガー 2011: 13）と。

　「人間に適用されている道徳基準を他の動物にも広げ」る。彼は倫理的主体として扱われるべき「動物」の範疇を拡張することを目論んでいる。「解放運動は，私たちの道徳上の視野の拡大を要求する」（シンガー 2011: 15）。われわれの生活において，犬猫は当然に福祉を享受すべき主体であるが，鶏や豚は不幸な生の果てに痛みを考慮されることもなく肉にするために殺されている。

　シンガーの描き出す動物たちの姿は「苦しみ」に満ちている。断嘴され身動きすることのできないケージに押し込まれ，絶食による強制換羽の辱めを受けるニワトリ，杭に縛り付けられ身動きも取れず，肉の色が「淡いピンク色」であるとよく売れるというだけの理由で，栄養失調状態にされ殺される仔牛。あるいは身動きの取れない状態で漂白剤を眼に滴下されるウサギ（シンガー 2011: 81）。私たちがイメージする「動物」の世界に，人びととともに暮らす幸せな犬や猫，あるいは動物園で観察されるゾウやパンダのほかに，ニワトリ，ウサギ，サル，ネズミ，ブタ，ウシといった，人間の手によって悪夢のような苦痛を強いられている動物たちが付け加えられる。動物が人間と同様痛みを感じる存在であるかぎり，人間に対しては許されないこうした処遇を動物だからというだけで，すなわち種が異なるというだけの理由で容認するのは差別——種差別（speciesism）と彼はいう——にほかならない。

　「他の解放運動に比べると，動物解放運動には多くのハンディキャップがある［略］もっとも明白な障害は，搾取されているグループ〔＝動物〕が自らの受けている扱いに対して［略］組織的な抵抗を行うことができないという事実である。私たちは自らのために弁ずることのできないグループのために代弁しなければならない」（シンガー 2011: 16）。ANT では科学者を，言葉をもたない非‐人間の代弁者，

スポークスパーソンとして位置づける考え方を提示してきた。シンガーは，動物の
スポークスパーソンの役回りを演じていることを自任しているといえる。

　「非−人間」へと「目を向ける」準備をせよというANTの公準を，シンガーは
「動物」という主題のもとで具体的に，かつ鋭利に遂行している。彼の議論は人間が
考慮するべき動物の範囲を広げることに貢献している。この点において，シンガー
による「動物」の観念の拡張は，ANTが遂行してきた仕事をよりラディカルな形
で遂行するものと解釈されうる。シンガーのやり方が「鋭利」であるのは，彼が動
物の「解放」——これは黒人や女性の解放のアナロジーであるのだが——を論じる
にあたって，動物の「有感性」の問題という一点に焦点を絞って扱ったからである。
「本書で擁護しようとしているいくつかの結論は，苦しみはできるだけ小さくすべ
きである，という原則だけから導き出されるものである」（シンガー 2011: 45）。動
物が痛みを感じるのであれば，私たちはその痛みを最小限に抑えるよう配慮しなけ
ればならない。その論理はシンプルであるがゆえに強力である。動物の受けている
不当な苦しみからの解放という目的に照らせば，シンガーの戦略は（シンガー自身
の立論とは異なった仕方ではあれ[6]）かなりの程度成功したといってもよいだろう。

　しかしこの単純さは，非−人間のもつ多様性や複雑さを還元するものでもある。
ここに私たちは，ANT的な動物記述と『動物の解放』における動物記述の分岐点
をみることになるだろう。現代においても，私たちは動物に依存した生活を送って
おり，近代的分業のなかで動物と暮らすことを畜産家や動物園の飼育員，動物実験
をする科学者といった一部の人びとに委任している。動物の存在を「苦しみ」に還
元することにより生じる，動物との共存についての想像力の貧しさは，動物の不幸
のみならず，そうした動物とともに暮らす人びとへの偏見や差別にもつながりうる
ものである。実際にフランスでは「アグリ・バッシング」と呼ばれる，畜産家に対
する過激な攻撃がすでに生じている。2020年3月のNHK BS1の国際報道は，畜産
家の住まいに「畜産家＝人殺し」「殺し屋」とスプレーで落書きがなされたり，養鶏
場に火を放たれたりといった農業・畜産業を標的とした事件が相次いでおり，事件
数は1600件を超えていると報じている（池畑 2020）[7]。

　『動物の解放』の議論の主眼は，動物を倫理的主体として認めたうえで，現代の

---

6) 現代の動物福祉論とシンガーの動物解放論との異同については（伊勢田 2008）を参照の
　　こと。
7) ただし本報道に対する翻訳家の井上太一の批判（2020）も参照のこと。

工場畜産と動物実験における動物の取り扱いを批判することである。しかしこの書は単なる非人道的な動物の取り扱いへの批判という範疇にとどまることなく，近代社会における人間と動物の関係の未来を考えるうえでも影響力をもっている。シンガーの議論の還元的性格は，工場畜産や動物実験における動物の苦しみを軽減するうえで確かな力をもつ一方で，人間と動物の未来についての極端なヴィジョンを描き出す潜在的な可能性をもっている。家畜の全廃を主張する G. フランシオーンの主張は，その最も極端な表出の一つであろう。

> 家畜動物は，脆弱性の地獄に立つことを強いられ，取り巻く全てのことについて，常に人間に依存させられる［略］我々はある意味では家畜動物を幸せにすることができるかもしれないが，その関係が「自然な」，もしくは「正常な」ものであることは決してない。いかに我々が彼らをよく扱っているかにかかわらず，彼らは我々の世界に属していないのである。(Francione 2007; 訳文はドナルドソン & キムリッカ（2016: 117）より再引用)

「いかに我々が彼らをよく扱っているかにかかわらず」，「その関係が「自然な」もしくは「正常な」ものであることは決してない」。これほど苦痛への還元的性向を煎じ詰めた主張は他に存在しないだろう。そこでは現実についてのいかなる厚い記述も意味をなさない。家畜がどのような幸福を享受しているとしても，「家畜の生は不自然で異常なものである」という主張を覆す可能性ははじめから摘み取られているからだ。

4 「動物の議会」の多声化：生態人類学からみる去勢と母子分離

人間と動物との関係を苦痛へと還元しないということがいかなることかを理解するために，人類学者という別のスポークスパーソンを呼び込んでみよう。こうして複数の異なるスポークスパーソンを呼びこむことを，1980 年代以降の人類学では「多声的な」エスノグラフィーと呼んだ。ラトゥールは『虚構の近代』で，「非‐人間」を議論に加えることを想像しながら，モノを代弁する科学者が代理人として議論に参画する「モノたちの議会 parliament of things」の構想を素描し（ラトゥール 2008: 239-243），『自然の政治』においてこの観念を全面的に展開した（☞第 8 章）。動物を人間ではないからという理由でモノ扱いするのはいかにも不適切であるので，

ここで演じられていることは「動物の議会」とでも言い換えるべきかもしれない。言葉をもたぬ存在の代表を含む複数の利害の代表者による間接民主制のメタファーである。ここでシンガーらは動物の「痛み」を代弁する者であり，人類学者は人間と動物の関係についての人類史的な観点から，彼らの主張を相対化する者である。

　シンガーや家畜廃止論者は，近代の工場畜産に限らず，そもそも動物が人間とともに暮らさねばならなくなったことにより動物の不幸は始まったのだと考えているようである。「動物の苦しみを引き起こすのは，集約畜産だけではない。動物は現代畜産の方法で飼われるのであろうと伝統畜産の方法によるのであろうと，ひとつひとつをとってみればマイナーな虐待をたくさん経験するのである。これらの虐待のうちのいくつかは，何世紀ものあいだ当然とされてきたものである」（シンガー 2011: 184）。家畜とは動物の「本来的な在り方を喪失した存在」のように映るのであろう，このような「家畜化」そのものが動物の苦しみを生み出す人間の「原罪」であるかのような認識（Wadiwel 2015）は，シンガーに限らず広く共有されている。家畜全廃論に反対するドナルドソンとキムリッカですら，「人間による動物の家畜化の歴史は，動物を対象とした度を増し続ける奴隷化，虐待，搾取，ひいては虐殺の歴史であった」（ドナルドソン・キムリッカ 2016: 108）という見方に同意する。

　人類学者や進化論者の眼には，家畜化は動物権利論者にとってのそれとはずいぶん異なるものとして映る。草食動物の家畜化にともなう牧畜の誕生は，「食う」「食われる」という狩猟の論理から，「ともに生きる」という共生の論理への転換を意味した（梅棹 1976: 115）。牧畜とは，狩猟民のように動物を単に殺して肉として食すのではなく，生かし続けることによって乳や毛を取り，共生するための生のあり方として進化してきたものである。人類学者は動物と人間が，お互いがお互いに寄りかかり合いながら生きてきたと考えている。東アフリカ牧畜民にとっての牛の重要性を指摘した記念碑的名著『ヌアー族』（エヴァンズ＝プリチャード 1997）の引用により，人類学者の眼に映る牧畜社会の原風景を提示することから始めよう[8]。

　　　男たちは明け方，自分の牛たちに囲まれて目を覚まし，搾乳が終るまで満足げ
　　　にそこに坐って牛を眺めている。それから牛の群れを牧草地に連れて行き，草
　　　を食んでいるのを眺めたり，水飲み場に追っていったり，牛の詩を作ったり，

8）現代の人類学では「ヌアー族」を「ヌエル」と表記することが一般的であるが，本章ではエヴァンズ＝プリチャードの邦訳の表記である「ヌアー族」に統一する。

キャンプ地に連れ戻したりして一日を送る。あるいは，牧草地に行かないときには家畜囲いにいて，乳を飲んだり，牛のための繋綱や牛のための装飾品を作ったり，水を飲ませる，等の仔牛の世話をしたり，家畜囲いの掃除や，燃料のために牛糞を乾かしたりしながら一日を過ごす。彼らは牛の尿で顔や手を洗い──搾乳中に牛が放尿したときには必ずそうするのだが──牛の乳や血を飲み，牛の糞を燃やしながら牛の皮を敷いて眠る。また彼らは牛糞を燃やした灰を身体に塗りつけ，髪を整え，歯を磨く。そして角で作ったスプーンで食事をする。夕方，牛が帰ってくると，死んだ牛の皮で作った繋綱で牛をそれぞれ杭に繋ぎ，風よけに坐って雌牛のことをあれこれ考えたり，搾乳される牛を見守ったりしながら一時を過ごす。

彼らはつねに自分の家畜のことについて話している。私は若者と話していて，家畜と女の話以外に話題はないものかとしばしば絶望的になったものであるが，女の話でさえも最終的には牛へと話題は移ってしまっていた。本当にどのような話題から入っても，また，いかなる観点から話題をとり上げようとも，話題の中心はすぐに雌牛，雄牛，若い雌牛，若い去勢牛，雄羊，雌羊，雄山羊，雌山羊，仔牛，仔羊，仔山羊へと移ってしまうのであった。

ヌアー族はすべての社会的な過程や関係を牛によって表現する傾向がある。彼らの社会的な慣用語は牛についてのそれと一致する。したがって，ヌアー族と共に生活し，彼らの社会生活を理解しようとすれば，牛と，牛の生活に関する語彙をまず最初に修得しなければならない。結婚の交渉，儀礼の場，法的争いの場，などでかわされる複雑な議論は，牛の色，年齢，性別等の牛についての難解な用語を理解してはじめてその全容を追うことができるのである。

彼らは心底から牧畜民であり，彼らが喜んでする仕事は牛の世話だけである。彼らは日常必需品のほとんどを牛に頼っているだけでなく，彼らの世界観そのものが牧畜民のそれである。牛は彼らにとってもっとも貴重な財産であり，牛を守り，また牛を近隣の諸族から略奪してくるためには喜んで自らの生命を賭ける。彼らの社会的行動のほとんどが牛をめぐるものであることから，ヌアー族の行動を理解したいと望んでいる人への最適のアドバイスは［略］牛を探せ［略］である。

　人類学者メルヴィル・ハースコヴィッツはこうした東アフリカ牧畜民のウシ中心の牧畜を「ウシ文化複合 cattle complex」（Herskovits 1926）と呼んだ。『科学が作られているとき』の副題に掲げられたスローガンである「科学者を追え」ならぬ「牛を追え」こそ，東アフリカ牧畜民の理解にとっては有効であるというわけだ。

　人類学者，とりわけ人類の文化を生業という観点から論じる生態人類学を知る者にとり，もっともシンガーと見解を異にするのは，去勢と母子分離の理解であろう。シンガーはこれらに関して，きわめて否定的な評価を下している。多くの生態人類学者が動物の去勢と母子分離とを，人間が動物とともに生きるために生み出した叡智であると考えているが，シンガーの動物の権利にかかわる議論ではこのような見方は存在しないかの如くである。

　まずは去勢についてみてみよう。彼はここでも痛みと残酷さを強調する。「ほとんどの農民は，去勢手術が動物にショックと苦痛を与えるものであるということを認めている。麻酔は一般に使用されていない。去勢のやり方は，動物を抑えつけておいて，ナイフを使って陰嚢を裂き，精巣（睾丸）を露出させるのである。それから，各々の精巣を順につかんでひっぱり出し，それにくっついている精索をつぶす」（シンガー 2011: 185）。シンガーは牛の去勢の目的について 1. 体重が増えること，2. 男性ホルモンにより肉がまずくならないようにすること，3. 牛を御しやすくすることという三つの目的があると述べている。シンガーの書き口は，あたかもこれらの目的は取るに足らないものであり，したがって動物に与える苦しみに見合わぬものであるかのように語られる。

　遊牧生活に適した動物は数えることができる程度の種類しかいないのだが，そのすべてが群居性の草食動物である。牧畜的家畜のほとんどは雄少数に対して雌多数の群れをつくる性質がある。群れの中に雄が複数体いると雄どうしが競合してしまい，雄は成長するにつれ群れを出ていかざるをえない。たとえば牛の場合には「発情した種牡はたえず動き回って，性行動や闘争行動に関わることに活動時間の大部分を費や」し，「牛群における種牛の闘争行動は，致命的な身体損傷と群れ分裂をもたらす」（波佐間 2015: 70-72）。しかし去勢された雄は雌と同じように群れの中に加わり平和裏に共存することが可能となる。この観点からは，去勢の目的は牛を「御しやすく」するためである，というシンガーの言い方は，動物とともに生きる人類の知恵を軽んじているものに映る。

　また，シンガーが「去勢した雄仔牛は去勢してない牛よりよく体重がふえると考えられている——実際は，よりたくさんの脂肪がつくだけのようだが」とアイロ

ニカルに述べているように，去勢牛は体重が増える。たしかに現代畜産においては，去勢は肉質の改善を重視するレトリックのもとで語られ，あたかも消費者に上質な肉を提供するための手段であるかのような印象を与える。しかし，エヴァンズ＝プリチャードの古典的な民族誌においてはすでに，東アフリカの牧畜民は牛を原則として肉のためには殺さないことで知られている。「食糧にするという目的だけで雄牛を殺してはならない。もしそのようなことをすれば雄牛の呪いがかかるとさえ信じられており，よほどの飢饉の年でないかぎり，食肉目的の屠殺は行われない」（エヴァンズ＝プリチャード 1997: 41）[9]。

　牛とともに生きる牧畜民の生活のもとでは，「たくさん脂肪がつくだけ」の現象もまた，食肉化を前提とした想像力とは異なった想像力のもとで眺められる。東アフリカの牧畜民，カリモジョンおよびドドスを研究する人類学者の波佐間は，牛の去勢が乾季の厳しい条件の中を生き延びることに貢献しているという。「去勢されていない牡個体はあたかも老牛のように食欲を失い，痩せて衰弱するので，群れについて行くことにさえ困難をきたしてしまう。それに対して，去勢牡や，一方の睾丸だけを取り除かれた牡は，雨季とほぼ変わらない良好な健康状態を維持できる……性的な活動によってエネルギーを消耗することのない去勢牡の生存期間は，カリモジョン―ドドスにおいて，おなじ時期に生まれた母牝や種牡のそれと比較して長い」（波佐間 2015: 71）。去勢によってつけられた「脂肪」は，極北の寒さや食料の乏しい砂漠の過酷な環境のなかで，去勢牛が生き伸び，寿命を延ばすことを助けるのである。

　「売却することや食べることなど，経済的な消費を前提とした去勢は，家畜個体が死んだ後の肉という，当該固体にとっての外部主体である人間の所有者の欲求を満たすための価値をつけ加える実践である。それに対して，カリモジョン＝ドドスでの家畜群の維持に焦点化した去勢は，当の家畜主体の生命が存続してゆくことを価値とする実践である」（波佐間 2015: 71–72）と述べている[10]。

　このように生態人類学者の視点において去勢とは，ひとが動物とともに生きるために長いかかわりの歴史の中で生み出した知恵である。しかし近代資本主義のもと

---

9) とはいえ彼らは菜食主義者というわけではない。人間の社会においては普遍的に見られることではあるが，ヌアーにおいても動物を愛することと肉を美味しいと思うことは矛盾しないものとして理解されている。

10) ただし現金経済が流入した現代においては，農作物の収穫が存在しない場合などに現金獲得手段として去勢牛が売られる可能性についても示唆されている（波佐間 2015: 70）。

で「金にならない動物」「金を食う動物」を生かしておくことがいつでもつねに「重荷」に感じられるようになり，乳を出さない雄牛が肉を目的とした手段となり，「殺すこと」を前提として育てられるようになるとき，去勢の技法は「肉を美味しくするため」の技法へと転化する。

　母子分離もまた，シンガーの見立てでは悲惨そのものである。「乳牛の子は誕生のときに取り上げられるが，それは仔牛にとって恐ろしいのと同様，母牛にとっても苦痛に満ちた経験である。母牛はしばしば，仔牛を拉致されたあと何日にもわたって鳴き続け，うなり続けることによって，感情を率直に表現する」（シンガー2011: 175）。

　牧畜における母子の分離は，彼らの遊動生活のあり方と密接にかかわっている。現代において牧畜生活が営まれる地域の多くは，もともとは農業に適さない不毛の地，すなわちほとんどが砂漠やステップである。そこには牧草となるセルロースはあるが，人間はセルロースを分解することができない。そこにおいて草食動物はセルロースを分解し，人間が栄養として利用可能な乳や血へと変換する（太田 2004: 272）。人間は草食動物の助けを借りることで，そうした不毛の地に生息することが可能となる。彼らが遊動するのは動物の食料である草を求めて移動するためであり，それは同時に人間が利用可能な栄養源を手にするためでもある。牛は出産しなければ泌乳しない。乳を手に入れるには子牛から乳を取りあげ，人間が搾乳するしかない。母子の分離は，もともと牧畜民がみずからの主食である乳を手に入れることを可能にした技法である（谷 2010: 132–166）。

　もっとも，牧畜民による母子の分離は必ずしも常に母子を隔離しつづけているわけではない。そもそも品種改良の進んだ種でない場合，牛は基本的に実子が吸入しない限り乳を出さない。波佐間はカリモジョン―ドドスが日帰り放牧中は母子を分離するが，放牧が終わり囲いに戻ると泌乳期の母子は「濃厚な近接の時間」（波佐間2015: 109）を過ごすという。波佐間によれば，放牧中母子を引き離すことには，子に乳を吸い付くされないためという意義だけでなく，成獣の長距離移動は子畜には身体的負担が大きすぎるという理由もあるという（波佐間 2015: 108）。

　動物の権利運動団体（Hope for Animals 2019）が参照する報告書（Compassion in Food Business 2013）においてさえ，そもそも牛の摂食中，子牛は外敵から身を守るために身を隠す習性があり，子牛が不在であっても母牛は子牛のことをほとんど気にかけないと報告されている。「苦痛はその後〔＝摂食のあと〕，母牛が授乳のために再会を期待するにもかかわらず，子牛が発見できないときに生ずる」

（Compassion in Food Business 2013）。母子分離は，もともと乳を利用したい人間の都合と，動物の習性をよく理解したうえでの動物に対する人間の配慮とが合わさったところに実践されてきた。

エヴァンズ゠プリチャードは牛と人間が相利共生の関係にあることを強調する。「ヌアー族が牛の寄生的存在とも言えることはすでに述べたが，他方，牛の側も，全精力を注いで世話をしてくれているヌアー族に寄生しているということを，同じように力説しておかねばならない」（エヴァンズ゠プリチャード 1997: 57）。人間は動物の食料を求めて遊動生活という独自の生活文化を身につけた。その生活形態そのものが，動物を生かしながら，その恩恵にあずかることで人間が生きのびるために組織されているのである。

しかしこうした議論は，いわゆる（鍵括弧つきの）「伝統」社会についてのお話であり，現代畜産を考えるうえでは役に立たないと思われるかもしれない。両者の違いは単に工業化された資本主義社会と，第一次産業を維持する伝統社会の差異に還元されうるものではないのだろうか，と。すなわちこうした人類学者の視点は，現代における畜産は伝統社会における牧畜が文明化によって歪められた末路であるということを示すに過ぎないのではないか。そういう面がないという人はおそらくいないだろう。人類学者の描き出す文字通り牧歌的な——といっても，牧畜民は「好戦的」というステレオタイプのもとで，暴力的な存在としても表象・誇張されてきたのであるが——人と家畜との関係にくらべて，現代工場畜産における動物との関係は，全体としてみればどう繕おうとも悲惨さを増大させているようにみえる。現代畜産においてほとんどの乳牛は放牧すらされず，去勢は結局のところ肉質のためと語られるのだし，品種改良が重ねられたホルスタインは乳を出すに当たって実子を必要とせず，母子は分離後に引き合わされる必然性を失っている。これらの実践は当初の意味や配慮を失っているのではないか，と。

しかしそうした対立に還元できない側面もある。私たちが伝統的な牧畜から学ぶことができるのは，単に「昔は良かった」ということではなく（そもそも牧畜は近代資本主義世界と多様な形で結びつきながら現代においても行われている），人と動物が具体的な必要や習性にあわせた形で相互作用するということである。現代において去勢したり母子を分離したりするのも，やはり現代の酪農家自身の目的や都合，そして動物の習性にあわせて行われるのである。たとえば牛を飼う酪農家の娘であり，自身も農業従事経験のある漫画家の荒川弘は，酪農高校での生活を描いた漫画『銀の匙』において，母牛が子牛を探すために鳴く行動が初産牛に顕著な行動であ

ることを示唆している。経産牛は数度の出産以降，子牛を取り上げられることに慣れてしまい，人間に子牛を任せるようになってしまうという（荒川 2012: 8）。また，子牛が雄牛だった場合に母子分離を行う理由について，生後すぐに肉牛育成業者に買われていく運命にあり，「母牛にべったりしたままだと別れがしんどくなる」と書いている。また，多くの酪農家が仔牛が下痢症──発育不全になる危険はもちろん，サルモネラに起因する場合などは死に至ることもある危険な症状（NOSAI 道東 2006）──にならないようにするために，母子分離が有効であると書いている（福島 n.d.）。また興味深いことに，現代畜産においても仔牛の吸入行動が，機械搾乳よりもホルモン分泌を促すという報告もある（佐藤 2010）。こうした一連の事実は，牛の身体に刻み込まれた古くからの習性と人類が生み出してきた知恵とが，人間の必要に応じて，科学技術のもとで新たな形で分節化されていることの証左であるように思われる。

　筆者はここで動物権利論者の「視点」と生態人類学者や酪農家の「視点」の「どちらが正しいか」を議論しようというのではない。そうした「視点」の問題に還元しないことこそがここで求められていることである。去勢や母子分離をはじめとする，動物との関係のあらゆる側面を「苦痛」へと還元する姿勢は，ひとが動物との関係の複雑さから物事を学び，みずからの思考を少しずつ変容させる可能性を摘み取ってしまう。エスノメソドロジーの術語を借用し，あえて端的な命題として言い換えれば，「視点」への還元は分析者自身を「文化的判断力喪失者」とするのである。非還元という言葉が要請するのは，現実の複雑さから目を背けることなく，常に学び続ける態度である。そのためにこそ厚い記述には意味がある。すでに述べたように，シンガーの「痛み」に対する視点も，犬や猫以外の動物にも目を向けさせたという意味では，こうした理解の拡張に貢献するものであった。シンガーは「動物に対する見方」を変えたというよりは，動物について考えるべき事柄を記述によって付け加えた。哲学者のイアン・ハッキングは，このような貢献のあり方を，それが同じ事実に対する（後期ウィトゲンシュタイン流の）「アスペクトの変化」ではなく，「新たな情報の提示」であると適切に表現している（ハッキング 2010: 203）。しかしその提示は，彼の目的のためにきわめて限定的な形で提示されたものであり，動物についての見方をそこに集中させる効果もまた生むものであった。

　すなわち，苦痛についての視点は，ANT の観点からはそれが人間と動物の関係の理解の深化につながるのであれば重要であり，理解の放棄を促すのであれば問題である。シンガーは，大型類人猿の権利を求めるプロジェクトの企画者でもあり，

哲学者パオラ・カヴァリエリとともに『大型類人猿の権利宣言』の名で知られるマニフェストを出版したことでも知られている（カヴァリエリ & シンガー 2001）。この著作において描かれているさまざまな霊長類の姿——例を挙げると，5000 を超える手話を操り，人間とともにクリスマスを祝い，喧嘩をしては相手のチンパンジーが悪いのだと不平を言い，11 年ぶりの人間の友人との再会を喜び昔慣れ親しんだ遊びに興じるようなチンパンジーの生（ファウツ & ファウツ 2001）——は，到底「痛みを感じる動物」などという視点には還元できない豊かさを備えている。必要とされるのは，天賦の観察眼を持たずとも人びとがそうした豊かな生に目を向けることができるようになる概念や，適切な抽象化であろう。

5 ANT 以降の関係論的動物論

次に，ANT が影響を与えた現代の動物のエスノグラフィックな研究について簡単にみておこう[11]。現代の人類学において，人間とそれをとりまく複数の種の生と死をエスノグラフィックに描き出すマルチスピーシーズ人類学は近年では「人間以上（more-than-human）」の社会の研究などとも呼ばれ，一大潮流を形成している[12]。ベルギーの哲学者ヴァンシアンヌ・デプレは，ラトゥールの議論に影響を受けながら，独自の動物論を築きあげてきた哲学者であるので，ANT と動物論の関係を考える上で重要な研究者である。彼女は，心理学に大きな影響を与えた賢馬ハンスの実験やローゼンタールのネズミの実験を取り上げ，人間と動物の相互作用のなかで，人間と動物のいずれもが変容することを強調する。そして動物行動学者コンラート・ローレンツと，刷り込みによってローレンツを親と認識したハイイロガンのマルティナとのかかわりについて参照しつつ，動物の理解においては，こうした変容（彼女はこれを「ヒト動物共変容 anthropo-zoo-morphism」と表現する）によって両者の関係がいわば「噛み合う」ようになることは，動物理解の結果ではなく，むしろ動物理解の条件であると主張する（Despret 2004）。

---

11) 鈴木（2021）は，ANT 以降のマルチスピーシーズ人類学への系譜について通説的解釈を提示しており，この分野の研究者が暗黙のうちに前提としている考えを明るみに出している。マルチスピーシーズ人類学における代表的な民族誌なども紹介されている。

12) 代表的な論集については（Kirksey 2014）を，本邦におけるマルチスピーシーズ人類学の最新の展開については奥野らによる論集（奥野 et al. 2019），文化人類学における特集（奥野 2021），および近藤・吉田の編著（2021）を参照のこと。

　しかし何より，フェミニストのダナ・ハラウェイによる『伴侶種宣言』（ハラウェイ 2013a）と『犬と人が出会うとき』（ハラウェイ 2013b）がこの潮流に与えた影響は大きい。マルチスピーシーズ人類学のマニフェストである「複数種の民族誌」論文の著者カークセイとヘルムライヒは，人類学における複数種への注目は，ハラウェイの仕事に起点をもつと述べている（カークセイ＆ヘルムライヒ 2017: 96）。『犬と人が出会うとき』においてハラウェイは，「アジリティー」と呼ばれる，乗馬における障害物競走とよく似た犬の障害物競走に注目し，人間と動物の関係について論じる。

　法学者ディネシュ・ワディウェルは，ハラウェイの伴侶種論が ANT に影響を受けているものであると捉え，彼女の動物論を動物解放論との鋭い対比のもとで描き出す。「家畜化を「不自然」あるいは「災禍」であるとみなす見方は，「人間の自然からの離床という原罪のようなもの」として機能してしまい，非人間の動物を，本質において道具ないしは人間の支配の受動的な対象として自律的に想定する言説へと陥ってしまう。この言説において動物は人間との互酬的な結びつきの中で何かを得たり，貢献することはできない」（Wadiwel 2015: 207）とハラウェイはいう。そして彼女は人間と非人間である動物とが共生成する実態に目を向けるように促す。たしかに彼女の前提する形而上学において，ハラウェイは明確に ANT と立場を共有しているようにみえる。

　ハラウェイの議論についても，還元と非還元という側面からその性格を考えてみよう。ハラウェイは動物を「ともに生きることに適した存在（good to live with）」として捉える[13]。それはかつての構造主義人類学や新進化主義人類学において，動物を「考えるに適した存在（good to think）」や「食べるに適した存在（good to eat）」，そしておそらくはシンガー流の（あえて言い方を合わせれば）「苦しむに適した存在」へと還元してきた動物観へのアンチテーゼであることが意識されている。

---

13) しかし，この「ともに生きる」という主題を強調している事実に照らせば誠に奇妙なねじれであるように思われるのだが，マルチスピーシーズ人類学で論じられる人間 - 動物関係は，先述のような牧畜世界における人間 - 動物の共生よりも，動物と「狩り - 狩られる」関係（菅原 2015）にあるところの狩猟採集民の世界に焦点が当てられることが多い。近藤・吉田（2021）は，マルチスピーシーズ民族誌と生態人類学の対話の欠如を指摘し，両者の交流を勧めているが，筆者も本邦の生態人類学における牧畜論（e.g. 今西 1994; 梅棹 1976; 福井・谷 1987; 波佐間 2015; 河合 1998; 太田 2021）とマルチスピーシーズ人類学の相互理解が進むことが望ましいと考える。

これらの潮流においても優れた研究はいくつもあるが（レヴィ＝ストロース 2006;
ハリス 2001）,『動物の解放』の議論と同様その鋭利さと引き換えに強い還元的な性
格をもっていることも確かである。ハラウェイの人間－動物関係の全体を捉えよう
とする視座は，ANT の非－還元という指針とかさなりあうことは確かだ。

　他方ハラウェイの議論に還元的といえる側面はあるだろうか。以下では，ハラ
ウェイのある批評を批判的に参照することで，非－還元についての理解をさらに深
化させることを試みたい。

　ハラウェイは，自分の視点を動物の権利論と差異化する手がかりとして，小説家
クッツェーが『動物のいのち』（クッツェー 2003）で描き出すエリザベス・コステ
ロに言及する。ハラウェイはコステロのことを「動物の権利運動のラディカルな言
語を生きている」存在であると論じる。哲学者のコーラ・ダイアモンドは対照的に，
コステロのふるまいに繊細さを見出している。「現実のむずかしさと哲学のむずか
しさ」（ダイアモンド 2010）という，さまざまな評者によるコステロに対する無理
解への深い怒りに支えられた論考において描かれるコステロの姿は，ハラウェイの
描くコステロと同じ人物について描いているとは思えぬほどに隔たっている。

　私はコステロが，そしてコステロについてのダイアモンドの理解が，ANT の非
還元の原理を敷衍するうえで参考になる，きわめて重要なことを述べていると考え
る。コステロの語る現実はあまりにも「むずかしく」（ダイアモンド 2010），私た
ちはコステロが，彼女自身が語る話をつうじて何か「別のこと」を語っていると考
えたくなってしまう。たとえば作家のフランツ・カフカが人間の前で演技をするサ
ルであるレッド・ペーターについて語るとき，それが「クリスチャンのために芸を
してみせるユダヤ人カフカを表象している」といった具合に。コステロは再三にわ
たって「そうではない」と口にする。「私はそういうつもりで〔自分が〕レッド・
ペーターであるように感じると言ったのではない」。「私は〔略〕思ったとおりを
言っているのです」。

　ハラウェイのいうとおり，コステロはたしかに当初「動物の権利運動のラディカ
ルな言語」で，シンガーのような語り口で語り始める。彼女は動物たちの置かれて
いる境遇の悲惨さについて語ることが目的であるという。ここでは確かにシンガー
と同様の還元に関する問題を抱えているようにみえるかもしれない。しかし彼女
はその動物の「苦しみ」について直接語ることはせず，「話さないままおいておく
(leave it at that, omit)」。彼女はシンガーが告発したような鶏や仔牛の苦しみにつ
いては語らないのだ。にもかかわらず，次第にコステロは動物の有感性という狭隘

な枠組みを超えて遥かに先まで，シンガーをして「〔彼自身よりも〕もっとラディカルな平等主義」といわしめる境地にまで至ってしまう。彼女は，痛みを感じる能力があるのかはっきりしないので，シンガーが食べて良いものかどうか迷っている牡蠣の立場に立って考えることさえできるという（クッツェー 2003: 57）――シンガーはこうした見解をクッツェーが真面目に書いたということを信じることさえできない（シンガー 2003）。実験科学者はチンパンジーが人間と似た知性をもつがゆえに尊重されるべきであると考えるが，コステロは実験科学者がチンパンジーを切り詰められた知性しか発揮できない環境に追い込むがゆえにチンパンジーはそのような思考を強いられているのだと直感する。チンパンジーの知性の存在を証明しようとしてサルに道具を使って宙に浮いたバナナを取らせようとする実験家には，チンパンジーが「どうして人間は意地悪をするのだろう？」と素朴に考えることがわからない。それは実験家自身が原理的にわかりえないようにしてしまっているのだとコステロは思う。実験家はチンパンジーがそのように考える存在であるという結論に達する方法を二重の仕方で奪っている，と。すなわち，第一に言語を操らないチンパンジーは人間のもつような観念をもつことはできないと考えることによって，第二にチンパンジーが「どうして人間は意地悪をするのだろう」という問いを不適切な問いとし，「これらの道具をどのように使えばバナナを取ることができるだろう？」という問いが適切な問いとなるような環境を作りだし，チンパンジーにそれを強いることによって[14]。

---

14) このコステロの理解は，『私達が正しく問いかけるとき，動物は何を答えるのか？』という著書（Despret 2016）を記したデプレの問題意識と重なっている。「装置に抵抗する方法の一つは，実験者に自分の質問を新しい質問に変換するよう，つまりその特定の個体に尋ねるのに適した質問に導くことである」（Despret 2004: 124）。ラトゥールはデプレを参照しながら，新科学哲学的科学観が問いの真偽を検証する根拠をモノに定位する一方，「正しい問い」を決める権利が常に科学者の側にあることを批判している。動物という研究対象とかかわるとき，この批判は強い倫理的意味合いを帯びる。すなわち，科学者が一方的に問いを設定する権利をもつのではなく，動物の発するエージェンシーを受け止めながら，そのエージェンシーを興味深い仕方で分節化するように問いを立てねばならないと，ラトゥールはいう（Latour 2004）。
ストラムとラトゥールは，ヒヒの古典的な順位の研究であっても，食べ物をめぐってオスをペアにするという実験的介入が必要であったのであり，「順位」そのものがヒヒ社会についての客観的事実なのか，それとも研究者の介入によって生じたアーティファクトであるのかという問題については議論の余地があると示唆している（Strum and Latour 1987: 788）。

　コステロにおいて，人間と動物の対称性はラディカルなものである。カフカその人とレッド・ペーターをひとしく「苦しむ動物の身体にどういうわけか搭載された化物のような思考装置」であるとコステロが描くに至って，講演を聞いているコステロの息子の妻ノーマは話に「とりとめがない」と不満げに口にする。しかしコステロは再度，言葉どおりのことを話しているのだということを強調する。「ほとんどの物書きと同様，私はものごとを文字どおりに受けとめる気質をもっています［略］カフカが猿について書いているときには，私は彼が，まず第一に猿について話していると思うし，ネーゲルがコウモリについて書いているときには，まずコウモリについて書いていると考えます」（クッツェー 2003: 50）。ノーマはため息をつく。

　さて，コステロはなぜ動物の悲惨さについて直接語ることを「話さないままおいておいた」のだろうか。そのかわりに，なぜコステロはノーマが「とりとめがない」と考えるような話を延々と続けるのだろうか。私はこのことを考えるにあたって，ダイアモンドの論考が適切な補助線になると考えている。コステロは現実の「むずかしさ」とダイアモンドが呼ぶもの，すなわち言葉によってはうまくとらえられず，捉えようとしたそばからこぼれ落ちていくような現実を捉えるために言葉を重ねている。言葉でうまく表現できないとき，哲学は問題の設定がうまくないのだと口にして，適切な言葉で捉えられるように問題の設定を変更することを要求する（とダイアモンドはいう）。しかしそのようなやり方を取った瞬間，捉えようとした現実は永遠に捉えることができなくなってしまう。──それは現実から「逸れ」ることだからである。しかしダイアモンドが指摘するように，作中の，そして現実の評者たちもみな，コステロの話を論評しようとしてみな「逸れ」てしまう。食物禁忌の理由には還元できる基準がある，コステロは「つまるところ」動物を倫理的に扱うラディカルなやり方について話している，といった調子で。そしてその果てに，ハラウェイはコステロを，「ホロコーストと肉食を同一視する過激な運動家」へと還元することによって安心しようとしてしまう。しかし「彼女〔コステロ〕を傷つけているもののひとつは，まさしく，「私たちはどのように動物を扱うべきか」が「倫理的問題」であるという平凡で常識的な考え方であり，さらにいえば，その問題についての議論に彼女が貢献している，あるいは貢献しようとみなされるだろうという知識なのである」（ダイアモンド 2010）。

　「とりとめがない」というノーマの不満は，すなわちその話の「本質」がわからないということではないだろうか。「言いたいことはまさに言っているとおりのことであり，ほかのことではない」ということを理解するのは難しい。ラトゥールが

『科学が作られているとき』の日本語版序文で，自らの本が従来の社会学や認識論へと還元されて読まれることに不満を募らせていたように（ラトゥール 1999: 3）。冗長で「とりとめのない」話を延々と聞かされていると私たちが感じるとき，私たちは「で，結局何が言いたいの？」あるいは「話の本質は何なのか？」と問うてしまいたくなる。たとえばカフカがサルの話をしているとき，字義どおりにサルの話をしていると思う人は想像力が欠如しているようにみえる——その話には何か「ほかに」本質があるに違いないと考えることが分別ある人の発想であると。あるいはコステロのサルの話は「たとえ話」であり，「サル」という存在が何か別のものを「表象＝代理」しているに違いないと。しかしそれは「逸れ」ることであり，サルが感じている苦しみをわかることをむしろ不可能にしてしまう。コステロは，シンガーとは異なる仕方で——すなわち，人間と似た有感動物であるからという理由ではなく，両者が構成するネットワークが相同的なものであるというアナロジーをつうじて——彼女自身，彼女が語る動物とまったく対称的であるという主張を繰り返す。「レッド・ペーターは［略］自ら語る証人として学者たちの集まりに身をさらしている，特別で際立った，傷ついた動物だったのです。私は［略］学者たちの集まりで自分の傷をさらけ出しながらもそれを表には出していない動物なのです。私は傷を服の下に隠しています。でも，語る言葉のすべてで，その傷に触れています」。彼女は動物がおかれている苦しみがわかるという話を続けている。その点においてコステロは明らかに一貫しているのだが，作中の登場人物もそして現実の学者も，わずかな例外を除いては彼女のことを「健全以外の何ものでもない」（ハッキング 2010: 208）とはみなさない。彼女に与えられる形容詞は「錯乱している」（マクダウェル 2010: 184–189），「狂気じみていて，支離滅裂」（中川 2010）といったように，ほとんど狂人に対してあてがわれるものだ。ほとんどの聞き手・読み手には彼女が逸脱しているようにしかみえず，身内である息子や，義理の娘ノーマにとってさえそうである。「彼女，支離滅裂よ！」「年だし，僕の母なんだ〔だから責めないでやってくれ〕」。「どうして彼女は態度を明らかにして，言いたいことを言わないのだろう？」コステロには言いたいこと，すなわち要領を得ない彼女の話自体とはなにか「別の」，簡潔なメッセージがあるはずだ——しかし彼女はそれを一向に口にしない。そう息子にはみえている。

　だから，コステロが動物を食べないのは「道徳的信念にしたがうから」ではない。コステロが自分とレッド・ペーターがひとしく「傷ついた動物」であるといっていたことを思い起こせば，彼女が動物を食べない理由は明らかだ。コステロは自

身が誰にも理解されていないということが，動物についての人間の理解の錯誤と重なっているのである。「あの家畜車のなかにいるのは自分だ」（クッツェー 2003: 56），レッド・ペーターは私だ，傷ついた動物とは私のことだ。そしてそうした存在を食べないことは，彼女にとって「動物に対する義務を履行する」ことではなく，「自らの魂を救う」（クッツェー 2003: 72）ことにほかならない。

　ハラウェイは霊長類学者バーバラ・スマッツによるクッツェーへの応答（クッツェー 2003）を引きながら，コステロ自身が実際にかかわっている動物，すなわちコステロが飼っていることが示唆される猫に言及していないことを批判する。コステロは苦しみのなかにある動物たちに自己を同一化するほどに共感しているのだが，ハラウェイには彼女が「実在する生身の動物など存在しないのではないかと思えるような登場人物」（ハラウェイ 2013b）に映る。たしかにスマッツによる，具体的で何ら神秘的なところのないヒヒやイヌとのまじわりの記述は，「動物が詩人の言葉によってのみ適切に捉えられるかのように語るコステロは，動物を過剰に神秘化しているのではないか？」という考えに説得力を与える。いっぽうでハラウェイの論難はシンガーに「動物に興味をお持ちではないのですか？」と尋ねた者のことを彷彿とさせる。人と動物の関係において犬や猫ばかりが重要なわけではない——これはシンガーが工場畜産や動物実験の悲惨さを描き出すうえで，自らの原点として再構成した重要な論点であった。「アジリティー」という実践の新奇さはあれど，イヌは近代社会における家畜の中でもっとも「ともに生きることに適した存在」として認識されていることはほとんど明らかである。そしてコステロが論じようとしているのは，動物との関係の親密な側面の強調によって覆い隠されてしまうような動物の悲惨である。ペットである犬や猫について論じてばかりではいられないのだ。

　ハラウェイ自身，2016 年に刊行された *Staying with the trouble* では「ともに在ること」の理論をさらに敷衍し，「クトゥルー新世 Chthulucene」[15] という造語のもと，SF 的な想像力をも織り交ぜながら，人新世や資本新世 Capitalocene が喚起するのとは異なるやり方で，さまざまな種と「共に組織化 synpoiesis」する世界を描くことを試みている（Haraway 2016）。そこでは，犬と人の関係という狭い主題に

15）クトゥルフ神話を想起させるこの術語は，同時にクトゥルフ（Cthulhu）とは綴りを変えることによって（語尾の l と u の間の h が脱落している）その差異も表現している，とハラウェイはいう（Haraway 2016: 169）。クトゥルフ神話のイメージから異形の触手的な存在を喚起される一方，その神的存在がクトゥルフのような単一の神としてではなく，世界に遍在するさまをイメージするよう，読者は要請される（Haraway 2016: 2）。

限定されることなく，あらゆる人種，あらゆる党派の人びと，そしてハトやサンゴやチョウをはじめとした，ありとあらゆる人間以外の存在が共に組織化する生態系のイメージが喚起されている。

　コステロの語り口についての話題に戻ろう。非還元の原理とは，ダイアモンドの言葉を借りれば「逸れ」てはならないということである。話の本質を求めて現実の理解を歪めてはならない。ウィトゲンシュタインもいっていた——不正確な生の表現を正確な表現にあわてて置き換えてはならない，そんなことをすればその表現のひらめきは殺されてしまう。「小さな植物にはまだ生命があったのに，正確さのために，枯れて，すっかり無価値となる。ゴミとして捨てられてしまいかねない。貧相でも植物のままだったら，なにかの役には立っていたのだが」（ウィトゲンシュタイン 1999: 215）。コステロは，態度や本質を求める息子や義理の娘とは対照的に，非還元の言葉に——ラトゥールはその範をトルストイに求めたことを思い出してほしい（☞第 4 章）——生きている。紙数の限り現実の関係を記述し続けることによって抱握したい現実へと近づくことができるとラトゥールはいう（ラトゥール 2019: 283）。そしてそれだけが唯一現実を捉えるために可能な方法であると彼は信じているようにみえる。非還元の原理とはそのように敷衍することができるかもしれない。ここで非還元の原理はコステロの次の言葉と響きあう（クッツェー 2003: 106）。

　　われわれは抽象モデルをこしらえ，次にそのモデルを実際と照らし合わせることによってのみものごとを理解すると主張します。何とばかげた意見でしょう。私たちは複雑さに没頭し思考力をすべて働かせることで理解するのです。

6　動物の未来のヴィジョンと「共存の科学」としての ANT

　ラトゥールは，折に触れて ANT が共生の科学 science of living together であると述べる（e.g. ラトゥール 2019: 8, 309, 488）。

　ハラウェイの言い方を借りれば，非還元の方針に基づいて動物を理解するということは，動物を「ペット」や「肉食」について語るための手段へと貶めることなく，「ともに生きる存在」として動物を理解することであると言い換えることができる。もちろんカークセイらがハラウェイについて指摘するように，人間はいつでも動物と愛に溢れた関係を築くばかりではなく，一方的に肉として利用する場合もあるし，

適切な距離を保とうとすることもあれば殺し合うこともある。その意味では，人類学者・河合香吏の言い方にならって「共存」の科学（河合 2019: 3）と表現するほうがより適切かもしれない。

　動物というテーマを現代において考えるにあたっては，その未来について明確なヴィジョンを打ち立てようとするのではなく，その関係のあり方の複雑さの中で逡巡することこそが，筆者にはふさわしくおもわれる。生田武志の『いのちへの礼儀』（生田 2019）は，膨大な動物論の渉猟のなかで，ときおり周縁的な動物の存在と周縁的な人間の境遇を重ね合わせながら，ダイアモンドのいう「現実のむずかしさ」について思索を重ねる知性の旅を思わせる [16]。「動物の解放」が実現し，動物が尊厳を回復して「解放」されたとしても，奴隷とは異なり，動物は私たちと同じ「人間」として関係を築けるわけではない。私たちと動物とは異なる身体をもち，異なる環世界に生きている。人間が地球上のいたるところに動物を排して生息していることそのものが根本的に動物を苦しめているのだという事実を無視して，また，いくらかの自律できない不幸な動物種を創り上げたのはほかでもない人間であるという事実を無視して，人間から動物を解放した先に野生動物の楽園が存在すると考えるのは安易である。草食動物は肉食獣だけでなく，安全で安定した生活を送りたいという欲求を抱える人間によってもつねに脅かされている存在である。生田は慎重な筆致で，チェルノブイリ原発事故や福島第一原発事故のあとに生まれた人間の存在しない空間について，フレッド・ピアスが「野生生物の天国」と表現することに共感している。「しかし，もし原発事故や大規模環境破壊や核戦争を望まず，人類が生き続けることを選ぶなら，わたしたちは［略］動物たちとの関係を原点から問い直し，自らの「希望」を創り出す必要があります」（生田 2019: 444–445）。動物と共存するためにはその動物にふさわしい共存の論理を模索し続けなければならない [17]。

---

16) 菅原和孝（2017）『動物の境界』もまた「歩みとしての著作」のひとつであり，要約を拒み学派へと回収されることを拒否する「奇書」である。

17) このような観点から，近年では「動物とともに生きる」という人間と動物のユートピア的関係から距離を置く論考が出てきていることは注目に値する。生態人類学者の卯田宗平は，人間と動物関係における「野生性の保持」という点に注目して，全面的に家畜化されない人間と動物との関係——「ともに生きない」関係と卯田は言う——についての論集を編んでいる（卯田 2021）。文化人類学者の近藤祉秋は，「利那的な絡まり合い」という概念のもと，北方狩猟採集民と動物の非永続的な関係性を描き出すことで，ハラウェイの「ともに生きる」「シンポイエーシス」といった概念を批判的に検討している（近藤 2021）。

　そして，本邦の生態人類学者や霊長類学者たちが全く正当にも大きな不満を募らせているように，ヒトとは異なる生を営む動物たちの執拗にして真摯な観察に基づかねばならない。

　もちろん進化主義者のリチャード・フランシスのように，「〔人間の〕人口の爆発的な増加は，人間以外のほとんどの生物にとって災難でしかない。しかし，幸運にも家畜や作物としての身分を保障されている生物にとってはそうではない。家畜や作物はわたしたちとともに繁栄の道を歩んできた〔略〕ラクダやイエネコ，ヒツジ，ヤギについては，それぞれの野生原種は消滅の瀬戸際にいるが，家畜化された子孫たちは地球上の大型哺乳類のなかで最も多い類に入るのである。進化という観点からすれば，家畜化されて損はなかったのだ」（フランシス 2019: 9-10）と，家畜化を全面的に讃えてしまうことにも留保を付さなければならない。動物論の抽象化は，すぐにシンガーの提起した「動物の苦しみ」という現実を忘却の彼方へとおいやる。「苦しむ動物」はシンガーが喚起した，忘れられてはならないイメージである。シンガー以降の動物論のいかなる記述も，このまなざしの存在から逃れることはできない。

　本章において野生動物の家畜化の人類史的な議論を紹介したのは，シンガーの提起した「有感性」の議論を経てもなお，人と動物の共存の技法について具体的な示唆を与えるものだからでもある。苦しむ動物たちとの関係に「希望」のある未来を創出するにあたって，これまで人類が築き上げてきた動物との関係のあり方を詳しく理解する必要性は高まっていると筆者は信じる。

【謝　辞】
本章で参照されている動物に関する記述については，牧畜を研究する人類学者である佃麻美氏より多大なる助言を受けた。記して感謝申し上げる。また，自らの学生らとともに草稿を検討する機会を作っていただいた一橋大学の久保明教准教授およびゼミ生各位，そしてANTと対話する動物論としてヴァンシエンヌ・デプレの研究が存在することを指摘していただいた，大阪大学の鈴木和歌奈講師にも感謝したい。編集者の米谷龍幸氏より，「ANTと動物」というテーマで一章書けないかと打診されたとき，動物を全く調査対象としない筆者は少なからず躊躇した。しかし，結果として，本書を執筆する過程で最も至福の時間を過ごすことができたのは，本章のための勉強と執筆の時間であり，結果として本章はきわめて思い入れのある原稿となった。心から感謝申し上げる。

◉もっと詳しく勉強したい人のための文献

① 『現代思想：総特集 人類学の時代』2017年3月臨時増刊号, 青土社.
☞カークセイとヘルムライヒによる「マルチスピーシーズ人類学」についてのマニフェスト論文の邦訳のほか, マルチスピーシーズ人類学とその周辺分野の日本・海外における重要論文が収録されている。

②生田武志, 2019,『いのちへの礼儀──国家・資本・家族の変容と動物たち』筑摩書房.
☞国内外の動物論を渉猟し, 動物との関係について省察した思想書。

③奥野克巳編著, 2011,『人と動物, 駆け引きの民族誌』はる書房.
☞世界の「動物殺し」をめぐる慣習についての人類学的論集。同編者らによる『動物殺しの民族誌』もあわせて読んでおきたい。

④波佐間逸博, 2015,『牧畜世界の共生論理──カリモジョンとドドスの民族誌』京都大学学術出版会.
☞人類学的な牧畜研究を代表する研究の一つ。牧畜民社会における人間と家畜の交歓を描く。

⑤チン, A., 2019,『マツタケ──不確定な時代を生きる術』（赤嶺淳訳）みすず書房.
☞マツタケについての複数地調査のエスノグラフィーの方法論に基づく, マルチスピーシーズ人類学を代表する研究。

【文　献】
荒川弘, 2012,『銀の匙 Silver Spoon』第3巻, 小学館.
生田武志, 2019,『いのちへの礼儀──国家・資本・家族の変容と動物たち』筑摩書房.
池畑修平, 2020,「池畑キャスターの視点 殺生禁断？ フランスの「アグリバッシング」を考える」〈https://www.nhk.or.jp/kokusaihoudou/bs22/special/2020/03/0316.html（現在リンク切れ）〉
伊勢田哲治, 2008,『動物からの倫理学入門』名古屋大学出版会.
井上太一, 2020,「NHKの動物解放バッシング」〈https://vegan-translator.themedia.jp/posts/7929605/（最終確認日：2022年4月7日）〉
今西錦司, 1994,『生物社会の論理』平凡社.
ウィトゲンシュタイン, L., 1999,『反哲学的断章──文化と価値』（丘沢静也訳）青土社.（Wittgenstein, L., 1977, *Vermischte Bemerkungen*, Berlin: Suhrkamp.）
卯田宗平編, 2021,『野生性と人類の論理──ポスト・ドメスティケーションを捉える4つの思考』東京大学出版会.
梅棹忠夫, 1976,『狩猟と遊牧の世界』講談社.
エヴァンズ＝プリチャード, E. E., 1997,『ヌアー族──ナイル系一民族の生業形態と政治制度の調査記録』（向井元子訳）平凡社.（Evans-Pritchard, E. E., 1940, *The Nuer: A*

description of the modes of livelihood and political institutions of a Nilotic people. Oxford: Clarendon Press）

太田至, 2004,「牧畜社会研究のおもしろさ」田中二郎・佐藤俊・菅原和孝・太田至編『遊動民（ノマッド）——アフリカの原野に生きる』昭和堂, pp. 271–288.

太田至, 2021,『交渉に生を賭ける——東アフリカ牧畜民の生活世界』京都大学学術出版会.

奥野克巳, 2021,「《特集》マルチスピーシーズ民族誌の眺望——多種の絡まり合いから見る世界　序」『文化人類学』*86*（1）: 44–56.

奥野克巳・シンジルト・近藤祉秋, et al., 2019,『たぐい』vol.1.

カークセイ, S. E., & ヘルムライヒ, S., 2017,「複数種の民族誌の創発」（近藤祉秋訳）『現代思想 3 月臨時増刊』, pp. 96–127.（Kirksey, S. E., & Helmreich. S., 2010, The Emergence of Multispecies Ethnography, *Cultural Anthropology, 25*（4）: 545–576.）

カヴァリエリ, P., & シンガー, P. 編, 2001,『大型類人猿の権利宣言』（山内友三郎・西田利貞監訳）昭和堂.（Cavalieri, P., & Singer, S., eds., 1993, *The great ape project: Equality beyond humanity.* London: Fourth Estate.）

河合香吏, 1998,『野の医療——牧畜民チャムスの身体世界』東京大学出版会.

河合香吏, 2019,「趣旨説明」『社会性の起源と進化——人類学と霊長類学の協働に基づく人類進化理論の新開拓』〈https://sociality.aa-ken.jp/data/wp-content/uploads/2020/03/report_symposium_1st.pdf〉

クッツェー, J. M., 2003,『動物のいのち』（森祐希子・尾関周二訳）大月書店.（Coetzee, J. M., 1999, *The lives of animals.* Princeton, NJ: Princeton University Press.）

久保明教, 2019,『ブルーノ・ラトゥールの取説——アクターネットワーク論から存在様態探求へ』月曜社.

近藤祉秋, 2021,「内陸アラスカ先住民の世界と「刹那的な絡まりあい」」『文化人類学』*86*（1）: 96–114.

近藤祉秋・吉田真理子, 2021,『食う，食われる，食いあう——マルチスピーシーズ民族誌の思考』青土社.

佐藤衆介, 2010,「アニマルウェルフェアの飼養管理指針㊦——アニマルウェルフェアは生産性を改善する」〈http://jlia.lin.gr.jp/bussiness/manage_info/pdf/244.pdf（最終確認日：2022 年 4 月 7 日）〉

シンガー, P., 2003,「リフレクションズ」J. M. クッツェー『動物のいのち』（森祐希子・尾関周二訳）大月書店, pp. 145–157.

シンガー, P., 2011,『動物の解放』（戸田清訳）人文書院.（Singer, P., [1975]2009, *Animal liberation: The definitive classic of the animal movement.* New York: Harper Perennial.）

菅原和孝, 2015,『狩り狩られる経験の現象学——ブッシュマンの感応と変身』京都大学学術出版会.

菅原和孝, 2017,『動物の境界——現象学から展成の自然誌へ』弘文堂.

鈴木和歌奈, 2021,「科学技術の人類学——多様化する「科学技術の民族誌」」藤垣裕子責任編集『科学技術論の挑戦 3「つなぐ」「こえる」「動く」の方法論』東京大学出版会.

ダイアモンド, C., 2010,「現実のむずかしさと哲学のむずかしさ」カヴェル, S.・ダイアモ

ンド, C.・マクダウェル, J.・ハッキング, I., & ウルフ, C.,『〈動物のいのち〉と哲学』（中川雄一訳）　春秋社. (Diamond, C., 2008, The Difficulty of Reality and the Difficulty of Philosophy, in S. Cavell, C. Diamond, J. McDowell, I. Hacking, & C. Wolfe, *Philosophy and animal life*. New York: Columbia University Press.)

谷泰, 2010,『牧夫の誕生――羊・山羊の家畜化の開始とその展開』岩波書店.

ドナルドソン, S., & キムリッカ, W., 2016,『人と動物の政治共同体――「動物の権利」の政治理論』（青木人志・成廣孝監訳）尚学社. (Donaldson, S., &Kymlicka, W., 2011, *Zoopolis: A political theory of animal rights*. Oxford: Oxford University Press.)

中川雄一, 2010,「訳者まえがき」『〈動物のいのち〉と哲学』春秋社.

波佐間逸博, 2015,『牧畜世界の共生論理――カリモジョンとドドスの民族誌』京都大学学術出版会.

ハッキング, I., 2010,「逸れ」カヴェル, S.・ダイアモンド, C.・マクダウェル, J.・ハッキング, I., & ウルフ, C.,『〈動物のいのち〉と哲学』（中川雄一訳）春秋社. (Hacking, I., 2008, Deflections, in S. Cavell, C. Diamond, J. McDowell, I. Hacking, & C. Wolfe, *Philosophy and animal life*. New York: Columbia University Press.)

ハラウェイ, D., 2013a,『伴侶種宣言――犬と人の「重要な他者性」』（永野文香訳）以文社. (Haraway, D. J., 2003, *The companion species manifesto: Dogs, people, and significant otherness*. Chicago, IL: Prickly Paradigm Press.)

ハラウェイ, D., 2013b,『犬と人が出会うとき――異種協働のポリティクス』（高橋さきの訳）青土社. (Haraway, D. J., 2008, *When species meet*. Minneapolis, MN: University of Minnesota Press.).

ハリス, M., 2001,『食と文化の謎』（板橋作美訳）岩波書店. (Harris, M., 1985, *Good to eat: Riddles of food and culture*. New York: Simon and Schuster.)

ファウツ, ロジャー, S. & デボラ H. ファウツ [2001]「チンパンジーの手話の使用」,『大型類人猿の権利宣言』, 昭和堂, pp. 31-52.

福井勝義・谷泰編著, 1987,『牧畜文化の原像――生態・社会・歴史』NHK 出版.

福島護之, n.d.,「超早期母子分離による黒毛和種繁殖雌牛の繁殖効率改善技術」〈http://jlia.lin.gr.jp/cali/manage/136/s-semina/136ss1.htm（現在リンク切れ）〉

フランシス, R. C., 2019,『家畜化という進化』（西尾香苗訳）白揚社. (Francis, R. C., 2015, *Domesticated: Evolution in a man-made world*. New York, W.W. Norton & Company.)

マクダウェル, J., 2010,「スタンリー・カヴェルの「伴侶的思考」についての論評」カヴェル, S.・ダイアモンド, C.・マクダウェル, J.・ハッキング, I., & ウルフ, C.,『〈動物のいのち〉と哲学』（中川雄一訳）春秋社. (McDowell, J., Comment on Stanley Cavell's "Companionable Thinking", in S. Cavell, C. Diamond, J. McDowell, I. Hacking, & C. Wolfe, *Philosophy and animal life*. New York: Columbia University Press.)

ラトゥール, B., 1988,『細菌と戦うパストゥール』（岸田るり子・和田美智子訳）偕成社. (Latour, B., 1985, *Pasteur: bataille contre les microbes*. Paris: Nathan.)

ラトゥール, B., 1999,『科学が作られているとき――人類学的考察』（川﨑勝・高田紀代志訳）産業図書. (Latour, B., 1987, *Science in action: How to follow scientists and engineers through society*. Cambridge, MA: Harvard University Press.）

ラトゥール, B., 2007, 『科学論の実在──パンドラの希望』（川﨑勝・平川秀幸訳）産業図書.

ラトゥール, B., 2008, 『虚構の「近代」──科学人類学は警告する』（川村久美子訳）新評論.（Latour, B., 1993, *We have never been modern*（trans. C. Porter）. Cambridge, MA: Harvard University Press.）

ラトゥール, B., 2019, 『社会的なものを組み直す──アクターネットワーク理論入門』（伊藤嘉高訳）法政大学出版局.（Latour, B., 2005, *Reassembling the social: An introduction to actor-network-theory*. Oxford: Oxford University Press.）

レヴィ゠ストロース, C., 2006, 『神話論理I 生のものと火を通したもの』（早水洋太郎訳）みすず書房.（Lévi-Strauss, C., 1964, *Le cru et le cuit Mythologiques 1*. Paris: Plon.）

Compassion in Food Business, 2013, Dairy cow-calf separation and natural weaning. 〈https://www.compassioninfoodbusiness.com/media/5822658/cow-calf-separation-and-natural-weaning.pdf（最終確認日：2022年4月7日）〉

Despret, V., 2004, The body we care for: Figures of anthropo-zoo-genesis. *Body and Society, 10*(2–3): 111–134.

Despret, V., 2016, *What would animals say if we asked the right questions?*（trans. Brett Buchanan）. Minneapolis, MN: University of Minnesota Press.

Francione, G. L., 2007, Animal rights and domesticated nonhumans. 〈http://www.abolitionistapproach.com/animal-rights-and-domesticated-nonhumans（最終確認日：2022年4月7日）〉

Garfinkel, H., Lynch, M., & Livingston, E., 1981, The work of a discovering science construed with materials from the optically discovered pulsar. *Philosophy of the Social Sciences, 11*: 131–158.

Hacking, I., 1999, *The social construction of what?* Cambridge, MA: Harvard University Press.

Haraway, D., 2016, *Staying with the trouble: Making kin in the chthulucene*. Durham: Duke University Press.

Herskovits, M. J., 1926, The Cattle Complex in East Africa. *American Anthropologist, 28*(1): 230–272.

Hope for Animals, 2019, 「産まれてすぐに引き離される，母牛と子牛」〈https://www.hopeforanimals.org/dairy-cow/separation（最終確認日：2022年4月7日）〉

Kirksey, E. ed., 2014, *The multispecies salon*. Durham: Duke University Press.

Langwitz, N. 2017, Baboons and the origins of actor-network theory: An interview with Shirley Strum about the shared history of primate and science studies. *Biosocieties, 12*: 158–167.

Latour, B., 2004, How to talk about the body?: The normative dimension of science studies. *Body and Society, 10*(2–3): 205–229.

McKenzie, J. A., & Vasconcelos, C., 2008, Dolomite mountains and the origin of the Dolomite rock of which they mainly consist: Historical developments and new perspectives. *Sedimentology, 56*(1): 205–219.

NOSAI 道東, 2006, 「ワンポイントアドバイス 子牛の下痢症」〈http://www.nosai-doto. or.jp/06_nemuro-1point_pdf/k_06_06_55.pdf（最終確認日：2022 年 4 月 7 日）〉

Strum, S. S., & Latour, B., 1987, Redefining the social link: From baboons to humans. *Social Science Information, 26*(4): 783–802.

Wadiwel, D., 2015, *The war against animals.* Leiden and Boston, MA: Brill Rodopi.

12 異種混成的な世界におけるエコロジー

海洋プラスチック汚染というモノ（thing）を記述する

栗原　亘

1 「環境問題」から「人新世」へ：エコロジーの現在

　今日，エコロジーにまつわる話題で事欠くことはない。マスメディアでは，気候変動やそれに由来するさまざまな出来事から，海洋プラスチック汚染の問題に至るまで，毎日のようにひっきりなしにさまざまなトピックが取り上げられている。インターネット上には，温暖化の影響で次第に小さくなっていく氷のうえで途方に暮れる白熊や，海岸に打ち上げられた鯨の死骸の画像や動画が無数に流通している。国際会議の場では，国家間の足並みがそろわない状況が続いている。その会議場の外側では，活動家たちがプラカードを掲げて批判の声をあげている。

　エコロジーをめぐる言説は，20世紀後半から，当時の社会運動の盛り上がりと結びつきながら急速に増殖し続けてきた（☞第1章）。「緑の党」が生まれ，さまざまな関連学術領域が提唱・確立され，さまざまな法制度が整備され，経済の領域では「エコ商品」が一つのジャンルとして成立した。

　しかし，他方で，活動家たちの掛け声もむなしく，人間の活動が地球上の環境に及ぼす破壊的な影響は拡大し続けてもきた。2000年代には，大気化学者の P. クルッツェン（Crutzen 2002）が使用したことをきっかけに，人新世（Anthropocene）なる言葉も普及しはじめた。クルッツェンは，この言葉を用いて，人間の活動の影響によって，もはや人類がこれまで慣れ親しんできた安定的な「完新世」はおわりを告げ，新たな地質時代が生み出されるに至っていると論じた。この人新世なる地質時代がいつはじまったのか，という点に関してはいくつかの解釈がある。なかでももっともポピュラーな見解の一つは，クルッツェン自身が主張している「蒸気機関」の発明を契機とするものである。「蒸気機関」の発明以降，人類の地球上での影響力は，急激に増しつづけ，第二次世界大戦後には，各種の技術革新や大量

生産・大量消費の文化の普及などの影響もあり，「人新世」はさらに大加速（great acceleration）したともいわれる（e.g. McNeill & Engelke 2016）。

この「人新世」という言葉は，今日，アカデミックな世界の内外を問わず，ますます注目を浴びるようになってきている。環境史家の C. ボヌイユらによれば，人新世は，たとえば環境危機などという生易しい言葉では表現しきれない状況を言い表すための言葉である。すなわち，人新世とは，一時的で乗り越え可能であるような「危機」などではなく，われわれが長い時間をかけて順応してきた環境条件が根本的に変化し，しかもその変化した状況が不可逆的に常態化してしまう事態を指示する言葉なのである（e.g. ボヌイユ & フレソズ 2018）。つまりそれは，われわれが依って立ってきたこれまでの経験が役に立たないかもしれない状況が出現することを意味する。こうした事態に対してどのように対応していくのか。今日，このことが，喫緊の問題として議論されているのである。

たとえば，少しでも変化を緩和するために，化石燃料の使用を抑え，再生可能エネルギーへの転換をもっと徹底していくこと，すなわち，エコな技術をもっと導入していくことの重要さは，引き続き喧伝され続けている。他方，もはや変化が避けられないというのであれば，変化する環境に「順応」しなおすことも考えなければならないのではないか，という主張もなされている[1]。

ジオ・エンジニアリングと呼ばれる試みを提唱するものたちもいる。それは，簡単にいえば，「地球」に対して技術力によって介入することで問題を解決してしまおうという発想である。人類が地質時代を決定づけてしまうほどに強力な力を有しているというなら，いっそのこと，その力で状況の改善を図ろうというわけである。その諸例は，C. ハミルトンの著作などで紹介されている（Hamilton 2013）。たとえば，大気から二酸化炭素を回収し，どこか「より問題が生じない場所に」貯蔵する技術や，太陽光を遮る物質を大気中に撒く技術，さらに海水を冷却する技術などを開発し，地球をまさにエンジニアリングしてしまおうという試みが挙げられる。

以上のようにさまざまな対策案の提出合戦が存在するかと思えば，温暖化現象が人間の活動に由来するなどというのは「フェイク」であり，したがって特別な対策を講じる必要などないと主張し続けている人びとも，相変わらず一定数存在している。そうした人びとからすれば，エコロジーの問題などよりも優先すべき問題，た

1）「順応」ないし「レジリエンス」という発想の系譜に関して批判的にまとめた議論については，たとえばワッツ（Watts 2015）などを参照。

とえば経済成長をどうすれば継続できるか，という問題がある。

　また，それ以前に，経済成長と環境への配慮がそもそも両立するかどうかという点自体，議論があるところでもある。なかには，脱成長を掲げる論者たちすらいるのである（e.g. ラトゥーシュ 2013）。

　さて，人間以外のさまざまな存在へと注意を向けることを唱え続けてきたアクターネットワーク理論（ANT）が，エコロジーの問題と無関係であるということはもちろんない。上述したように，人新世を引き起こしたきっかけが蒸気機関の発明であるというなら，それは，まさに新たなモノの導入が引き起こしてきたことだといえるのではないか。そうした人新世を成立させてきたモノを探究することが，ANT の課題の一つともなろう。

　そもそも「人新世」などという言葉の出現を待つまでもなく，ANT はエコロジーという主題と深く関係し続けてきた。このことは，ANT が発展する母体となったサイエンス・スタディーズという分野そのものがエコロジーと深く関係する形で展開してきたことから当然のことであるし，また ANT の初期の研究例が「細菌」や「ホタテガイ」といったものであったことからも明らかであろう[2]。

　ANT における議論のなかでも，エコロジーという言葉を前面に押し出したものとしてもっとも知られているのは，B. ラトゥールの『自然の政治』（Latour 2004）であろう。重要なのは，そこにおいてラトゥールが，エコロジーの問題を，われわれが住まう家（oikos）に関する学（-logy）という，その言葉の原義にまで拡大したうえで理解する点である。つまり，われわれが通常エコロジーという言葉で理解している事象を包括する，より広い観点からエコロジーを捉え直している。ラトゥールにとってエコロジーは，単なる環境政策のようなものを超えた，存在論的な政治（☞第8章）にかかわるものなのである。その後，カロンたちは，ラトゥールの『自然の政治』における議論に触発されるかたちで，ハイブリッド・フォーラムというアイディアを提起した（Callon et al. 2009）。また，ラトゥール自身は，現在，「人新世」という概念が盛んに取り上げられるようになってきたことを受けて，J. ラヴロックのガイア概念をもちだしながら，さらにエコロジーという主題に積極的に取

2）人間以外のさまざまな種（species）との関係という論点は，ANT と深い関係を形成しつつも独自の議論を展開してきた D. ハラウェイらの議論やその影響下に展開しているマルチスピーシーズの議論によってより積極的に扱われている（☞第11章）。また，日本国内で ANT にいちはやく言及しはじめた分野の一つが環境社会学であった点も，ここで強調しておこう（e.g. 大塚 1998; 丸山 2005）。

り組んでいる（Latour 2017）。ラトゥールは，M. セールの『自然契約』に依拠しつつ，かつてガリレオによって，太陽の周りを動いているというエージェンシーを与えられた地球が，いまや，多種多様なアクターによって動かされているという新たなエージェンシーを与えられたと主張する。そして，この新たなエージェンシーを有するガイアと向き合う必要があると論じている（ラトゥール 2017）。

　以上の ANT 論者たち自身による仕事はいずれも重要なものであるが，以下では，あくまでも本書がここまでで扱ってきた ANT 的な記述のあり方が，エコロジーという主題に対してどのように貢献しうるかを，筆者なりの観点から提示していくことにしたい[3]。

2 ANT 的な記述と批判理論的な「批判」

　エコロジーの問題は，今日，実に多様な立場によって論じられている。さまざまなアプローチのなかにおける ANT の特徴を一つ挙げるとするなら，それは，自然科学をも記述の対象とすることで，自然そのものの構築という位相を徹底して論じようとする点にある。人文学・社会科学の立場からエコロジーの問題にアプローチする多くの議論において，自然科学的な知識は単に前提とされていたり，議論の対象から外されていたりすることも多い。ANT はあえてそれを取り上げようとするのである。これは，サイエンス・スタディーズから出発した ANT（☞第2章，第4章）ならではの姿勢である。

　自然科学をも対象とした記述を行うために，ANT は，世界や領域の分離・分断を前提としない視点（☞第8章）を採用する。まず ANT は，「社会」と「自然」との分離・分断を否定する。これは，「社会」と「自然」とは切り離しがたく結びついている，という主張とは異なる。なぜなら「社会」と「自然」というカテゴリーがそもそも成立する地点を主題化しなければならないからである。ANT の立場からすれば，「社会」と「自然」とが相互作用するという表現を用いる際の，「社会」と「自然」をそもそも分ける線がどのようにひかれているのか，という点もまた問われなければならない。また，ANT は，「経済」「政治」「法」「科学」などの各領域の分離・分断も前提としない。いずれの領域も，他の領域と地続きの形で成立し

---

3) 本章は，とくに本書の第8章で扱った「政治」と「近代」をめぐる議論の延長線上にある。

ており，つねに異種混成的なネットワークから成り立っていると捉えるのである。

　以上のようなラディカルな視点を追求するために ANT が提起する記述のスタイルは，実にシンプルである。ただ，同時にかなりの手間と労力のかかるものでもある。ANT は，具体的な現場（sites）に着目し，その現場を構成しているアクターたちを追いかけることで，人間と非人間とが結びつくなかで相互に規定し合い，変容していく様子を描こうとする。その記述スタイルは，フラットな記述ないし分析とも表現される（☞第 3 章）。というのも，ANT は，アクターを追尾するために，グローバル／ローカル，マクロ／ミクロといった二項対立図式を前提とすることをやめるからである。すなわち，ANT は，アクターたち自身がどのように世界を構築しているかを主題化するために，グローバルないしマクロな社会構造，資本主義体制，その他の跳躍（jump），すなわち記述の省略を可能にするような概念の使用を差し控える（ラトゥール 2019）。そうした「グローバル」ないし「マクロ」な概念を説明変数に据えることを拒否するのである。具体的な個々の構築現場（construction sites）へと目を向け，それぞれの現場における多種多様なアクターの働きを記述し，「グローバル」とか「マクロ」とかいった言葉で表現されているような何かが，そもそもどのように成立していくのかを記述しようとするのである。

　以上のような ANT の観点を採用してエコロジーという主題を扱うのであれば，あくまでもローカルな現場における構築活動を，まさにアリ（ant）のように一つひとつ記述していくという手法を採ることになる。こうしたやり方は，ANT 以外の立場からも一定の支持を受けてきた。ANT とは異なる経路で（そしてより早く）エコロジーの主題に取り組んできた分野に，たとえばポリティカル・エコロジー（PE）がある。PE は主として人文地理学にルーツをもつ。そこには，ANT 的な発想を積極的に取り入れることでエコロジーの問題を取り上げていく論者も数多く存在する。たとえば，S. ワットモアが提起したハイブリッド・ジオグラフィーなどが代表的である（Whatmore 2002）。彼女は，PE において影響力のあった批判理論的ないしマルクス主義的な議論が，「自然」や「社会」の境界線を前提にし，マクロな概念を無批判に使用しているとして，ANT の観点を取り入れたオルタナティブな記述の可能性を提示している。すなわち，あくまでも人間と非人間とが入り乱れて形成する諸関係に着目し，「社会」と「自然」という二分法そのものが成立する過程も含めて問おうとしているのである。

　しかし，ANT 的な記述に対しては，根強い批判も存在する。たとえば，上述したような ANT 寄りの論者たちが批判的に言及する批判理論やマルクス主義系の論

者たちからは，逆に，ANT 的なエコロジー論に対する批判の声が上がり続けている。批判の内容は多岐にわたる。「社会」と「自然」を分析上区別しないことで，かえって喫緊の問題に対処することが難しくなるのではないか。資本主義経済体制のような「マクロ」で「グローバル」な「構造」を主要な説明変数として使用しないことは，どう考えても合理的とはいえないのではないか。「社会」と「自然」の区別や，資本主義体制や構造のような有用な概念を捨て去って，あえて非効率的なやり方を採用する ANT 的な研究の意義は何なのか。それは，たとえば抑圧されて苦しんでいるような人びとを解放することなどに寄与できるのか。不公正の是正に対していかにして寄与しうるのか。気候変動のような差し迫った問題を前にして，あまりに悠長なのではないだろうか。結局のところ，ANT は学者の自己満足に過ぎないのではないか。ANT は，枝葉末節にこだわる些末な議論しかできないのではないか等々である[4]。

　以上のような批判が存在することをふまえたうえで，以下では，エコロジーという主題に取り組むにあたり，ANT 的な方向性を追究することの意義について考えてみたい。そのためにここでは，昨今急速に注目されるようになった海洋プラスチック汚染を例として取り上げていくことにする。この海洋プラスチック汚染という問題は，「気候変動」ないし「温暖化」と並び，いまやグローバルな規模の，世界全体が取り組むべきマクロな問題であると喧伝されている。ANT はこうした「マクロ」で「グローバル」だとみなされる問題をどのように記述することができるだろうか。そして，こうした「問題」への取り組みにおいて，どのような位置を占めるものとなりうるのか。以下では ANT の語彙を用いながら海洋プラスチック汚染という問題をどのように記述することができるのかを確認するなかで，考えていくことにしたい。

---

4)「構造」のようなマクロな概念を用いないことに対する批判については，たとえば R. レイヴ（Lave 2015）などを参照。レイヴは，ANT を PE の議論の中心的なツールとして扱うことに対して否定的な見解を提示している。また，「社会」と「自然」の分析上の区分を用いないことに対する批判については A. ホーンボルク（Hornborg 2015）の議論などを参照。

3　プラスチックとは何か：一にして多様な存在体

■3-1　基本情報

　そもそもプラスチックとは何か。プラスチックは，多くの人にとって，一方でこのうえなく当たり前で，身近で，ありふれた存在である。しかし他方で，厳密にそれがどのようなものなのかを正確に表現するのが，ことのほか難しいものの一つでもある。その理由の一つは，多くの人びとにとって，プラスチックという言葉があまりに多くの対象を包括するという事情が挙げられるだろう。

　まずは，そもそもプラスチックがどのように定義されているかについて確認してみよう。プラスチックについて書かれた書籍に目を通してみると，そこにはさまざまな定義の仕方がみられる。もっともシンプルな例の一つは，「熱や圧力を加えることで任意の形に成形できる塑性（plasticity）をもっている合成樹脂」であろう（枝廣 2019: 3）。より詳細な定義としては，たとえば，「石油，天然ガス，石炭といった天然炭素資源を主な原料として，これらを高分子合成反応させることによって，炭素，水素，酸素，窒素，塩素などの原子を鎖状や網状に連結した長大分子（ポリマー）に合成し，更にこのポリマーを主体として，充填剤，補強材などを配合して得る材料」（大石 1997: 17）などといったものがある。ただ，最近では化石資源だけではなく，トウモロコシやサトウキビといった生物資源を原料とするバイオプラスチックも生み出されるようになっている（枝廣 2019: 3）。

　また，日本では，「プラスチックは熱可塑性樹脂と熱硬化性樹脂のこと」をいい，「弾性材料である合成ゴムや，合成繊維，接着財などはプラスチックとして扱わない」が，「欧米では，合成ゴム，合成繊維，接着剤なども広くプラスチックの仲間として取り扱われるのが一般的」という事情もある（桑嶋ほか 2011: 14）。

　以上からもわかるように，そもそもプラスチックという言葉自体が，すでに多様な対象を含んでいる。それどころか，絶えず多様化してすらいる。プラスチックの語源はギリシャ語で「成形できるもの」を意味する「plastikos」であるが，まさにその語源通り，プラスチックとは，さまざまな形へと変化していく柔軟な存在体なのである。

　プラスチックは，どのようにして生まれ，拡散してきたのか。これ自体が，そもそも ANT 的に興味深い事例であるといえる。たとえば，プラスチックの誕生にまつわる有名なエピソードとして，ビリヤードボールの話がある。19 世紀，ビリヤードボールは，象牙からつくられていた。しかし，象の数が減少し，その値段が高

騰したことにより，賞金つきで代替的な素材の開発を後押しする動きがあらわれた。そのときに生まれたのが，世界初のプラスチックであるセルロイドであった[5]。今日，プラスチック汚染における犠牲者として取り上げられることが多いのは野生動物であるが，その導入に際しては，ある意味，野生動物を守る側面があったことは皮肉なことといえよう。

■ 3-2　争点としてのプラスチック

以上からもわかるように，プラスチックは，いまでこそ盛んに問題化されているが，つい最近まで（そしておそらく今でも）大多数の人びとにとっては，最も身近なわれわれの世界の「住民」であった。その語源からも示唆される柔軟さによって，われわれの世界のあらゆる部分へと入り込み，拡散してきた。それがいま，至るところで問題化されている。

もちろん，すでにこれまでも，プラスチックボトルのポイ捨てだったり，レジ袋の無駄遣いだったりは問題視されてきた。その長持ちする性質ゆえに，長持ちするゴミとなることが問題となったのである。この点においてプラスチックは，ずっと問題視されてきた。しかし，それはあくまでもゴミ問題全体の一部として扱われていた面が強い。プラスチックという存在それ自体が悪魔的なものであるかのような扱いは，少なくとも今のような形ではなされていなかった。プラスチックという存在自体がこれほどまでに中心的に扱われることはなかったのである。

重要な転機をもたらしたのは，海洋プラスチック汚染の発見であった。市民科学者 C.モア船長による太平洋上の集積所の発見から，ネット上での動物被害の映像の流通まで，いくつもの働きが折り重なることで，プラスチックを排斥するという動きが生み出されてきたのである。

この海洋プラスチック汚染問題において重要な位置を占めている要素の一つはマイクロプラスチックである。マイクロプラスチックとは，5mm 以下のサイズのプラスチックを指す[6]。大きくわけて 2 種類が存在しており，一つはもともと小さなプラスチックとして製品に使用されていたもの（e.g. 洗顔料，化粧品，歯磨き粉

5）ただし，セルロイドには天然の素材が利用されていることから，完全なプラスチックではなく，半合成プラスチックと呼ばれる。本当の意味で人類が完全に人工的に作り出した最初のプラスチックは，フェノール樹脂であるとされる（桑嶋ほか 2011: 21）。プラスチックの黎明期におけるエピソードについては，たとえばモア船長（モア＆フィリップス 2012）が平易な記述で紹介しているので参照してほしい。

などに入っているスクラブなど）で，一次マイクロプラスチックと呼ばれる。もう一つは，元来はもっと大きかったプラスチックが，年月を経るなかで砕けて微細になっていったものである。たとえば，海に流出したプラスチックゴミが日光で劣化し，波で砕かれるなどして徐々に細かくなっていったもの，さらに自動車のタイヤが摩耗することで発生するものや，合成繊維の衣類を洗濯するときに発生するものなどが含まれる。これを二次マイクロプラスチックという（中嶋 2019: 28–29）[7]。これらのマイクロプラスチックの範囲は，上述したプラスチックの定義のうちのいずれを採用するかで変わってくる（ただ，海洋プラスチック汚染問題が論じられる際には，もっとも広い定義が用いられているようである）。

　一次マイクロプラスチックにせよ，二次マイクロプラスチックにせよ，いずれもがプラスチックを再定義する流れを生み出すことに貢献した。とくに二次マイクロプラスチックは，長持ちするゴミが，実のところ，単に長持ちするのではなく，形を変えて長持ちすることを示した。そして，それによって，われわれの日常的な行為の全体が問い直されることとなった。順を追ってみていこう。

　冒頭で，プラスチックはわれわれの世界にとっての最も身近な「住民」であったと書いたが，まずはここで次のように問うてみたい。われわれの生活のなかにくまなく偏在しているとされるプラスチックが，正確にはどこに在るのかを，われわれは日々正確に把握できているだろうか，と。「自明視する」ということは，「背景化する」ということ，「それに意識を向けない」ということを意味する。プラスチックは，多くの人びとにとって，長い間，欠かすことのできないパートナーだったはずである。にもかかわらず，そこに存在するということ自体，意識されていないことが多い。われわれの生活をともに成立させている構成子（メンバー）であるはずなのに，同時に，われわれの生活にとって完全に背景の位置に追いやられているのである。それは，レジ袋であり，ストローであり，あるいは歯磨き粉の中のスクラブである。この文章を書いている PC にも，もちろんプラスチックが用いられている。

　わたしたちは，あまた存在するプラスチック製品のうちの少なくともいくつかについてであれば，いわれてみればすぐに「ああ，たしかにそれはプラスチックだな」

---

6) 最近では，ナノプラスチックと呼ばれるさらに微細なプラスチックが存在する可能性が指摘されるようになっている。

7) ただし，タイヤの摩耗や合成繊維の衣類を洗濯することで発生するマイクロプラスチックについては，一次マイクロプラスチックの一種とする記述もみられる（e.g. 枝廣 2019: 10–13）。

と頷くことができる。しかし，他方で，日常生活を送るなかでは，いわれなければほとんど意識もしない。また，そもそも昨今の書籍や記事による暴露によってはじめて知ったというプラスチックないしマイクロプラスチックの存在も多いのではないだろうか。たとえば，化学繊維からできたフリースを洗濯機で洗濯するとマイクロプラスチックが発生することや，スポンジを使用して食器を洗うたびにマイクロプラスチックをつくって水に流しているなどということを，いちいち考えながら生活してきた人間は，少なくとも最近になるまでほとんどいなかっただろう [8]。しかし，今やそうした一つひとつの日常的な行為が，マイクロプラスチックの発見により，新しい位置に置かれることとなったのである。

　以上のことをラトゥールの語彙を用いて表現すれば，プラスチックは，マイクロプラスチックのような新しい存在体が分節化されるなかで，厳然たる事実（matter of fact）から，気がかりなコト（＝議論を呼ぶ事実）（matter of concern）へと姿を変えた（☞第3章）。われわれの集合体のなかに静かに居を置いていたそれは，今や，あらゆるところで見つけ出され，ひっそりと佇んでいた住処から引っ張り出され，世界中の実験室で尋問を受けている。さまざまな雑誌で特集が組まれ，テレビのニュースや特番で流される。電車車内に中づり広告がその啓発のために張り出されるかもしれない。飲食業界で，プラスチック製のストローを使うのをやめたり，代替品を使うようになったりなどということも，実際に起きてきた。日本にも，レジ袋の有料化や廃止の波がやってきている。以上の諸々の事象は，まさに異種混成的なネットワークが組み直されていく過程ともいえよう。

　言い換えれば，プラスチックは争点（issue）となっている。争点の生成は，わたしたちの生きる世界を構成し直すコスモポリティクスないし存在論的政治が生じる契機である（☞第8章）。ANTの観点からすれば，争点化することとは，単に言葉のうえで盛んに言及される，というだけでなく，まさに人間と非人間とから成る連関（association）が形成されていくことを意味する。この連鎖は，多くの結び目（knot）を生み出す。結び目が生まれるのは，実験室だったり，新聞の紙上であったりする。より正確にいえば，結び目が形成されるなかで実験室や新聞の紙面も形成されていく。さまざまなアクターがつらなることによって，また新たなアクターが生まれていく。そうした異種混成的なネットワークを構成する連鎖，すなわち翻訳の連鎖が生じているのである。

8）これらの例については，中嶋（2019）を参照。

　たとえば今筆者の手元には，『ナショナルジオグラフィック』誌のプラスチック問題特集号がある。そこには，世界各国から集められたプラスチックゴミの写真が敷き詰められている。さまざまなデザインのペットボトルが水中を漂う写真，リサイクル業者に売るために捨てられたプラスチックシートを川で洗い乾かしている親子の写真，そして，頭からビニール袋をすっぽりかぶってしまった鳥の写真があったかと思えば，ペットボトルのキャップを背負ったヤドカリや綿棒のプラスチック製の柄にしがみつくタツノオトシゴの姿を収めた写真などもある。何がみえてくるだろうか。プラスチックボトルのパッケージ上で繰り広げられる広告合戦だろうか。グローバル経済の末端に組み込まれた社会の経済活動の一側面だろうか。児童労働の問題だろうか。野生の生物の苦しみか，あるいは生命による創意工夫の数々か。

　次のことは確かである。すなわち，以上は，海洋プラスチック汚染なる問題が存在しなければ，おそらくはバラバラの，まったく異なるテーマに属する写真であっただろう。それぞれが別々のテーマの「特集」のなかに収められていてもおかしくなかったはずである。にもかかわらず，わたしたちがそれをまとまりのある一つの「特集」として認識することができるのは，まさに「海洋プラスチック汚染問題」が争点化し，翻訳の連鎖が生じ，結び直されたからなのである。

　言い換えれば，「海洋プラスチック汚染問題」とは，経済的な問題でも，政治的な問題でも，生態学的な問題でも，技術的な問題でもある。それは，異種混成なネットワークそのものなのである。そこから，いずれかの要素だけを切り取ることは，文字通り，問題を切り刻んでしまうことに他ならない。筆者の手元にある一冊の『ナショナルジオグラフィック』の特集が生み出されるために形成された異種混成的なネットワークを追いかけてみれば，多様な現場において，専門家たちや活動家たち，あるいはまったく関係のない人びととさまざまな非人間とからなる数々の働きがみえてくる。そしてこの特集を収めた冊子自体が，一つの集積場として機能する結び目，すなわちアクターとなって，読むものに働きかけ，新たなアクターにする。さらにいえば，このように書き起こすことで，本章の著者である私自身もまた，まさにその連鎖のなかに在るのである。

4 近代的なオブジェクトとしてのプラスチック

　プラスチックは，いわば，ラトゥール（Latour 2004）がいうところの近代的なオブジェクト（modernist object）の典型例であるといえる。ラトゥールが近代的なオブ

ジェクトの実例として実際に挙げているのは，アスベストである。「魔法の鉱物」「奇跡の鉱物」などと呼ばれていたはずのそれは，今日では，「静かなる時限爆弾」と呼ばれ，排除の対象となっている（e.g. 岩石鉱物科学編集委員会編 2006）。プラスチックにも，また，アスベストにみられるのと同じ種類の問題をみてとることができる。

　近代的なオブジェクトの特徴について少しまとめておこう。まず，それは限定された現場でのみ分節化（articulation）（☞第 8 章）が行われた後，次々と他の現場へと移送されていく点に特徴がある。有用性が強調され，その性質は自明のものとされ，問いを発することを許さない。仮に問いが発されたとしてもそれを無視し続けるというある種の強靭さをもっている。より正確には，そのような強靭さをもつような形で構築されているモノである。ラトゥールは，これをリスク・フリーなオブジェクトと言い換えてもいる（Latour 2004: 23）。それは本質的にリスク・フリーであるということではなく，リスク・フリーにみえるように扱われてきたモノという意味である。

　たとえばアスベストは，それが大量に使用されるようになり始めるにあたり，すでにその危険性に関する指摘がなされていた。しかし，そうした指摘はほとんど無視され，アスベストはわれわれの生きる世界のなかへと次々と送り込まれていったのである。プラスチックについても同様のことがいえる。長年にわたりプラスチックの大動員が行われてきたわけだが，その危険性を指摘する声，懸念する声もまたいくつも存在してきた。しかし，その声が「大動員」を躊躇させることはなかった。マイクロプラスチックについても 1970 年代にはその存在が認められていたが，大々的に問題として認識されるようになったのは 2010 年代に入ってからであった。モア船長は，1980 年代に行われた海洋プラスチックゴミに関する過去の調査報告を発見したものの，その調査が当時注目を集めなかったことを知り，「まるで科学は透明な泡の中にあるかのようで，メッセージは外には届かない」（モア ＆ フィリップス 2012: 39）と表現している。

　以上のような状況を生み出すことにも貢献している特徴として，わかりやすい俗称がその内部の多様さを覆い隠しているという点を挙げることができるだろう。アスベストもプラスチックも，それは，あたかも一つのオブジェクトのような装いをしている。しかし，実際には，はじめからそれは多様な連関のなかにあるモノなのである。このことは専門家たちからすれば当たり前のことかもしれないが，他方，大半の人間にとってはなじみのないことである。

　このように，近代的オブジェクトの特徴は，あたかも固定的で，はっきりとした

輪郭をもっているようにみえて，実際には，他の存在と結びつき，絶えず形を変え，性質を変え，その存在が把握しきれないほどに多様になっていくという点にある。その名前を出せば，われわれはみなそれを知っている。少なくとも聞いたことはある。しかし，にもかかわらず，それが何なのかは，正確なところわからない。それらが生み出される構築現場は，ほとんどの場合，可視化されない。つまり，近代的オブジェクトは，ラトゥールのいう，近代的な世界観からは見過ごされてしまう中間地帯において大規模に生産され，異種混成的なネットワークのなかに絶えず組み込まれ続けていくのである（☞第8章）。大部分の人びとが目を向けていないところで，少数の人びとがあらんかぎりの創造力を行使する。そして，何かのきっかけで問題化されたときには，それがもはやどのような存在であるかが誰にも把握できない状態となっている。

　「奇跡の鉱物」ないし「魔法の鉱物」として知られたアスベストは，いまだにわれわれのすぐ近くにひっそりと息を殺して潜んでいる。プラスチックもまた，軽く，さまざまなものを長く保存することができ，かつ使い捨てのできる便利な素材として分節化されてきた。先述した『ナショナルジオグラフィック』誌には，使い捨て生活を象徴する *Life* 誌の写真も転載されている。そこにおいては，ある一家が笑顔でさまざまな使い捨て製品をぶちまけている。まさに大量生産・大量消費社会の誕生を知らせるイメージ写真である。ここに写っている使い捨て製品のほとんどは，今ではプラスチックで作られるようになっている。しかし，プラスチックは，単に使い捨てられるだけのものではない。プラスチックは，大量生産・大量消費（そして大量廃棄）を可能にした，まさにアクターなのである。その名に恥じぬ驚くべき柔軟さで，確たる市民権を手にしたプラスチックは，われわれの集合体（collective）の隅々に拡散し，人間と非人間から成る異種混成的なネットワークの一部となっていった。それは，実に創意工夫に満ちた仕方で，あらゆる場所へと入り込み，集合体の欠くことのできない構成子（メンバー）となっていった。それらは，われわれの身体や食品を包み込み，医療から宇宙開発の現場までをもかたちづくっている。それらは，まさにわれわれの足元から上空まで，くまなく存在しているのである。それなしにわれわれの現在の世界はありえない。しかし，同時に，再びモア船長の言葉を借りれば，「プラスチックはどんどん増えているのに，まるで消えたかのよう」（モア＆フィリップス 2012: 21）な状態にある。プラスチックは，声なきモノの位置におかれてきたのである。

　以上からもわかるように，プラスチックとは単なる素材や物体ではない。それは，

その周囲に多様なつながりを生み出す，まさにモノゴトである。それは，性急な仕方で，われわれの生活の「中」へと次々と投入され，そして「外」へと廃棄されてきた。ラトゥールは，外部に追いやられた存在体は，しかし常に集合体へと回帰してくる可能性に開かれていることを強調している（Latour 2004）。

　アスベストとプラスチックを並べる形で論じてきたが，とりわけプラスチックは，われわれの手の届く範囲の外側において，積極的にネットワークを形成するという特徴も有している。それは，われわれの手によって実に多様な形で利用されるだけにとどまらないのである。その興味深く，そして恐ろしい性質の一つは，その社交性とでもいえるような性質である。それは，わざわざ人間が手を加えずともさまざまな仕方で，他の存在体と結びつくのである。たとえば，プラスチックは，周囲にあるさまざまな化学物質を引き寄せる性質を有している。そのため，プラスチック自体に毒性がなかったとしても，長い海洋生活のなかで，たとえばポリ塩化ビフェニルのような有害な化学物質が吸着し，毒性を獲得していく可能性すら指摘されている。しかも，そうした毒性は，食物連鎖のなかで生じる生物濃縮を経ることも知られている。そして，最終的には，われわれの世界，すなわち食卓へと回帰してくる可能性が指摘されている。

5　近代的オブジェクトの再分節化過程

　海洋プラスチック汚染問題が，実際にはさまざまな問題の集積であることは明白である。経済的な問題かもしれないし，法的な問題かもしれないし，技術的な問題かもしれない。いずれか一つで片づけられる問題でないことは明らかである。重要なのは，（今挙げた「法的」「経済的」「技術的」などといった形容詞の中身をどのように考えるにせよ）あらかじめもっとも重要な領域を設定することはできないという点である。それらは，それぞれの具体的な現場ごと，あるいは現場同士の関係をたどることではじめてみえてくる。そうして可視化してはじめて，どこから論じることができるか明らかとなってくるのである。

　ここで，今日生じている状況を整理してみよう。それは，プラスチックという近代的オブジェクトを再分節化していく過程であるということができる。そこにおいては，無関係に思われていたさまざまな存在体，アクターたちが，そのつながりをあらためて可視化される。そして，思わぬアクターの存在やその働きに光が当てられることで，われわれは不意打ちをくらわさされることになる。

　洗濯する，食器を洗うといった多様な行為の位置づけが変容することについて先に触れた。わたしたちの日常的な行為が一から問い直されている，と。強調しておかなければならないのは，これを単に人間の行為という観点からみてはならないという点である。われわれの世界を構成していた（が，往々にして注目されてこなかった）あらゆるアクターたちが，新たなエージェンシーを付与されていく過程であることを強調しておかなければならない。いくつか例を挙げてみよう。

　たとえば，とくに紙巻のたばこは，近年，ますます「嫌われ者」になりつつあるわけであるが，そのフィルターはセルロースアセテート（アセチルセルロース）と呼ばれる（セルロース系）半合成樹脂であり，プラスチックの一種である。つまり，ここにきて「たばこ」には，「肺がんを引き起こす」，「いやな臭いをつける」といった諸々のエージェンシーに加えて，さらに「マイクロプラスチックを排出する」というエージェンシーが付与されたわけである。

　新たに脚光を浴びる存在体もある。たとえば，「くず取りネット」である。「洗濯」という行為もまた，今日，マイクロプラスチックを生産する行為の一つとして「翻訳」されている。洗濯機は，「主婦」を重労働から解放し，その「職場進出」や「文化的生活」をも支えるエージェントと目されていた（cf. 天野・桜井［1992］2003）。それが，今日，マイクロプラスチックを生み出す生産工場のようなものとしても脚光を浴びるに至っているのである。というのも，フリースやその他のものを洗うことで，マイクロプラスチックが生じるからである。ところが，このマイクロプラスチックについてであるが，日本ではその発生量が他国に比べて少ないという。そうした状況に貢献しているかもしれないアクターの候補の一つが「くず取りネット」なのだという（中嶋 2019）。背景化され，沈黙させられたオブジェクトの一つであった「くず取りネット」が，マイクロプラスチック問題における影の功労者の可能性があると目されているのである。

　また，プラスチック製のストローは，2018 年頃より一気に「悪者」として排除されはじめた。スターバックスやそのほかの飲食店で一斉にプラスチックストローの廃止が行われたことは，記憶に新しい。しかし，その一方で，プラスチックストローがこれまで果たしてきた役割の大きさもまた明らかとなった。たとえば，プラスチック製のストローの柔軟な曲げ口が，ある種の障害を負ったひとびとの日常を支えるうえで欠かすことのできない役割をはたしていたことなどが明るみに出てきたのである[9]。もちろん，そうしたことは「当事者」にとってはこれまでも当たり前のことであったかもしれない。ただ，重要なのは，これがより多くの人びとによって共有

される事実となったことである。こうして，ストローをただひたすら排除することが一種の暴力へと転じてしまうことが広く認識されるようになった。ここにおいてわれわれは，代替的なストローがどのようなデザインとなるべきなのか等をはじめとする，新しい存在体の分節化をめぐる問いに向き合う必要に迫られている。

あらゆる場に散らばり，さまざまな仕方で背景化してきたプラスチックという存在体は，それぞれの場のなかで固有のエージェンシーを獲得してきた。しかしそれが，「海洋プラスチック汚染」という争点が生じることによって，それまでのあり方を変化させられはじめている。エージェンシーのあり方が問い直され，別のアクターとして再分節化されはじめている。これが現在起きていることなのである。

6 ANT 的な記述の役割：学習曲線を描く集合体の構成

■6-1 「批判」を超えて

ANT は，以上のような一つひとつの事柄を記述していくことを通して，再分節化を促すこと，そしてその再分節化ができる限り適切になされるよう補助的な役割を果たすことを目指すものであるといえる。ここで，あくまでも補助的な役割である点は強調しておく必要がある。ANT は，アクターたち自身が世界を構成する，という点を尊重する。まちがっても，より正しい現実像を提示して，アクターたち自身の現実像を置き換えるようなことをしてはならないのである。アクターたちのかわりに現実を構築することが ANT の役割ではない。ANT がするのは，常にささやかな「付け足し」なのである。ANT は，いわば，アクターたち自身に世界の構成主としての役割を返上しようとしている。

まず，ANT は，あくまでもアクターを追いかけていくことで，アクターたち自身がどのように世界を構成しているのかを記述する。そして，さらに多様な集合体とそれらの間の関係を記述する。そうして，さまざまな世界を描き出す。重要なのは，この記述において目指されるのは，それぞれのアクターたちが知らない「真の

---

9) 実際，障害者団体からクレームも出ている。たとえば，ストローの代替的な材質として選ばれるステンレスやガラスなどは，柔軟性に欠けており，曲げることができないため，手や口の筋肉や動作に障害を有している人びとが口腔内を切る恐れがあるという（堂本 2018）。このあとで確認するように，こうしたさまざまな声を，人間のみならず非人間をも対象にして探し出し，拾い上げ，はっきりと可視化することこそ，ANT の役割といえる。

現実」を提示して，彼らの生きる現実の虚偽性を暴露すること，ではないということである。別様にいえば，アクターたちに代わって現実を構築してはならないという戒めに従っているのである。ANT は，アクターたち自身が問題の分節化に参与していくことを奨励する。そのために ANT が行うのは，記述をもとに，「まだ他にも声を発するべき存在がいるのではないか」と問いかけることである。つまり，「あなたたちはこのようなことをしているが，どうやら，あなたたちがあまり目を向けていない＊＊＊＊が重要な役割を果たしているようだ。それを考慮してみてほしい」といったささやかな指摘をすることにこそ，ANT の本分があるといえる。先に言及したフラットな記述が目指すのは，多様な論争を展開することを通して，一見些末にみえるものが，実は決定的な役割を果たしているということを示すことである。しかし，それを，はじめから狙いをつけて見出そうとするのではなく，ただひたすらアクターを追いかけ，あくまでもその結果として示すのである。

■6-2　学習曲線を描くように

ラトゥールは，ANT の立ち位置を外交官と表現している（Latour 2004）。それは，いわばモノたちを出会わせ，交渉させる役割，つまり「モノたちの議会」（☞第 8 章）を何らかの仕方で実現させる役割であるといえる。注意が必要なのは，ラトゥールの提起する「モノたちの議会」とは，具体的なカンファレンスのヴィジョンのようなものではないという点である。そもそも，そうした設計図をあらかじめ用意して使いまわすことができるという発想自体に対するアンチテーゼこそが，ANT のモットーともいえる。常にそれは実験性を強調する。拡張された代表／表象（representation）（☞第 4 章，第 8 章）の概念を用いながら，モノたちの交渉のプロセスを，その都度柔軟に考えなければならないことを強調するのである。

つまり，必要とされるのはあくまでも地道な作業である。ANT は，いわば地道な作業を常に行うことをわれわれに強いる。われわれは，どうしても，何か効率的な方法を探そうとし，さまざまな手続きをショートカットしてしまいがちである。しかし，まさに先にみた近代的オブジェクトは，そうしたショートカットを行うことで構築されてきた。つまり，モノのある特定の側面だけに目を向け，その他のさまざまな異種混成的なつながりを無視してしまう。まさにこうした近代的オブジェクトの生産こそ，人新世を生み出し，加速化させてきた要因であるといえるのである[10]。

よって，ショートカットせず，できるだけ多くのアクターを巻き込んで，とも

に知を生み出していくことが求められる。誰もが共同研究者となるのである（cf. Callon et al. 2009）。ラトゥールは、そのようにして、集合体の構成を行なっていくことを、学習曲線を描くと表現する。そして、ANT は、この学習曲線を描くプロセスの補助を行う役割を担うのである。

以上からもわかる通り、ANT 自体は、効率的な方法をわれわれに与えてくれるようなものでは決してない。むしろ、効率性を拒否する態度そのものが ANT とすらいえるだろう。ANT は、いくつかのお決まりの手順や手法を用意することはない。必須要件は存在するが、それらはいずれも、効率化するための基準ではなく、効率化されがちな項目を争点化することにかかわるものである[11]。いわば、ANT は、「もし＊＊＊＊という概念を使わなかったら、あるいはもし＊＊＊＊という前提を外したらどんな記述がなされうるだろうか」というお題を設定して、各々が実験的な記述を試みることを奨励しているといえる。そうすることを通して、それまで視界に入っていなかったアクターの存在を少しずつ明らかにしていく。そして、生み出される記述を提示しながら、スマートな人びとに向かって、常に横から「本当にそれだけでいいのか」と訴えかけ続ける。そうしたある種の鬱陶しさを身につけることが ANT 論者になることだと言える。

その態度は、たしかに緊急を要する問題を前にしたとき、物足りなさや、いらだたしさを感じさせるものかもしれない。たとえば、突発的な事故が発生して、緊急に何らかの専門的な判断を下さなければならないような状況が生じたとき、ANT はあまりに無力であるようにみえる。そうした場合には、むしろ ANT に対する代表的な批判者である H. コリンズたちが提起しているような、関連する専門知を特定して、それを効率的に動員する方法を考えた方が適切かもしれない（Collins & Evans 2002; コリンズ & エヴァンズ 2020）[12]。

---

10) 冒頭で触れたようなジオ・エンジニアリングのような試みを支えているのも、まさにこうした近代的なオブジェクトの生産の背後にある発想の最たるものであるといえよう。それは、最短距離での解決を目指す。そして、一部の「エンジニアたち」が積極的に働く一方で、その他多くのアクターたちが新たな存在体と慣れ親しんでいく時間など与えようとしない。そこにおいては、大多数の人間・非人間が、何かを学習するチャンスがほとんど存在しないのである。

11) たとえば、ラトゥールが ANT について解説する際に、まず最初に提示しているのは五つの「不確定性（uncertainty）」（☞第3章）である。ここにおいてラトゥールは、彼が「社会的なものの社会学」と呼ぶ社会学の主流派の立場が性急にお決まりの説明変数としてしまいがちな要素自体を争点化しなければならないと主張しているわけである。

しかし，確かにそうであるかもしれないが，たとえそのような場合であっても，ANT 論者は，ひたすら見過ごされているものがいる可能性を指摘し続ける必要がある。そうした役割に徹することが求められるのである。理論武装してスマートになった人びとに対して，ステンゲルス（Stengers 2005）が「愚者（idiot）」という言葉を使用して表現している存在——すなわち，どんなに合理的にみえる提案に対しても頑なに拒否の姿勢を示し，足早に先へと進むことを妨げるような存在——になる必要がある [13]。こうした態度こそが，近代的なオブジェクトをこれ以上生み出さないための方途なのである。すなわち，それは，われわれが，この地球上において——あるいは，いつかわれわれが地球を去って他の惑星で一からやり直すことを考えた場合でも良い——できる限り長く生き残れる世界を構成するための立脚点である。

■6-3　手段としてのアート：表現の柔軟性

ただ，ひたすら記述を重ねていくことで，本当にアクターたちに対して効果的に語りかけることができるのだろうか。海洋プラスチック汚染問題が問題としてここまで大きく取り上げられるようになったのは，それを開示していく動きがあったからである。ここまででもみてきたように，新しい存在体の受け入れには，それを危惧する声が常に伴っていた。その声が存在し続けていたにもかかわらず，しかし，それが広範な領域へとひろがっていかないことは，歴史上何度も起き続けてきた事態である。常にそれを開示する働きかけが必要となるのである。

たとえば，「プラスチック狩り」ともいえる状況を生み出すうえで大きな役割を果たした要素の一つはインターネット上の動画サイトであった。有名なのは，カメの鼻にささった長さ 10 センチほどのプラスチックストローを研究者たちが引き抜く動画である。2015 年に撮影されたこの動画が，2018 年の初頭にあらためて拡散し，プラスチックストロー反対の動きを一気に推進したことはよく知られている。これはスターバックスなどの企業が使い捨てストローの使用を取りやめる判断を下す契機ともなった。

---

12) ラトゥールが「近代」の乗り越えを強調する一方で，コリンズたちは「選択的近代主義」を唱える。この二つの立場の比較検討については栗原（2020）を参照。
13) ステンゲルス（Stengers 2005）の「愚者」のアイディアは，G. ドゥルーズのバートルビー論を基にしている。

　このようなことからもわかるように，もし現実のアクターたちに働きかけるということを考えた場合，単に論文や本を書くだけでどうにかなるというのは楽観的すぎるだろう。このことをふまえると，ラトゥールが，とくに2000年前後あたりから，アートという領域に目を向けるようになってきたことは，あながち見当違いのことではないだろう。彼自身の展覧会がどの程度モノを公的にすることに貢献しているかは別にして，問題を問題として何らかの形で翻訳する――すなわち争点化する――作業が必須なのである[14]。

　実際，アートは海洋プラスチック汚染問題をより公的なものとすることに貢献してきた（e.g. ナショナルジオグラフィック編 2018: 70-75）。何のスキルも有していないものたちからすれば，次々と繰り出されるプラスチックをめぐる諸々の専門用語は，プラスチックという存在をむしろ遠ざける効果をもつかもしれない。アートという手段は，ひとびとが問題と接し，慣れ親しんでいくための入り口となる。もちろん，前提として記述がなされる必要がある。しかし，他方で，それを「公的なモノ」としていくためには，常にさらなる試行錯誤が必要となるのである。

＊　＊　＊

　以上では，「エコロジー」という言葉から連想されるもののなかでも，とくに典型的な例を選んで議論してきた。しかし，冒頭でも触れた通り，ANT的な視点からすれば，そもそもエコロジーの問題は，われわれの住まう世界についての問いそ

---

14) ラトゥールによる「アート」の実践については，Latour & Weibel（2002, 2005, 2020），Latour & Leclercq（2016）を参照。また，鈴木葉二氏によるインタビュー記事において，ラトゥール自身が展覧会の舞台裏やコンセプトについて簡潔に語っている。「「クリティカルゾーン」を立ち上げる」〈http://ga.geidai.ac.jp/indepth/bruno2018/#_ftn22（最終確認日：2022年4月7日）〉

15) なお，本書の執筆者の一人である伊藤氏より，冒頭で紹介したラトゥールの近年の議論は，「人新世」という概念が逆説的にも，ジオ・エンジニアリングのような試みへの志向を生み出してしまっているなか，「ガイア」をANT流に読み替え，いくつもの存在様態の交差地帯として解き明かし，まさにその「外交交渉」を促すことを目指しているものとして捉えることができるとのご指摘をいただいた（存在様態については☞第7章，第10章）。この点と本章の内容をふまえたうえで，Further Readings に挙げた近年のラトゥールの著作を読むことで，エコロジーに対するANT的なアプローチの射程と意義をより深く理解することができるだろう。

のものであり，わたしたちが日常的に「環境問題」「エコ」などの言葉と結び付けて理解している主題に限定されるものではない。それは，われわれ自身が，自分たちの住まう世界を捉え直し，そして組み直すことを促すことを何よりも重視している。現実／実在（reality）の構築過程を民主化すること，あらゆる存在体が参与するプロセスとして考察し直すこと。これらの作業のためのプラットフォームが ANT といえるのである [15]。

※本章は JSPS 科研費（課題番号：19K13924）の助成を受けた研究成果の一部である。

◉もっと詳しく勉強したい人のための文献
ANT におけるエコロジー論を知るうえでは，以下のラトゥールの著作が必読文献となるであろう。とくに①については，第 8 章であつかった「政治」の議論の理解にとっても不可欠な著作である。まだ日本語訳はないが，是非チャレンジしてみてほしい。

① Latour, B., 2004, *Politics of nature: How to bring the sciences into democracy* (trans. C. Porter). Cambridge, MA: Harvard University Press.

② Latour, B., 2017, *Facing Gaia: Eight lectures on the new climatic regime* (trans. C. Porter). Cambridge: Polity Press.

③ ラトゥール, B., 2019,『地球に降り立つ——新気候体制を生き抜くための政治』(川村久美子訳) 新評論. (Latour, B., 2018, *Down to earth: Politics in the new climatic regime* (trans. C. Poter). Cambridge: Polity Press.)

【文　献】
天野正子・桜井厚, [1992]2003,『「モノと女」の戦後史——身体性・家庭性・社会性を軸に』平凡社.
枝廣淳子, 2019,『プラスチック汚染とは何か』岩波書店.
大石不二夫, 1997,『図解プラスチックのはなし』日本実業出版社.
大塚善樹, 1998,「遺伝子組み換え作物をめぐる環境問題と科学技術の相互的構築」『環境社会学研究』*4*: 93-106.
岩石鉱物科学編集委員会編, 2006,『アスベスト——ミクロンサイズの静かな時限爆弾』東北大学出版会.
栗原亘, 2020,「異種混成的な世界における知のポリティクスを考える——H. コリンズの

専門知論とB. ラトゥールのアクターネットワーク理論の比較検討を通して」博士論文, 早稲田大学.

桑嶋幹・木原伸浩・工藤保広, 2011,『図解入門よくわかる最新 プラスチックの仕組みとはたらき［第2版］』秀和システム.

コリンズ, H., & エヴァンズ, R., 2020,『専門知を再考する』(奥田太郎・和田慈・清水右郷訳) 名古屋大学出版会. (Collins, H., & Evans, R., 2007, *Rethinking expertise*. Chicago, IL: The University of Chicago Press.)

堂本かおる, 2018,「プラスチック製のストローでなければならない理由もある～環境保護と障害者の必需品」『Wezzy (ウェジー)』〈https://wezz-y.com/archives/56620 (最終確認日：2022年4月7日)〉

中嶋亮太, 2019,『海洋プラスチック汚染──「プラなし」博士, ごみを語る』岩波書店.

ナショナルジオグラフィック編, 2018,『ナショナルジオグラフィック日本版 2018年6月号海を脅かすプラスチック』日経ナショナルジオグラフィック社.

ボヌイユ, C., & フレソズ, J. B., 2018,『人新世とは何か──〈地球と人類の時代〉の思想史』(野坂しおり訳) 青土社. (Bonneuil, C., & Fressoz, J. B., 2016, *The shock of the Anthropocene: The earth, history and us*. London: Verso Books.)

丸山康司, 2005,「環境創造における社会のダイナミズム──風力発電事業へのアクターネットワーク理論の適用」『環境社会学研究』*11*: 131–144.

モア, C., & フィリップス, C., 2012,『プラスチックスープの海──北太平洋巨大ごみベルトは警告する』(海輪由香子訳) NHK出版. (Moore, C., & Phillips, C., 2011, *Plastic ocean: How a sea captain's chance discovery launched a determined quest to save the oceans*. New York: Penguin.)

ラトゥーシュ, S., 2013,『〈脱成長〉は, 世界を変えられるか──贈与・幸福・自律の新たな社会へ』作品社. (Latouche, S., 2010, *Pour sortir de la société consommation*. Paris: Les Liens qui libèrent.)

ラトゥール, B., 2017,「人新世の時代におけるエージェンシー (特集 人新世：地質年代が示す人類と地球の未来)」(久保明教・小川湧司訳)『現代思想』*45*(22): 58–75. (Latour, B., 2014, Agency at the time of the Anthropocene, *New Literary History*, *45*(1): 1–18.)

ラトゥール, B., 2019,『社会的なものを組み直す──アクターネットワーク理論入門』(伊藤嘉高訳) 法政大学出版局. (Latour, B., 2005, *Reassembling the social: An introduction to Actor-Network-Theory*. Oxford: Oxford University Press.)

Callon, M., Lascoumes, P., & Barthe Y. eds., 2009, *Acting in an uncertain world* (trans. G. Burchell). Cambridge, MA: MIT press.

Collins, H., & Evans, R., 2002, The third waves of science studies: Studies of expertise and experience, *Social Studies of Science*, *32*(2): 235–296.

Crutzen, P. J., 2002, Geology of mankind: the Anthropocene. *Nature, 415*: 23. (doi:10.1038/415023a).

Hamilton, C., 2013, *Earthmasters: The dawn of the age of climate engineering*. New Haven and London: Yale University Press.

Hamilton, C., Gemenne, F., & Bonneuil, C. eds., 2015, *The Anthropocene and the global environmental crisis: Rethinking modernity in a new epoch*. London: Routledge.

Hornborg, A., 2015, The political ecology of the Technocene, in C. Hamilton, F. Gemenne, & C. Bonneuil, eds., *The Anthropocene and the global environmental crisis: Rethinking modernity in a new epoch*. London: Routledge, pp. 57–69.

Latour, B., 2004, *Politics of nature: How to bring the sciences into democracy* (trans. C. Porter). Cambridge, MA: Harvard University Press.

Latour, B., 2017, *Facing Gaia: Eight lectures on the new climatic regime* (trans. C. Porter). Cambridge: Polity Press.

Latour, B., & Leclercq, C. eds., 2016, *Reset modernity!* Karlsruhe: ZKM, Center for Art and Media.

Latour, B., & Weibel, P. eds., 2002, *Iconoclash*. Karlsruhe: ZKM Center for Art and Media.

Latour, B., & Weibel, P. eds., 2005, *Making things public: Atmospheres of democracy*. Karlsruhe: ZKM Center for Art and Media; Cambridge: The MIT Press.

Latour, B., & Weibel, P. eds., 2020, *Critical zones: The science and politics of landing on Earth*. Cambridge, MA: The MIT Press.

Lave, R., 2015, Reassembling the structural: Political ecology and Actor-Network Theory, in T. Perreault, G. Bridge, & J. McCarthy eds., *The Routledge handbook of political ecology*. New York: Routledge, pp. 213–223.

McNeill, J. R., & Engelke, P., 2016, *The great acceleration*. Cambridge, MA: Harvard University Press.

Stengers, I., 2005, The cosmopolitical proposal, in B. Latour & P. Weibel eds., *Making things public: Atmospheres of democracy*. Cambridge, MA: The MIT Press, pp. 994–1003.

Watts, M. J., 2015, The origins of political ecology and the rebirth of adaptation as a form of thought, in T. Perreault, G. Bridge, & J. McCarthy eds., *The Routledge handbook of political ecology*. New York: Routledge, pp. 19–50.

Whatmore, S., 2002, *Hybrid geographies: Natures cultures spaces*. London: Sage.

第1部

第2部

第3部

事項索引

人名索引

執筆者紹介（*は編著者）

栗原 亘（くりはら わたる）*
東洋大学 社会学部 准教授
担当：第1章，第2章，第8章，第12章，コラム1，コラム2

伊藤嘉高（いとう ひろたか）
新潟大学 人文学部 准教授
担当：第3章，第7章，第9章，コラム4

森下 翔（もりした しょう）
山梨県立大学 地域人材養成センター 特任助教
担当：第4章，第11章

金 信行（きむ のぶゆき）
北陸大学 経済経営学部 マネジメント学科 助教
担当：第5章，第6章，コラム2

小川湧司（おがわ ゆうじ）
一橋大学大学院 社会学研究科（博士前期課程）修了
担当：第10章，コラム3

アクターネットワーク理論入門
「モノ」であふれる世界の記述法

| 2022 年　6 月 30 日 | 初版第 1 刷発行 |
| 2024 年 11 月 30 日 | 初版第 4 刷発行 |

編著者　栗原 亘
著　者　伊藤嘉高・森下 翔・金 信行・小川湧司
発行者　中西 良
発行所　株式会社ナカニシヤ出版
〒606-8161　京都市左京区一乗寺木ノ本町 15 番地
Telephone　075-723-0111
Facsimile　075-723-0095
Website　http://www.nakanishiya.co.jp/
Email　iihon-ippai@nakanishiya.co.jp
郵便振替　01030-0-13128

印刷・製本＝ファインワークス／装幀＝白沢 正
Copyright © 2022 by W. Kurihara
Printed in Japan.
ISBN978-4-7795-1671-9

ラボラトリー・ライフ 科学的事実の構築
B. ラトゥール・S. ウールガー［著］／立石裕二・森下 翔［監訳］／金 信行・猪口智広・小川湧司・水上拓哉・吉田航太［訳］ 実験室ではどのように科学的事実が構築されていくのか。ラボのエスノグラフィー第一世代の代表的研究にして，ANT の源流とも呼べき「古典」待望の邦訳。 3800 円＋税

認知資本主義 21 世紀のポリティカル・エコノミー
山本泰三［編］ 生産と組織のフレキシブル化，金融化の進行，労働として動員される「生」。1960 –70 年代以降の激動がもたらしたポスト・フォーディズムは，非物質的なものをめぐって旋回する ——現代のグローバルな趨勢を，政治経済学的な視角から分析。 2600 円＋税

質的研究のための理論入門 ポスト実証主義の諸系譜
P. プラサド［著］／箕浦康子［監訳］ シンボリック相互作用論からポストコロニアリズムまで，研究の指針となる理論と実践の地図を提供。質的研究を生み出すさまざまな理論的系譜について，考え方，基本的概念，興味深い研究事例，批判点についても的確に，明快に解説。 3800 円＋税

産業集積と制度の地理学 経済調整と価値づけの装置を考える
立見淳哉［著］ 創造された知識はどのようにイノベーションへと至り価値を生み出すのか。慣行（コンヴァンシオン）という概念を手がかりに，産業が集積する制度的な基盤を捉え直し，それが経済活動に対してもつ意味を，理論と経験的な研究から明らかにする。 3200 円＋税

地道に取り組むイノベーション 人類学者と制度経済学者がみた現場
北川亘太・比嘉夏子・渡辺隆史［著］ なぜ私たちは，イノベーションにまで効率を求めてしまうのだろう？ 今日のイノベーションの現場を，立場や専門の異なる著者 3 名がエスノグラフィックに記述し，対話的に思索した野心的著作。 2700 円＋税

地域文化観光論 新たな観光学への展望
橋本和也［著］ 「地域の人々」が自らの仕方で世界を作り変えるために——観光学に ANT を用いた分析を導入し，地域目線での「地域文化観光」を「制作」することによって新たな価値観が「制作」され，世界が新たな仕方で意味づけられる過程を考察するためのテキスト。 2600 円＋税

技術と文化のメディア論 ［シリーズ］メディアの未来⑭
梅田拓也・近藤和都・新倉貴仁［編著］ 技術に注目することで意識していなかった文化の前提や原因を発見するために。身近な日常文化を，技術の「マテリアル」「インターフェース」「インフラストラクチャー」「システム」の四つの分析水準から考え，読み解く最新テキスト。 2400 円＋税

モノとメディアの人類学 ［シリーズ］メディアの未来⑫
藤野陽平・奈良雅史・近藤祉秋［編］ メディアを考える際にモノを考えなければならないのはなぜか。ヒトとモノとのかかわりを通じてメディアと社会の関係を文化人類学的に考える。各章末にディスカッション用の問題を付す。 2600 円＋税

ポスト情報メディア論 ［シリーズ］メディアの未来⑪
岡本 健・松井広志［編］ 最新理論と事例から情報メディアに留まらない，さまざまな「人・モノ・場所のハイブリッドな関係性」を読み解く視点と分析を提示する。各章末にディスカッション用の問題を付す。 2400 円＋税

フィールドワークの現代思想 パンデミック以後のフィールドワーカーのために
遠藤英樹［編］ フィールドワークとはいかなる営みか。COVID-19 流行後にいかなるフィールドワークが可能なのか。文化人類学・地理学・社会学・観光学の領域を横断しながら，フィールドワーカーたちが考える，パンデミック以後の，これからのフィールドワーク。 2400 円＋税

「政治」を地理学する 政治地理学の方法論
山﨑孝史［編］ 現代に必要とされている政治地理学とは何か。多様なスケールにおいて多様な主体が関わる営みや実践である現代の「政治」の多様性に対応した地理学の方法論を学ぶテキスト。重要キーワードの解説も付す。 2800 円＋税